George Gordon Byron

Lord Byrons poetische Werke in acht Bänden

8. Band

George Gordon Byron

Lord Byrons poetische Werke in acht Bänden
8. Band

ISBN/EAN: 9783744668965

Hergestellt in Europa, USA, Kanada, Australien, Japan

Cover: Foto ©Thomas Meinert / pixelio.de

Weitere Bücher finden Sie auf **www.hansebooks.com**

Lord Byrons

poetische Werke

in acht Bänden.

In älteren Uebertragungen.

Achter Band.

Inhalt:

Don Juan, übersetzt von Alexander Neidhardt.

Achter bis sechzehnter Gesang.

Stuttgart.

| J. G. Cotta'sche Buchhandlung. | Gebrüder Kröner, Verlagshandlung. |

Don Juan.

Achter bis sechzehnter Gesang

Achter Gesang.

1.

O Blut und Donner — und o Blut und Wunden!
  Gemeine Flüche sind's, wie mancher meint,
Die, lieber Leser, dir vielleicht nicht munden —
  Sie sind es, ja — und dennoch wird, o Freund,
Nur so des Ruhmes Traum gelöst erfunden;
  Und da ich solches jetzt besinge, scheint
Es recht, sie anzurufen. — Nennt es Mars,
Nennt es Bellona: Krieg doch ist's und war's.

2.

Bereit war alles — Feuer, Schwert und Krieger,
  Zu schwingen jene nun mit grauser Hand;
Das Heer, wie aus der Höhle stürzt der Tiger,
  Zog aus, zum Mord die Sehnen all' gespannt,
Als Menschenhydra, welche beutesicher
  Verwüstung haucht, wohin sie nur gewandt,
Und deren Köpfe Helden, die, sobald
Sie abgehaun, nachwachsen hundertfalt.

3.

Die Chronik kann im großen mit den Dingen
  Nur rechnen; doch Verlust und Vorteil wiege
Hübsch ab, und kann's auch nicht genau gelingen:
  Erhöhn nicht wird es das Verdienst der Kriege,
So vieles Gold für Schlacken zuzubringen,
  Bloß um zu mehren noch die eitlen Siege;
Mehr Ruhm gewährt's, zu stillen eine Zähre,
Als wenn des Blutes man vergießet Meere.

4.

Weil jenes Selbstzufriedenheit erzeugt,
  Dies aber trotz dem stolzen, eitlen Schein,
Trotz eines Volks Pension, das selbst vielleicht
  Doch nicht viel übrig hat — trotz Beifallschrein,
Trotz Ehrenbogen, höherm Rang — und beugt
  Sich Feilheit auch davor — doch stets allein
Das Spielwerk eitler Söhne schnöden Mordes,
Gilt's Schlachten nicht im Dienst des Freiheitshortes.

5.

Dies sind sie, werden's sein in fernster Stunde;
  Nicht so Leonidas und Washington:
Jed' Schlachtfeld' dieser ward zum heil'gen Grunde,
  Wo Heil den Völkern sproßt, nicht Schmach und Hohn;
O, wie so süß klingt solcher Namen Kunde!
  Ein Thor und Sklave läßt sich blenden von
Des Siegers Ruhm nur; doch ein Feldgeschrei
Sind jene Namen, bis die Erde frei.

6.

Schwarz war die Nacht, und dichter Nebel ließ
  Kaum der Geschütze Flammen sehn — sie malten
Sich in der Donau Flut — ein Spiegel dies
  Der Hölle jetzt; wie Feuerwolken strahlten
Sie hoch am Himmel — und die Luft zerriß
  Das Brüllen der Kanonen — grauser schallten
Als Donner sie; des Himmels Blitze schonen,
Des Menschen Blitz vernichtet Millionen.

7.

Die Sturmkolonne hatte kaum im Rücken
  Der Russen Batterien, da fuhr im Grimme
Empor der Türke, Antwort kühn zu schicken
  Dem Christendonner ganz mit gleicher Stimme.
Ein Feuer schien jetzt alles zu umzücken,
  Es war, als ob rings Erd' und Himmel schwimme
Und wanke bei dem Dröhnen — und es glühte
Die Brustwehr, als ob Aetnas Krater sprühte.

8.

Und ein gewalt'ger Allah-Ruf[1] erdröhnte
    Im selben Augenblick; nicht lauter brüllten
Die Mörser selber, und den Feind verhöhnte
    Er trotzig-kühn, bis Stadt und Strand vom wilden
Kriegsrufe Allah brausend wiedertönte,
    Und selbst die Wolken, die den Kampf umhüllten
So düster, schienen fast zu zittern zu
Dem gellen Rufe Allah-Allah-hu!

9.

Voran ging's mit den Heeressäulen allen;
    Doch jene, die zu Wasser sollten nahn,
Sah dicht man wie des Herbstes Blätter fallen,
    Ob auch von Arseniew geführt heran,
Des Blutbads großem Sohne und Vasallen.
    Das Blutbad, Gottes Tochter — (so ersahn
Aus Wordsworth wir[2]) — mit Christus drum verwandt,
That hier grad' so, wie einst im Morgenland.

10.

Der Fürst von Ligne ward an dem Knie verwundet;
    Graf Chapeau-Bras 'ne Kugel zwischen Kopf
Und Hut erhielt, wodurch der Kopf bekundet
    Als echt-aristokratisch ward: der Schopf
Ward mehr nicht als der Hut dadurch verspundet;
    Sie wollte einen legitimen Tropf
(Kopf mein' ich) nicht beschädigen dabei;
Wie Staub zu Staub, so sag' ich — Blei zu Blei! —

11.

Dem General Markow, welcher darauf drang,
    Den Fürsten wegzubringen, ob ringsum
Auch Todgestöhn' von Tausenden erklang —
    (Gemeines Volk nur, welches winseln drum
Und schrein nach Wasser mag) — ihm, der für Rang
    Sich so sympathisch zeigte, ward, bloß um
Ihn zu belehren, wie viel jener gelt'
Im Kampf, das Bein durch einen Schuß zerschellt.

12.

Dreihundert Mörser spieen hier emetisch,
　　Und hunderttausend knatternde Musketen
All ihre Pillen blutig=diuretisch.
　　O Sterblichkeit, du weißt allzeit zu töten
Mit Pest und Hunger, die, unsympathetisch,
　　Gleich Totenglocken uns von allen Nöten,
Die je gewesen, melden: doch enthüllt
Dies all nicht eines Schlachtfelds wahres Bild,

13.

Wo tausendfache Qualen, stets vermehrt,
　　Bis dieser Leidenszahl Unendlichkeit,
Allwärts enthüllt, wohin der Blick sich kehrt,
　　Das Herz verhärtet; in den Staub zerstreut
Die Glieder — Todesächzen — wild zerstört
　　Das Aug' und gläsern: diesem all geweiht
Sind tausendfältig hier die Reihn der Krieger,
Damit ein Bändchen schmückt die Brust der Sieger.

14.

Doch Ruhm ist etwas Großes: viel will's heißen,
　　Dereinst versorgt zu werden, wenn du alt,
Von deinem König — selber einen Weisen
　　Macht wankend so ein hübscher Ruhgehalt,
Und Helden sind für Barden, die sie preisen!
　　Welch Glück, wenn ihre Schlachten dergestalt
Verewigt werden noch zum halben Solde —
Wer, der dafür nicht Menschen schlachten wollte?

15.

Die ausgeschifften Truppen stürmten an,
　　Rechts die Battrie zu nehmen; weiter nieder
Am Flusse zogen andere Reihn heran
　　Zum Kampfe, rasch und kühn, wie ihre Brüder.
Es waren Grenadiere, welche Mann
　　An Mann, wie Kinder an der Brust der Mütter,
Aufklommen über Schanz' und Palissade
In einer Ordnung fast, wie bei Parade.

16.

Zum Staunen war es — denn so heiß ergoß
  Das Feuer sich, daß der Vesuv, gefüllt
Zur Lava noch mit jeder Art Geschoß,
  Gespieen hätte kaum so höllenwild.
Der Offiziere fiel beim ersten Stoß
  Ein Dritteil, und als Siegesomen gilt
So was dem Heer beim Sturm nicht: schlecht bestellt
Ist's um die Meute, wenn der Jäger fällt.

17.

Doch hier verlassend jetzt das Allgemeine,
  Folg' auf der Bahn des Ruhms ich unserm Helden;
Er muß den Lorbeer ernten hier alleine,
  Denn von den Fünfzigtausenden zu melden,
Ob jeder auch fast würdig hier erscheine,
  Als einer Ode Gegenstand zu gelten,
Dies gäb' ein langes Ruhmeslexikon
Und längre Mär' — das Schlimmste noch davon.

18.

Der Zeitung lass' ich drum die größre Zahl —
  Sie gab den Toten reichlich ihre Ehren,
Die ruhmvoll schlummern rings in Feld und Thal
  Und Gräben, und wo immer sie beschweren
Der Erde Staub den Geist zum letztenmal
  Gefühlt; Heil allen, die wir richtig hören
Benannt im Siegsbericht: mir ist bekannt,
Daß einer namens Wall ward Wald [3]) genannt.

19.

Juan und Johnson fochten gleichfalls dort
  Aus Leibeskräften, ohne nur zu wissen
Den Weg, von dem sie nie gehört ein Wort,
  Ganz unbekümmert, wo sie hingerissen
Noch würden; über Leichen ging es fort
  Mit Stoßen, Hauen, Schwitzen, Drängen, Schießen
Doch kämpfend unbedacht genug, um ihnen
Allein ein Bülletin schon zu verdienen.

20.

So wälzten sie sich fort im blut'gen Kot
   Von Sterbenden und Toten, zu erstreiten
Oft ein'ge Fuße Grund nur, wo sich bot
   Ein Plätzchen, und wohin von allen Seiten
Oft angestürmt ward, bis sie, schwer bedroht
   Von den Battrien, die Tod und Hölle speiten,
Dann rückwärts strauchelten auf die Genossen,
Die zuckten in dem Blut, das sie vergossen.

21.

Obgleich es Juans erste Schlacht, und ihn
   Der schweigsam=nächt'ge Marsch im feuchten Grauen,
In dem der Mut nicht pflegt so licht zu glühn,
   Als wo sich Bogen des Triumphes bauen,
Ein wenig schaudern ließ und minder kühn
   Vielleicht zum dicht umwölkten Himmel schauen,
Als sehn' er nach dem Tag sich: dennoch ließ
Ihn feiglings nicht entlaufen alles dies.

22.

Auch konnt' er's nicht, und wenn: was lag daran?
   Es gab, gibt jetzt noch Helden, die begonnen
Mit nicht viel Beßrem ihre Siegesbahn;
   Bei Mollwitz ist der große Fritz entronnen
Zum erstenmal, und nimmer dann fortan.
   Der Krieger faßt, gleich Dieben, Fraun und Nonnen,
Bald Mut, sobald der erste Schritt geschehen,
Und wird das Weitre mutig dann bestehen.

23.

Er war, was Erin nennt in seinem hehren
   Alt=Irisch oder Punisch gar vielleicht —
(Die Antiquare, die die Zeit uns lehren,
   Die selbst doch- alles lehret und vergleicht,
Behaupten von der Sprache Pats⁴) und schwören
   Sie geh', im Lande Hannibals erzeugt,
In dem Gewand von Didos Alphabet,
Was, wenn auch klar, sich doch nicht recht versteht.)

24.

Er war ein Teufelsbursch von einem Jungen,
  Ein Spiel des Augenblicks, ein Sangesheld;
Jetzt vom Gefühl der Wonne ganz durchdrungen,
  (Begeistert, wem es besser so gefällt)
Und dann, wenn zum Zerstören er gezwungen
  Mit solchen Edlen, wie sie eingestellt
Sich stets bei Schlachten und derart Pläsiren,
Bereit auch, also sich zu amüsieren.

25.

Doch immer ohne Arg — denn ob er stritt,
  Ob liebte, allzeit that er's, wie man sagt,
In bester Absicht, die ein Trumpf, womit
  Sich jeder hilft, wenn man ihm Vorhalt macht.
Der Staatsmann, Advokat und Konvertit
  Pariert den Streich damit und spricht, gefragt:
Ich meint' es gut. Mit solchem Meinen ist
Chaussiert der Weg zur Hölle,⁵) wie ihr wißt.

26.

Doch hab' ich fast zu zweifeln angefangen,
  Ob nicht der Hölle Pflaster neuster Zeit
Ganz mangelhaft vielleicht und abgegangen,
  Nicht, weil zu viele sich von ihr befreit
Durch gute Absicht — nein, weil nur gelangen
  Zu wenige dazu, und also heut
Der Hölle Schwefelflur nicht mehr so glatt,
Der mit Pall=Mall⁶) gemein so vieles hat.

27.

Durch einen Zufall, wie er oftmals trennt
  Ein Kriegerpaar auf seiner grimmen Bahn
Und manches keusche Weib, eh noch zu End'
  Ein halbes Jahr, von ihrem treuen Mann,
Durch solch ein Schicksal, das man Zufall nennt,
  Sah Juan plötzlich, eh' er sich besann,
Nach einem schweren Feuer sich allein
Und ganz verlassen von der Freunde Reihn.

28.

Ich weiß nicht, wie's geschehn; der größre Teil
    War sicher tot, weshalb rechtsum gemacht
Die andern wohl, versuchend so ihr Heil,
    Was einst fast in Verlegenheit gebracht
Selbst Cäsarn, der 'nen Schild noch in der Eil'
    Entrissen einem Krieger und zur Schlacht
Zurücke seine Römer so gekehrt,
Die doch in Kampfesmut so wohl bewährt.

29.

Doch Juan, dem kein Schild sich bot und der,
    Kein Cäsar, als ein junger Fant dort stritt,
— Wofür? dies mußt' er nicht — als er hierher
    Gelangt, verzog in seinem Siegesschritt
Ein wenig; wie ein Esel stürzte er —
    (Erschrick nicht, Leser! da Homer sich mit
Dem Gleichnis für den Ajax selbst begnügt,
Ist's sicher, daß für Juan es genügt) —

30.

Ja — wie ein Esel stürzte er voran
    Und, was recht seltsam, ohne still zu stehen;
Er sah ein Feuer vor sich, gleich dem Nah'n
    Der Sonne, glühend um die Bergeshöhen,
Wie's solche blendet, die gewohnt nicht an
    Den Graus der Schlacht, — und stürzte vor, zu sehen,
Ob es ihm möglich, Hilfe wohl zu reichen
Da oder dort, wo schon die meisten Leichen.

31.

Er sah der eignen Truppe Kommandant
    Jetzt nirgends mehr, noch selbst die Truppe, die
Verschwunden; doch bei jedem Uebelstand
    Kann ich nicht gleich erklären, wo und wie.
Auch ist's nicht wunderbar, wenn so ein Fant
    Blindlings voran in seiner Ruhm=Manie
Dahin stürmt durch das Grausen all der Schlacht
Und keinen Deut nach seinem Korps dann fragt.

32.

Er sah nicht Kommandant, noch Kommandierte,
  Gleich einem jungen Erben ganz allein
Auf seinem Pfade, der — wohin denn führte?
  Und wie der Wandrer, der dem Irrlichtschein
Durchs Moor hin folgt, wie der am Strand verirrte
  Schiffbrüchige zum nächsten Haus hinein,
So stürmte Juan seiner Nase nach,
Wo scharfes Feuern heißen Kampf versprach.

33.

Kaum wußt' er, wo er war, was ihn nicht kehrte,
  Da er voll wirrer Hast, und wie gefüllt
Mit Blitzen seine Adern — er gehörte
  Der Stunde ganz, wie dies von allen gilt,
Die lebhaft; wo am grausesten zerstörte
  Das Feuer der Kanonen und sie wild
Erdröhnten, stürmt' er vorwärts, ob der Grund
Auch bebte durch Mönch Bacons edlen Fund.[7])

34.

Er stürzte stets voran — und plötzlich stand
  Er in der zweiten Sturmkolonn', geführt
Von Lascy, welche gleich 'nem dicken Band
  Zu einem dünnen Auszug reduziert
Jetzt war, und wo er einen Platz noch fand
  Inmitt des Restes, der noch kouragiert
Die Waffen gegen Wall und Glacis fällte,
Als er sich mutig in die Reihe stellte.

35.

In dieser Not kam Johnson auch daher,
  Der retiriert erst (wie die Leute sagen,
Läuft einer lieber fort, anstatt daß er
  Zur Hölle stürzet durch des Teufels Rachen);
Doch Johnson war ein kluger Bursch und der
  Wohl wußte, wie und wann etwas zu wagen,
Und nie entwich, als nur zu solcher Zeit,
Wo Vorsicht auch ein Grab der Tapferkeit.

36.

Drum, als sein ganzes Korps hinsank um ihn
    Bis auf Don Juan, der ein Neuling war
Voll Jungferntapferkeit, die fern vom Fliehn,
    Weil unbekannt bis jetzt ihm die Gefahr —
(Also verläßt sich Unschuld sorglos=kühn
    Auf ihre Stärke, jeden Argwohns bar)
Wich er, um die zu sammeln, die sich leicht
Erkälten, wo der Hauch des Todes fleucht.

37.

Und hier, geschützt ein wenig vor dem Regen
    Der Schüsse von Bastion und Kasematt',
Haus, Brustwehr, Wall und Turm (denn allerwegen
    In dieser großen, hartbedrängten Stadt
Stritt man verteufelt, kühn gestemmt entgegen
    Dem Christenheer) fand er zerstreut und matt
Jetzt eine Schar von Jägern, die beim Jagen
Des Wilds von diesem ward zurückgeschlagen.

38.

Die rief er an — und, seltsam! jeder kam
    Auf seinen Ruf, ungleich den Geistern aus
Der Tiefe,³) die, nach Heißsporn, nicht so zahm,
    Gleich zu entsteigen ihrem nächt'gen Haus;
Der Grund war Ungewißheit oder Scham,
    Als fühlten sie vor einer Kugel Graus,
Und jener Trieb, der uns im Glauben wie
Im Krieg dem Führer folgen läßt wie Vieh.

39.

Freund Johnson war ein edler Bursch, fürwahr!
    Und klingt sein Name auch nicht ganz so schön
Als Ajax und Achilles: in Gefahr
    Wird man doch selten seinesgleichen sehn;
Er führte seinen Todesstreich, und zwar
    So ruhig=stät wie des Passates Wehn,
Und Großes (Farb' und Miene stets dabei
Sich gleich) vollbracht' er ohne groß Geschrei.

40.

Drum wenn er fortlief, that er's vorbedacht;
    Er wußte, daß zurück oft viele sind,
Die gern von ihrer eitlen Schrecken Macht
    Befreit sich sehen, welche oft, wie Wind,
Den Magen selbst der kühnsten Helden plagt;
    Und da nicht alle Helden völlig blind,
Wo unvermeidlich scheint der Tod, entlaufen
Sie wohl ein bißchen, bloß um zu verschnaufen.

41.

Johnson jedoch entlief, wie uns bekannt,
    Zu kehren bald mit einem neuen Heer
Zu jenem etwas nebelhaften Strand,
    Der stets ein Graus, wie Hamlet sagt, doch der
Mit Grausen Johnsons Seele nicht umwand,
    Die, wie auf Tote Galvanism, nunmehr
Auf die Lebend'gen wirkte und sie führte
Zurück zum Sturm mit neuer Kampfbegierde.

42.

Sie fanden wieder, was schon einmal heute
    Mit seinem Schrecken sie zur Flucht gebracht,
Trotz allem, was von Ruhm nur je die Leute
    Und vom unsterblich=hehren Kram gesagt,
Der Krieger oft begeistert — außer Beute
    Und Sold, dem Taglohn, welcher zäh sie macht
Sie fanden gleichen Willkomm, und er schien
Noch schlimmer ihnen als der Hölle Glühn.

43.

Sie fielen, wie beim Hagel Aehr' um Aehre,
    Gras vor der Sense, Korn der Sichel fällt,
Als Zeugnis, daß das Leben — (alt die Lehre!)
    So nichtig sei, wie jedes Gut der Welt.
Das türkische Geschütze drasch, als wäre
    Ein Flegel es, zusammen sie — kein Held
Ward hier verschont; — die Tapfersten voran
So fielen sie, noch eh' gespannt der Hahn.

44.

Die Türken schossen hinter den Bastein
    Und Schanzen Teufeln gleich, bis weggefegt,
Wie Wellenschaum vom Sturme, ganze Reihn;
    Das Schicksal aber, das doch Reiche legt
Und Völker in den Staub, fällt's grad' ihm ein,
    Ließ Johnson — (wie? das weiß ich selbst nicht recht)
Nebst einigen andern, welche nicht geflohn,
Im Schwefeldampf erklettern die Bastion.

45.

Erst klomm nur einer, dann zwei, drei hinan,
    Dann fünf und zehn — Tod galt es oder Leben,
Wo sie wie Pech die Flammen sprühen sahn
    Rings, oben, unten, hinten, vorn und neben,
So daß sich, wer am besten hier gethan,
    Kaum sagen läßt: ob jene Herrn, die eben
Ihr kriegrisch Antlitz überm Wall erhoben,
Ob diese, die es tapfer noch verschoben.

46.

Derweil, wer oben, unterstützt sich fand
    Durch einen Zufall oder Fehler jetzt,
Indem des Ingenieures Unverstand
    Die Palissaden also hier gesetzt,
Daß man bei einem Fort in Niederland
    Und Frankreich lachen würde (und zuletzt
Ist keins doch ein Gibraltar): auf dem Walle
Grad' in der Mitte standen steif sie alle,

47.

So daß auf jeder Seite zehn Fuß Breite
    Noch blieben, wo sich Raum zum Gehen bot;
Ein großer Vorteil dies für unsre Leute,
    Zum wenigsten für die, die noch nicht tot.
Sie konnten frisch sich sammeln hier zum Streite,
    Und was noch weiter dienlich in der Not,
War dies, daß sie ganz leicht die Palissaden,
Die höher kaum als Gras, daniedertraten.

48.

Der Ersten einer — nicht der erste grab' —
　Ein Vorrang dieses, der bei Freunden und
Verbündeten gelegt schon manchmal hat
　Der schlimmsten Todesfeindschaft ersten Grund;
Das wär' ein kühner Brite, in der That!
　Der sagte zu John Bull: noch eine Stund',
Und unser Wellington war dann geschlagen
Bei Waterloo — man muß die Preußen fragen —

49.

Und wären Bülow, Gneisenau und Blücher
　Und Gott weiß wer auf au und ow sonst noch
Zum Schrecken jener, die gekämpft wie Tiger,
　Nicht endlich angelangt, als fast es doch
Zu spät schon, trüge Wellington ganz sicher
　Jetzt all die Orden nicht und kaum so hoch
Die Nase — und wir sparten den Gehalt,
Den schwersten, welchen England je gezahlt.

50.

Doch sei's drum; segne Gott die Fürsten, denn
　Thut er's nicht, wird der Mensch es kaum noch thun,
Ich höre singen schon die Vögelchen —
　Das Volk wird seiner Kraft bewußt sich nun.
Der schlechtste Klepper zeigt die Hufe, wenn
　Er stets nur schaffen soll, statt auch zu ruhn,
Und das Geschirr ihn drückt; das Volk auch wird
Es müd', daß man als Hiob es traktiert!

51.

Erst murrt's — dann flucht's — wie David wirft es dann
　Mit kleinen Kieselsteinen nach dem Riesen —
Greift zu den Waffen endlich, wie ein Mann,
　Wenn's in Verzweiflung erst sich nicht mit Füßen
Mehr treten läßt — dann Revolution — sie kann
　Ausbleiben jetzt auch nicht, und Blut muß fließen —
Pfui! rief' ich gern, wüßt' ich nicht: Blut allein
Wäscht von der Hölle Schmutz die Erde rein.

52.

Jetzt weiter. Nicht der erste zwar, doch mit
  Den Ersten war's, daß unser Don, als sei
Er derlei schon gewohnt, den Wall beschritt;
  Und dennoch war dies alles ihm so neu
Wie — vielen, hoff' ich; aber mächtig glitt
  Die Sucht nach Ruhm, die manchmal alle Scheu
Besiegt, ihm tief ins Herz, ob dieses gleich
Wie seine Züge weiblich-sanft und weich.

53.

Hier stand er, er, der an des Weibes Brust
  Stets fühlte wie ein Kind, wie sehr auch Mann
In allem sonst — ihm war es Himmelslust,
  Ein Eden ihm, zu ruhen sanft daran;
Und hier bestand die Prob' er unbewußt,
  Die Rousseau rät mißtrau'nden Schönen an:
Sieh, wie dein Liebster geht aus deinem Arm!
Denn er ging nie, so lang ein Arm noch warm,

54.

Wenn ihn nicht Schicksal, Wind und Woge zwangen,
  Wohl auch Verwandte — denn gleichviel ist dies;
Hier stand er, wo, was Menschen je umfangen
  Als holdes Band, durch Feuer und Schwert zerriß;
Und Juan, dessen Leib fast aufgegangen
  In Seele, den das Schicksal vorwärts stieß,
Das jeden zwingt, gedrängt von Zeit und Ort,
Er stürzte gleich gesporntem Rosse fort.

55.

Hoch schwoll sein Blut, vom Widerstand erregt,
  Wie das des Jägers, kommt er angesprengt
Und sieht den Weg durch Zaunwerk sich verlegt,
  Wo alles an dem kühnen Sprung doch hängt.
Er haßte Grausamkeit, und — recht erwägt —
  Haßt jeder Blut, so lang nicht Haß-getränkt
Sein eignes; doch Don Juans Blut gerann
Bei einem Todesröcheln oft selbst dann.

56.

Als General Lascy, hart bedrängt vorher,
  Die Hilfe nahen sah und so gelegen,
Als ob sie aus dem Mond gefallen wär',
  In diesem Jüngling, hub er dessentwegen
Nun an, dem Don zu danken und, was mehr,
  Die Hoffnung bald'gen Sieges auszusprechen;
Schien er ihm doch kein niedriger Bezonier
(Nach Pistol) — nein, ein tapferer Livonier.

57.

Juan, zu dem er deutsch es sprach, verstand
  So viel vom Deutsch, als Sanskrit, und verbeugte
Als Antwort drum vor dem sich, dessen Band
  Und Stern und Orden ihm ganz deutlich zeigte
Zusamt dem blut'gen Schwert in seiner Hand,
  Daß, der ihn angeredet, wie ihm deuchte,
Um so ihm auszudrücken seinen Dank,
Ein tapfrer Offizier von hohem Rang.

58.

Nur kurze Worte gibt es, reden zwei
  Verschiedne Sprachen, und zur Zeit zumal
Des Kampfs und Sturmes, wenn so mancher Schrei
  Das Wort noch übertönt, und überall
Verübt Verbrechen werden, und dabei,
  Eh' noch ein Wort zum Ohr dringt, mancher Schall
Sich einmischt: Seufzen, Aechzen, Heulen, Beten
Verworren all: da ist nicht viel zu reden.

59.

Drum, was ich in zwei langen Strophen sagte,
  Geschah in kurzem Augenblick, in den
Sich alles drängte, was der Mensch vollbrachte
  An Greueln je, was je von Schmach geschehn.
Stumm ward der Mörser selbst — unhörbar machte
  Das Lärmen ihn — man hätt' ein Lenzgetön
So gut vernommen wie des Donners Dröhnen
Im allgemeinen, grausen Todesstöhnen.

60.

Jetzt war die Stadt erstürmt. O ew'ger Hohn!
		„Gott machte Land, der Mensch jedoch die Stadt,"
Wie unser Cowper sagt; recht hat er schon,
		Bedenk' ich, wie die Zeit zum Staube trat
Karthago, Tyrus, Rom und Babylon
		Und andre, die nicht auf der Chronik Blatt.
Prüf' ich das Sonst und Jetzt, dann wird der Wald,
So dünkt mir, einst noch unser Aufenthalt.

61.

Von allen Menschen, außer Sulla, der
		Im Tod und Leben für höchst glücklich gilt,
Und klängen ihre Namen noch so hehr,
		War General Boon des Glücklichen echt Bild,
Kentuckys Hinterwäldler, ja; denn er,
		Der nichts getötet als des Waldes Wild,
Verlebte einsam harmlos kräft'ge Tage
Als Greis im tief verschwiegnen wilden Hage.

62.

Ihm nahte Sünde nicht — sie ist kein Sproß
		Der Einsamkeit — noch mied Gesundheit ihn,
Die ja zu Haus in stiller Wildnis Schoß;
		Und sucht der Mensch sie hier nicht, will er fliehn
Vom Leben zu dem Tod im Weltgetos
		Als der Gewohnheit Narr: sei's ihm verziehn;
Den Fall des General Boon erwähn' ich einzig,
Weil jagend er gebracht es über neunzig,

63.

Und einen Namen dort gewann sogar,
		Um den umsonst die Menschen Menschen schlachten:
Berühmt, und jenes guten Rufes zwar,
		Ohn' welchen Ruhm als Spottwort nur zu achten.
Stets einfach heiter, lief er nie Gefahr,
		Daß blasser Neid und Haß ihm Kummer machten
Durch Unrecht; streifend so durch Hain und Flur,
War er als Greis ein Kind noch der Natur.

64.

Die Menschen, die selbst seines Volkes, mied er;
　　Wenn seinen lieben Bäumen sie zu nah
Erst bauten, zog er westwärts immer wieder,
　　Wo er nur Wald und keine Häuser sah.
(Das ist das Läst'ge am Gesellschaftsflitter,
　　Niemand macht's je dem andern recht) — nur da,
Wo er den Einzelmenschen fand im Hag,
War er so freundlich, als ein Mensch vermag.

65.

Er war nicht ganz allein: es wuchs um ihn
　　Ein Wälderstamm von Kindern heitrer Jagd;
Und ihre Welt war sonnig, frisch und grün —
　　Gefurcht noch nicht von Streit und Kummernacht
Die Stirn — ihr niegetrübtes Antlitz schien
　　Von der Natur mit Wonne angelacht;
Der freie Hain fand und erhielt sie frisch
Und frei, wie's Reh im Wald, im Bach der Fisch.

66.

Und größer, stärker, schneller waren sie
　　Als all der Stadt so blasse Fehlgeburten;
Im grünen Hain, wo die Gedanken nie
　　Des Grames und der Habsucht Beute wurden,
Ergrauten sie nicht abgestumpft zu früh,
　　Ihr Leib verrenkt von Schnüren nicht und Gurten
Der Mode; wild nicht waren sie, doch schlicht —
Treu ihre Büchsen, doch zum Spielen nicht.

67.

Bewegung war ihr Tag, ihr Schlummer Rast,
　　Und Heiterkeit die Dien'rin ihrer Mühen;
Noch nicht zu zahlreich, konnt' als schlimmer Gast
　　Verderbnis nicht in ihre Herzen ziehen.
Die Lust, die quält — die Pracht, die eine Last,
　　Muß vor dem freien Wälderleben fliehen;
Nicht grämlich, heiter war die Einsamkeit
Des seufzerlosen Waldgeschlechts allzeit.

68.

So viel von der Natur. Und jetzt zurück
   Zu all den hohen Freuden der Kultur
Und der Gesellschaft folgerechtem Glück:
   Krieg, Pestilenz, des Zwingherrn blut'ger Spur
Und Geißel, Ruhmsucht, die im Augenblick
   Millionen schlachtet, wie zum Spaße nur,
Den Szenen in Kathrinens Boudoir,
Nebst Ismails Sturm, der ein Pläsir ihr war.

69.

Sie drangen in die Stadt — ein Korps erzwang
   Sich erst die blut'ge Bahn, das andre dann,
Das Bajonett, das gräßlich rauchte, klang
   Am Säbel wild, derweil zum Himmel an
Der Kinder Schrein, der Mütter Jammern drang;
   Der Dampf, der immer dichter ward, begann
Des Morgens und der Menschen Hauch zu dämpfen,
Doch sah wie rasend man die Türken kämpfen.

70.

Kutusow, der Napoleon später schlug,
   Mit Hilfe ein'gen Schnees und Eises zwar,
Auf seinem kühnen, blutig=wilden Zug,
   Ward selbst zurückgedrängt mit seiner Schar;
Ein lust'ger Bursch und auf der Zunge trug
   Er immer einen Scherz selbst in Gefahr,
Mocht' auf dem Spiel auch Sieg und Leben stehen;
Hier aber schien der Spaß ihm zu vergehen.

71.

In einem Graben lag er erst, wohin
   Gefolgt ihm einige Krieger, deren Blut
Die Lache sehr noch zu bereichern schien —
   Dann klomm er auf zum Wall mit kühnrem Mut;
Doch hier verließ des Plans Gelingen ihn,
   Denn in den Graben warf der Türken Wut
Ihn nieder; unter andren Toten mehr
Ward sehr beklagt auch General Ribaupierre.

72.

Und wär' ein Korps, vom Strome fortgetrieben,
　Jetzt nicht gelandet noch und halb verirrt,
Da keiner wußte, wo sie wohl geblieben,
　Ganz blindlings wie im Traume fortmarschiert,
Bis sie der Zufall nun, als zu zerstieben
　Die Nacht begann, zu einem Thor geführt,
Dann läg' der lust'ge Kutusow noch heute,
Wo fast Dreiviertel blieben seiner Leute.

73.

Und diese Truppe, kletternd um den Wall,
　Nahm erst den „Kavalier" und that, als schon
Kutusows sehr „verlorener Posten" fahl
　Vor Schrecken ward à la Chamäleon,
Das Thor, das Kilia hieß, weit auf für all
　Die schwer bedrängten Helden, nahend von
Der Lache her, die, erst gefroren hart,
Zu einem warmen Menschenblutschlamm ward.

74.

Die Kosaks oder, wollt ihr, die Kosaken —
　(Verstoß' ich nur nicht gegen Strategie
Und Politik, soll ich mich dann noch placken
　Selbst mit der lästigen Orthographie?)
Gewohnt, zu Pferd die Beute einzusacken,
　Nicht stark zwar in der Festungstheorie,
Doch stets zum Kampf bereit, wo's nur behagt
Dem Führer, wurden nieder all' gemacht.

75.

Der Türken Feuer konnte nicht behindern
　Die Truppe, und den Wall erstieg sie kühn
Und dachte ungestört die Stadt zu plündern —
　Natürlich! doch sie irrte, wie es schien,
Was leicht passiert den braven Erdenkindern;
　Die Türken, um sie zwischen zwei Battrien
Zu bringen, flohen — doch wie Sturm und Wetter
Dann stürzten sie auf diese Christenspötter.

76.

Beim Schweif gefaßt jetzt, was ein schlimmes Fassen
   Für Bischöfe und Krieger, mußten eben
Sie hier sich alle niedermachen lassen,
   Erkennend, ein wie kurzes Leh'n das Leben;
Doch fielen all' sie, ohne zu erblassen —
   Und mochten auch die Leichen sich erheben
Als Leiter, drauf der Oberste Jessuski
Emporklomm mit dem Bataillon Poluszki,

77.

Der tapfer alle Türken, die er fand,
   Erschlug: doch konnt' er sie nicht auch verzehren;
Denn ein'ge, welche ohne Widerstand
   Nicht sehen wollten ihre Stadt verheeren,
Erschlugen ihn — und niemand hätt' erkannt,
   Welch Heer zumeist sich hatte zu beschweren;
Streich fiel um Streich, wo Zoll für Zoll sie sich
Bekämpften, aber keins von beiden wich.

78.

Gleich sehr litt eine andre der Kolonnen —
   Fast möcht' ich hier mit meinem Autor sagen:
Gebt nur den Truppen wenige Patronen,
   Wo sie am tapfersten sich sollen schlagen,
Weil sie, wo mit dem Bajonett gewonnen
   Doch alles werden muß, und viel zu wagen,
Oftmals aus thörichter Entfernung schießen,
Um nicht zu bald ihr Leben einzubüßen.

79.

Des General Meknop Leute aber trafen
   (Doch ohne ihn — er fiel erst kurz vorher,
Weil er nicht unterstützt) zu jenen Braven,
   Die jetzt noch einmal jede feste Wehr
Erklommen, mocht' auch Tod hinweg sie raffen;
   Und kämpften auch die Türken heldenhehr:
Sie nahmen die Bastion, doch teuer ließ
Sie der Seraskier bezahlen dies.

80.

Drauf boten Johnson und der Don nebst denen,
    Die in der vordern Reih', ihm Gnade an —
Ein Wort, das selten nur verfängt bei jenen
    Seraskiern — und bei diesem tapfren Mann
Gar nicht: so starb er, seines Landes Thränen
    Verdienend, als ein Kriegsmärtyrer dann;
Ein Briten=Offizier, der ihn gefangen
Gern hätte, zahlte teuer sein Verlangen:

81.

Die einz'ge Antwort ein Pistolenknall —
    Und niedersank er tot und ohne Schrei;
Die andern huben unverweilt dann all'
    Zu wüten an mit Eisen, Stahl und Blei,
Den frommen Erzen, die in solchem Fall
    So sehr gesucht — kein einz'ger ward dabei
Verschont! dreitausend Türken hier verblichen,
Und der Seraskier an sechzehn Stichen.

82.

Genommen war die Stadt, doch Schritt um Schritt,
    Bluttrunken war der Tod; — nicht eine Straße,
Wo nicht ein Herze noch verzweifelt stritt
    Für Freunde, eh' es sie auf ewig lasse.
Der Krieg vergaß sein Schreckenswerk inmitt
    Entsetzlicherer Greuel grauser Masse:
Des Blutbads Hitze, heißem Nilschlamm gleichend,
Schwoll, Ungeheuer von Verbrechen zeugend.

83.

Ein Russen=Offizier, der kriegerisch trat
    Auf Leichen, fühlte seine Ferse hier
Gefaßt wie von der Schlange, die genaht
    Der Eva, Fluch und Tod verkündend ihr;
Vergeblich, daß er zerrte, Flüche that,
    Sich krümmte, heulte wie ein wildes Tier:
Die Zähne hielten fest, was sie gefaßt,
Wie du's von Nattern wohl gelesen hast.

84.

Ein sterbender Moslem, von Feindes Fuße
   Getroffen, schnappte schnell danach und biß
Ihn in die Sehne, die die ältre Muse
   (Wenn nicht ein neuer Witz) nach dir behieß.
Achill! bis sich im grimmen Todeskusse
   Die Zähne trafen — und im Tode ließ
Er selbst nicht los: hing abgehauen doch
Der Kopf an dem lebend'gen Beine noch.

85.

Und so geschah es, daß sein Leben lange
   Gelähmt der Russen=Offizier, dieweilen
Die Zähne fester fast, als eine Zange,
   Im Fuße steckten, und der Arzt zu heilen
Ihn nicht vermochte zu geradem Gange,
   Weshalb er sicher fast noch mehr als teilen
Die Schuld mit jenem grimmen Feinde muß.
Des Haupt, selbst abgehaun, noch hing am Fuß.

86.

Doch Faktum ist's — und jeder wahre Dichter
   Muß möglichst fern sich halten von Fiktion;
Denn sich in Versen minder als in schlichter
   Und klarer Prosa binden lassen von
Der Wahrheit, dies geziemt ihm nicht, wenn nicht er
   Sie opfern muß poetischer Diktion
Und jenem schändlichen App'tit nach Lügen,
Womit der Satan Seelen fängt wie Fliegen.

87.

Erstürmt ist zwar die Stadt, doch nicht besiegt,
   Da sich kein Moslem noch ergeben hat;
Ström' auch das Blut, wie unterm Wall sich bricht
   Der Donau Woge: doch nicht Wort, noch That
Von Grausen vor dem Feind und Tode spricht;
   Umsonst mit lautem Siegesjubel naht
Der Russe — selbst des letzten Feindes Stöhnen
Muß noch in seinem eignen wiedertönen.

88.

Das Bajonett durchbohrt, es haut das Schwert,
   Vergeudet werden allwärts Menschenleben;
Wie wenn der Herbst durch gelbe Blätter fährt,
   Und kahle Haine vor dem Sturm erbeben,
So ächzt die Stadt jetzt, derer, die bewährt
   So treuen Mut, beraubt; doch unergeben
Fällt sie nur mählich in gewalt'gen Splittern,
Gleich tausendjähr'ger Eiche vor Gewittern.

89.

Es ist ein schrecklich Bild — doch meine Art
   Ist's nie und nimmer, Grausen zu erregen;
Denn wie aus Gut und Bös gewoben ward
   Das Leben, welches stets so reichen Segen
An melanchol'schen Freuden offenbart,
   So wär' es matt, von Einem stets zu sprechen;
Ob Freund und Feind mir drum zu gut es hält,
Ob nicht: ich schildre, wie sie ist, die Welt.

90.

Ein gutes Werk, wo ringsum nur Verbrechen,
   Ist „sehr erfrischend" (daß ich mich befleiße
Im Geckenstil der Heuchlerzeit zu sprechen
   Mit ihrer lieben Milch- und Wasser-Weise),
Mild wird es meinen Reim betaun deswegen,
   Der doch versengt ein bißchen durch die heiße
Siegsglut mit ihren Folgen all, macht gleich
Derartiges das Epos wechselreich.

91.

Auf einem Wall, wo tausendfach erschlagen
   Die Männer und auch Fraun — umsonst dorthin
Geflüchtet, jetzt ermordet — warm noch lagen,
   War's schauderhaft zu sehn für Herz und Sinn,
Wie dort, der Blüte gleich in Maientagen,
   Ein Mädchen unter Leichen, welche in
Dem blut'gen Schlamm dahingestreckt, bemüht,
Zu bergen jedes zitternd bange Glied.

92.

Zwei schurtische Kosaken, gluterfüllt
   Den Blick, verfolgten es; im wüsten Hain
Sibiriens die Bestie, grimm und wild,
   Fühlt gegen jene edel noch und rein;
Der Bär ist höflich, sanft der Wolf und mild —
   Und wer ist zu verdammen drum allein?
Ist's die Natur? Die Herrscher sind's — sie lehren
Die Völker jede Kunst erst, zu zerstören!

93.

Die Säbel blinkten überm Haupt ihr jetzt,
   Als sie das Antlitz in die Leichen drückte,
Doch stand ihr schönes Haar zu Berg entsetzt,
   Als Juan diese Schreckensszen' erblickte.
Nicht künd' ich, was er sagte — dies ergötzt
   Kein zartes Ohr; das, was er that, das schickte
Sich besser, und dies war, sein Schwert zu zücken —
Die beste Art, zu rechten mit Kalmücken.

94.

Die Hüfte dem, die Schulter jenem hieb
   Er ab, und so — wie tierisch ihr Geheul
Ob der zu wohlverdienten Wunden! — trieb
   Von hinnen er das Paar, das grimm derweil
Hinausschrie seine Wut; er aber blieb
   Zurück — und kälter werdend zog in Eil'
Er nun die Kleine unterm Leichenheere
Hervor, das fast ihr Grab geworden wäre.

95.

Kalt war gleich jenen sie; im Antlitz, klar
   Und süß, ein Blutstreif zeigte, wie ihr Los
Dem ihres Stamms so nah gewesen war:
   Der Streich, der ihrer Mutter Blut vergoß,
Traf ihre Stirn; welch Zeichen der Gefahr
   Als letztes Glied sie noch an alles schloß,
Was teuer ihr; sonst heil noch, sah sodann
Ihr großes Auge wild erstaunt ihn an.

96.

Als ihre Augen fest jetzt ineinand
  Geheftet, mischte sich in Juans Blick
Furcht, Hoffnung, Freud' und Leid: dem Glück verband
  Sich Kummer um ihr künftiges Geschick,
Derweil der Graus noch in dem ihren stand,
  Als kehre die Besinnung erst zurück —
Ein bleich, durchsichtig, strahlend Angesicht,
Dem einer Lilie gleich im Morgenlicht.

97.

John Johnson kam — und wenn ich „Jack" nicht sage,
  Geschieht's, weil's ordinär und kühl zumal,
Wo von so großen Dingen nur die Sprache,
  Als Sturm von Städten, wie es hier der Fall —
Er kam mit andren mehr, zu neuem Schlage
  Bereit, heran und rief: Auf, Juan — schnall'
Den Säbel fest — Moskau setz' ich zum Pfand,
Uns ziert noch heut St. Georgens Ordensband.

98.

Es fiel zwar der Seraskier, doch es steht
  Die Steinbastion noch — und es sitzt darin
Der alte Pascha unter Trümmern öd'
  Bei Leichen, ruhig rauchend, ob um ihn
Auch die Geschütze tosen — und es geht
  Der Haufen unsrer Toten bis ans Kinn
Ihm schon, der sich getürmt um die Battrie,
Doch schleudert stets noch ihren Hagel sie.

99.

Drum auf mit mir! — Doch Juan sprach: Sieh hier
  Das Kind — ich rettet' es und lass' sein Leben
Dem Zufall nicht; zeig' eine Ecke mir,
  Wo sicher es und frei von Angst und Beben,
Dann folg' ich gleich. — Und Johnson sah nach ihr
  Und rückte an dem Halstuch — Rat zu geben
Nicht wußt' er, und er sprach: Ja — ihretwegen —
Der Armen — doch was thun? mich macht's verlegen.

100.

Sprach Juan: Was geschehn auch mag, das Kind
    Verlaſſ' ich nicht, bis ſichrer es vorher
Des Lebens iſt, als wir es eben ſind. —
    Sprach Johnſon: Wir ſind's allerdings nicht ſehr;
Ein rühmlich Ende wenigſtens gewinnt
    Man dort jedoch. — Drauf Juan: Nimmermehr,
Was ich auch dulden muß, laſſ' ich allein
Dies Kind, das elternlos und drum jetzt mein.

101.

Sprach Johnſon: Keine Zeit iſt zu verlieren;
    Das Kind iſt ſchön, recht ſchön — ſolch Auge ſah
Ich nie; doch wähl', ob das Gefühl dich führen,
    Ob Stolz und Ruhm es ſoll; horch! fern und nah
Wächſt das Getös — den erſten Zug verlieren
    Wir ſchon — wir kommen viel zu ſpät — ja, ja —
Ich geh' nicht gern allein — doch gibt's beim Plündern
Kaum einen Vorwand, uns daran zu hindern.

102.

Doch Juan war ganz unbeweglich, bis
    Freund Johnſon, dem er wert, etliche Leute
Aufrief, von denen ſich erwarten ließ,
    Daß ſie ſo arg verſeſſen nicht auf Beute;
Und ihnen ſchwur er, daß er ſie gewiß,
    Geſchäh' dem Kind das kleinſte Leid, noch heute
Erſchießen werde; doch, wenn gut bewacht
Es werde, ſeien ihnen zugeſagt

103.

Einhundert Rubel und mit den Genoſſen
    Ganz gleicher Beutcteil. Da ſtimmte ein
Don Juan, durch den Hagel von Geſchoſſen,
    Der jeden Schrittes lichtete die Reihn,
Dahin zu ziehn; ſo ging es durch das Toſen
    Raſch vorwärts, und kein Wunder war es, nein,
Da ſie von Hoffnung auf Gewinn erglüht,
Wie man bei Helden dies alltäglich ſieht.

104.

Und dies ist Sieg! und dies der Mensch — ganz sicher
    Neun Zehntel derer, die wir also heißen,
Was Gott wohl nicht thut, denn noch wunderlicher
    Sonst wären seine Wege, kaum zu preisen.
Doch zu der Mär'; ein Chan, ein Siebenziger,
    (Nein — Sultan nennt der Autor diesen greisen
General — mein Vers drum folge seiner Prose)
Ergab sich nicht, zur Seite ihm fünf große

105.

Und tapfre Söhne — denn Polygamie
    Erzeugt, wo keine Strafen noch bedrohn
Dies Laster, manches Kriegerschock; und nie
    Und nimmer glaubt' er, daß genommen schon
Die Stadt, so lang ein Sproß noch stritt für sie.
    Beschreib' ich Peleus', Zeus' und Priams Sohn?
Nein, einen guten, schlichten, alten Mann,
Der mit fünf Söhnen stand im Kampf voran.

106.

Ihn fangen galt's; der wahrhaft Tapfre, sieht
    Den Tapfren von der Obmacht er erdrückt,
Ist immer ihn zu retten rasch bemüht —
    Halb Gott, halb Bestie, ist er bald durchzückt,
Von Wut, wie grimm im Sturm die Woge sprüht,
    Fühlt Mitleid bald — und wie die Eiche nickt
Im Zephyr, so durchzittert manchmal auch
Den wildsten Sinn des Mitleids sanfter Hauch).

107.

Doch wollt' er nicht gefangen sein — auf jeden
    Vorschlag zur Güte war die Antwort einzig,
Daß er und Söhne Christen niedermähten,
    Kühn, wie kaum je ein Held gewehrt allein sich.
Die Russen fernre Milde drum verschmähten —
    Dies eine Tugend, die ganz allgemein sich
Verleugnet, der Geduld gleich, zeigt sich nur
Von einem Grund dazu die schwächste Spur.

108.

Trotz Johns und Juans eifrigem Bemühn,
  Mit ihrem Vorrat morgenländ'scher Phrasen
Um Gotteswillen zu beschwören ihn,
  Nur so viel in der Kampfwut nachzulassen,
Daß dies ein Vorwand, einen Feind, so kühn,
  Zu retten, fuhr er immer fort zu rasen,
Wie 'n Theolog, mit Skeptikern im Streite,
Sie, die ihm freund, bedrohend selbst und beide

109.

Verwundend; denn nach John und Juan schlug
  Er wie ein Kind, das nach der Wärtrin schlägt,
Bis seufzend dieser und mit einem Fluch
  Der andre auf ihn stürzte, wild erregt.
Auch waren alle wütend schon genug
  Ob dieses Türken Starrsinn — unentwegt
Durch Mitleid stürmten sie auf ihn deswegen
Nebst Söhnen, wie auf sand'ge Flur der Regen,

110.

Die trinkt und trocken bleibt. Doch ach, sie sanken —
  Durch einen Schuß der zweite, durch das Schwert
Der dritte Sohn — ins Herz des vierten drangen
  Drei Speere; Numero fünf und minder wert
Dem Vater, dem er wenig auch zu danken
  Nur hatte, weil er mißgestalt, entehrt
Als Kind der Christin, starb gleich kühn für den,
Der sich geschämt, in ihm sein Kind zu sehn.

111.

Im ältren seht den echten Tatarn — seht
  Den grimmen Christenfeind, wie jemals ihn
Zum Märtyrer erlesen der Prophet,
  Wenn ihm gewinkt die Jungfraun all' in Grün,⁹)
Die dessen, wer allhier Pardon verschmäht,
  Dort harren; aber wem ihr Bild erschien,
Mit dem verfahren sie ganz nach Bedünken,
Gleich andern Schönen, die uns freundlich winken.

112.

Was sie im Himmel mit dem jungen Chan
　　Thun wollten, kann ich so genau nicht wissen,
Obgleich sie einen schönen jungen Mann
　　Vorziehn den alten, zähen Helden müssen;
Dies ist der Grund, ich zweifle nicht daran,
　　Daß in des Schlachtfelds blut'gen Schauernissen
Sich stets zehntausend junger Gecken Leichen
Auf einen alten, blut'gen Krieger zeigen.

113.

Die jungen Huris freut es auch sodann,
　　Zu kappen junge Gatten, eh' der schnellen
Brautstunden süßer Reigen noch zerrann,
　　Der zweite Monat trüb dem ersten hellen
Gefolgt, und reuig mancher dann und wann
　　Zurück sich wünscht den Stand des Junggesellen,
So daß die Huris jener kurzen Blüten
Entwicklung oft vereiteln schon hienieden.

114.

Der junge Chan drum, dem sie hold gelacht,
　　Vergessend vier der Weiber jung und schön,
Warf kühn sich in die erste Himmelsnacht.
　　Den Moslem führen Huris — und verhöhn'
Auch unser Glaube dies — getrost zur Schlacht,
　　Als gäb's nur einen Himmel, einzugehn
Zur Seligkeit, obgleich es deren sieben,
Falls richtig, was im Koran steht geschrieben.

115.

So strahlte das Phantom vor seinem Blick,
　　Daß er, als schon in seiner Brust die Lanze,
Noch Allah! rief, und jetzt, wie sich zurück
　　Des Himmels Schleier schlug, erschaut' beim Tanze
Der Sphären aller Ewigkeiten Glück,
　　Gleich ewigen Sonnenaufgangs reinstem Glanze,
Allwo ihm Huris winkten nach dem Ziel
Im tiefsten Wolluststrahl — worauf er fiel.

116.

Doch in dem Antlitz himmlisches Entzücken,
　　Ließ drauf der alte Chan, der aufgehört,
Die Huris oder sonstwas zu erblicken,
　　Was seines Stamms nicht, der in Kraft bewährt
Wie Zedern, von dem Kampf ab, als er schmücken
　　Den letzten Helden sah die blut'ge Erd',
Und ließ das Auge trüb und trauernd nun
Auf dem erschlagnen letzten Sohne ruhn.

117.

Die Krieger, die das Schwert ihn senken sahn,
　　Bereit, Pardon zu geben, falls er ihn
Nur nicht verschmähe, wie er erst gethan,
　　Pausierten jetzt; doch zu bemerken schien
Er dieses nicht — das Herz des guten Chan
　　Ging bebend aus den Fugen, das so kühn
Vorher — er sah die Söhne tot; voll Pein
Sah er sich zwar am Ziel, doch so allein!

118.

Ein flücht'ges Beben war's, um kühn zu springen
　　Mit seiner Brust dann auf der Russen Stahl,
So sorglos, wie die Motte nur die Schwingen
　　Dem Lichte naht und stirbt in seinem Strahl.
Dicht drang er an, damit sie ihn durchbringen
　　Nur tödlicher noch möchten, die zumal
Die Söhne ihm gewürgt; — noch schaut er düster
Auf sie zurück — und hingegangen ist er.

119.

Seltsam: manch alter Krieger, der nicht Weib
　　Und Kind geschont in blut'ger Kampfeswut,
Als er dahin gestreckt jetzt Leib an Leib
　　Mit seinen Söhnen sah in seinem Blut
Den Alten, ward gerührt (und was ich schreib',
　　Ist wahr!) von solchem hehren Todesmut,
So daß er, ob auch keine Zähr' entrollte
Blutrünst'gem Aug', doch alle Ehr' ihm zollte. —

120.

Es feuerte aus seiner Steinbastion
  Der Pascha, noch sich haltend, immerfort;
Er schlug wohl zwanzigmal die Russen schon
  Zurück — vergeblich alles Stürmen dort,
Bis er jetzt fragen ließ in stolzem Ton,
  Ob denn genommen, oder nicht, der Ort;
Das erstre hörend, ließ er Ribas sagen,
Er sei bereit, mit ihm sich zu vertragen.

121.

Gekreuzt die Beine, saß er ganz sang froid
  Auf einem Teppich, rauchend unter Trümmern,
Da doch selbst Troja keine Szene sah
  Wie die umher — doch schien ihn nichts zu kümmern;
Mit Heldenstoizismus saß er da,
  Strich sich den Bart und schaute auf das Flimmern
Und den ambrosisch-süßen Rauch der Pfeife,
Als hätt' er drei der Leben, wie Roßschweife.

122.

Genommen war die Stadt — da galt es gleich,
  Ob er sich halte oder die Bastion —
Sein Heldenmut parierte nicht den Streich,
  Der stolze Halbmond sank von seinem Thron.
Rot schien das Kreuz jetzt auf das Feld, so bleich,
  Doch rot nicht von Erlösungsblut; das Loh'n
Der brennenden Straßen spiegelte in Blut
Sich wider, wie der Mond in nächt'ger Flut.

123.

Was je die Seele schaudernd sah, empört,
  Was je zu thun der Körper nicht verschmähte,
Was man von Menschenelend träumt und hört,
  Was selbst der Teufel nur im Wahnsinn thäte,
Was nur die Hölle füllt, graus, blutbethört,
  Wofür die Feder keinen Ausdruck hätte,
Ward hier, wie sonst und später, jetzt vollbracht
Von Menschen, die mißbrauchten ihre Macht.

124.

Wenn hie und da ein edler Herz auch schlug
　　Und dieser Greuel blut'ge Bande brach,
Hier einen Greis in flücht'gem Mitleidszug
　　Errettend, dort ein holdes Kind von Schmach:
Was ist dies in dem allgemeinen Fluch
　　Zerstörter Stadt, wo sich so tausendfach
Die Bande schlingen? Gecken von Paris
Und London — denkt, welch edles Spielwerk dies!

125.

Denkt, wie die Freude, Zeitungen zu lesen,
　　Erkauft wird durch Verbrechen und durch Leiden!
Und rührt euch dies nicht, dürft ihr nicht vergessen,
　　Daß gleiches Los auch euch sich kann bereiten.
Die Steuern und Castlereagh sind unterdessen
　　Auch Winke, die so leicht nicht zu mißdeuten;
Beschaut euch selbst und Irlands Elend drum,
Und dessen Hunger stillt mit Wellesleys-Ruhm.

126.

Doch hegt ein Volk voll christlicher Belehrung,
　　Das seinen König liebt, für solche Dinge
Allzeiten die erhabenste Verehrung —
　　Trag, Muse, sie empor auf lichter Schwinge!
Ob öd' auch eure Aun, und die Verheerung
　　Euch um der künft'gen Ernte Hoffnung bringe:
Nie bringt zum Thron des blassen Hungers Pein —
Irland verschmachte — George wiegt zwanzig Stein!

127.

Laßt mich das Thema enden jetzt: es fand
　　Sein Ende Ismail — o arme Stadt!
Die Donau spiegelte der Türme Brand,
　　Rot und beschämt floß ihre Flut — noch hat
Der Kriegslärm, das Gestöhn' am öden Strand
　　Kein Ende jetzt, der Donner nur ward matt;
Von vierzigtausend Kriegern auf dem Wall
Noch einige hundert — stumm die andern all'.

128.

In einem war der Russen Heer gleichwohl
　Zu loben dieses Falls, was um so mehr
Erwähnenswert, weil, ob auch innen hohl,
　Doch diese Tugend jetzt en vogue so sehr —
Zart ist die Sache, sei drum nicht frivol
　Mein Vers: die Kälte, Mangel in dem Heer
An Ruh' und Nahrung hatten (dies bekenn' ich)
Sie keusch gemacht — sie schändeten nur wenig.

129.

Sie mordeten und plünderten, vergingen
　Auch sonst sich wohl noch, doch nicht so abscheulich
Wie die Franzosen, wenn sie stürmend dringen
　In Städte ein; denn dies ist mehr als greulich;
Und keinen Grund sonst weiß ich vorzubringen,
　Als Mitleid oder Frost; denn so jungfräulich
Beinah, als sie vorher gewesen, kamen
(Bis auf zweihundert kaum) davon die Damen.

130.

Manch ein Versehn im Dunkeln wohl geschah
　Aus Mangel an Geschmack, wenn nicht an Licht;
Man konnt' im Rauche unterscheiden ja
　Nicht Freund und Feind; zudem ist solches nicht
Unmöglich in der Eile selber da,
　Wo es an einiger Helle nicht gebricht,
So daß sechs Jungfern, nah an sechzig Jahren,
Auf diese Art hernach entjungfert waren.

131.

Doch war die Mäßigung im ganzen groß,
　Und manche Täuschung gab es drum bei denen,
Die eines „leb'gen Glücks" langweilig Los
　Gefühlt und drum gehofft in stillem Sehnen,
(Zumal das Schicksal schuld am Unheil bloß)
　Nun würden endlich die verwelkten Schönen
Noch eine Hochzeit der Sabinerinnen
Und ohne Aufwand eines Betts gewinnen.

132.

Auch hörte man manch' üppige Schöne fragen —
  (Von mittlerm Alter, meist Vierzigerinnen
Und Witwen waren's, welche brach jetzt lagen)
  Wird denn die Notzucht jetzt nicht bald beginnen?
Doch während Blut- und Beuteburst sich brachen
  Die wilde Bahn, blieb Muße kaum den Sinnen
Zu andrer Sünd'; ob jene drum entkommen,
Nicht weiß ich's — hoff' es nur zu ihrem Frommen.

133.

Der Sieger Suworow war ein Gegenstück
  In seinem Handwerk fast für Dschengischan.
Als Straßen und Moscheen vor seinem Blick
  Wie Stroh zum Himmel flammten wild hinan,
Schrieb er mit blut'ger Hand die Botschaft: Glück
  Zum Sieg! — ich führe seine Worte an:
Gott und der Kais'rin Ruhm! (wie aber kommen
Die zwei zusammen?) Ismail ist genommen! [10])

134.

Die schauderhaftsten Worte, fürcht' ich sehr,
  Seit Mene Tekel und Upharsin das,
Die je geschrieben Kiel noch oder Speer! —
  Ich bin kein Pfarrer — doch was Daniel las,
Das war des Herren Kurzschrift, streng und hehr,
  Und dieser machte keinen schlechten Spaß,
Wo Völker sanken; doch den Brand der Stadt
Bereimte Suworow, wie Nero that.

135.

Ja, diese Reime schrieb er, die indessen
  Begleitet von dem Aechzen und dem Schrein;
Man singt sie nicht — doch wird sie nie vergessen;
  Denn könnt' ich's nur, ich lehrte jeden Stein,
Die Zwingherrn zu zermalmen. Wir vermessen
  Uns wohl, nicht ihre Sklaven mehr zu sein;
Doch ihr, ihr Kindeskinder, mögt es lesen,
Wie alles, eh' die Welt noch frei, gewesen.

136.

Ihr (wir nicht) werdet beßre Stunden sehen;
　Und da ihr in des ew'gen Friedens Freude
Wohl zweifelt, ob es wahr, was hier geschehen,
　Griff ich zum Kiel, damit ich euch es deute.
Mag die Erinnrung dran selbst untergehen! —
　Wo nicht, denkt mit Verachtung dran, wie heute
Man kaum der Wilden denkt, die ihre Glieder
Bemalen, doch nicht mit dem Blut der Brüder.

137.

Hört ihr von Thronen, mag euch dies erscheinen,
　So wie auch die, die drauf gesessen gar,
Wie ob der Urwelt riesigen Gebeinen
　Man staunt, und daß sie solches all gebar,
Gleich Hieroglyphen auf Aegyptens Steinen —
　Ein Zukunftsrätsel, über das ihr zwar
Dann grübelt, doch entzieht es sich zum Glück,
Wie einer Pyramide Zweck, dem Blick.

138.

Wort hielt ich, Leser! wenigstens so weit,
　Als ich im ersten Canto es verhieß:
Ich habe Liebe, Seesturm, Krieg und Streit
　Geschildert — und getreulich alles dies,
Auch episch, falls es mit Wahrhaftigkeit
　Verträglich, gegen die ich nie verstieß
Wie andre; sorglos sing' ich, da Apoll
Mir manchmal eine Saite leihen soll,

139.

Auf der ich spielen, spotten, geigen mag.
　Was ferner sich begeben mit dem Helden
Des Dichterrätsels, werd' ich nach und nach
　(Wenn überhaupt) euch ganz gehörig melden.
Doch brech' ich hier jetzt ab, ganz müd und schwach
　Vom Sturm auf Ismails Wall, den jetzt zerschellten,
Derweil der Don mit der Depesche ward
Entsandt, auf die ganz Petersburg geharrt.

140.

Ihm ward die Ehre, weil er sich benommen
　Mit Mut und edler Menschlichkeit dabei,
Die Menschen zusagt, die zu Odem kommen
　Von Eitelkeit=erzeugter Raserei.
Und Beifall ward ihm, daß er, wo entglommen
　Des Blutbads Hitze grimmig, ohne Scheu
Geschützt die Kleine, deren Rettung heute
Ihn mehr als sein St. Wladimir=Orden freute.

141.

Die Moslem=Waise zog mit ihrem Retter
　Hilf=, heimat=, hauslos jetzt; es waren alle
Verwandten, Hektors Teuren gleich, entweder
　Gefallen auf dem Felde oder Walle,
Und ihre Heimatstätte jetzt und später
　Ein Schatten dessen, was sie vor dem Falle.
Kein Muezzin rief dort mehr — und Juan weinte
Und schwur ihr Schutz, womit er's ehrlich meinte.

Neunter Gesang.[1]

1.

O Welling= oder Villainton[2]) — denn klingen
　　Hört man das Wort bald so, bald so; der Franke
Kann deinen Namen nicht einmal bezwingen
　　Und macht ihn so zum lächerlichen Schwanke;
Besiegt, wie Sieger, lacht er, — sieh, wir bringen
　　Gehalt und Lob dir reichlich dar zum Danke;
Und wer bestritte je den Ruhm, der dein?
Zudonnern würd' ihm alle Welt ein „Nein!"[3])

2.

Mich dünkt, an Marinet[4]) thatst du nicht recht
　　Im Falle Kinnairds — o wie schäbig war es!
Auf deinem Grabmal machte es sich schlecht,
　　Wie manches andre, dort zu künden klar es;
Das weitere ist nicht wert, daß man's erwägt,
　　Für Theeklubs selbst zu arm ist offenbar es;
Doch wie's mit deinen Jahren auch bestellt
Als Mann: noch äußerst jung bist du als Held.

3.

Schuldet (und zahlt) dir England auch so viel,
　　Europa schuldet sicher dir noch mehr: —
Der legitimen Krücke neuen Stiel,
　　Die zwar nicht ganz so fest ist, als vorher;
Und wie du stramm der Restaurierung Ziel
　　Verfolgest, Frankreich fühlt's und Spanien schwer;
Dein Schuldner ist durch Waterloo die Welt —
Besäng's dein Bardenheer nur gut für Geld.

4.

O großer Halsabschneider, der du bist!
    Erschrick nicht — Shakespeare sagt's — es paßt noch heute,
Da Krieg ein gurgelschneidend Handwerk ist,
    Sofern das Recht ihn nicht zum heil'gen weihte —
Ob deine Rolle edel war, ermißt
    Die Welt — und sie, nicht ihre Herrn, entscheide;
Und freuen soll's mich, zu erfahren dann,
Wer außer dir und deiner Clique gewann.

5.

Ich schmeichle nicht — zu viel wird dir flattiert —
    Doch sagt man, liebst du dies, was man schon kennt;
Wes Leben Sturm und Schlachten nur, der wird
    Des steten Donners müde wohl am End'
Und freut sich, lobt man, statt daß man blamiert
    So manchen Schnitzer, der geglückt, und nennt
Der Völker Retter ihn, die noch zu retten,
Der Welt Befreier, welche noch in Ketten.

6.

Genug — geh! speise von dem Silberzeug,
    Das dir Brasiliens Fürst geschenkt, und dann
Schick' auch der Wache, die vor Hunger bleich,
    Ein Stückchen nur vom Schwelgermahl⁵) — der Mann
Stritt gut, doch aß er also nicht zugleich,
    Auch fängt das Volk bereits zu hungern an;
Gewiß hast reich verdient du die Ration,
Doch gib ein bißchen auch dem Volk davon.

7.

Ich richte nicht, dieweil ein Mann wie du,
    Lord Herzog, über jedem Urteil steht,
Des Cincinnatus Römerart dazu
    Längst nicht so edel mehr im Schwange geht.
Und liebst als Jre auch Kartoffeln du,
    Brauchst du sie nicht zu bauen doch; ich red'
In Bösem nicht — doch eine Halb=Million
Für dein Sabinum ist ein teurer Lohn!

8.

Solch großen Lohn verschmäht, wer wahrhaft groß:
　　Epaminondas hinterließ beim Sterben
So viel nicht, um ihn zu bestatten bloß,
　　Dank wollte Washington allein erwerben
Und fleckenlosen Ruhm — (wie weniger Los!)
　　Pitt selbst, der stolze, wenn er ins Verderben
Britannien stürzte, that es mindstens gratis,
Wie's edlen Staatenlenkern ziemt — doch satis!

9.

Nie hat ein Mensch noch gleichen Anlaß, nein,
　　So sehr mißbraucht — kaum selbst Napoleon,
Von der Tyrannen=Einheit zu befrein
　　Die Welt, der Völker Segen all sein Lohn.
Und jetzt dein Ruhm? soll ich ihm Worte leihn?
　　Jetzt, da verhallt des Pöbels Jauchzen schon —
Nun, lies ihn in des Volkes Hungerzügen,
Sieh auf die Welt und fluche deinen Siegen!

10.

Da ich von Krieg jetzt singe, so geruht
　　Die Muse, hier die Wahrheit klar zu sprechen
Zu dir, wie keine Zeitung kund sie thut;
　　Hoch Zeit, der feilen Brut sie einzuprägen,
Ist's jetzt, die sich von ihres Landes Blut
　　Und Schulden mästet; hört es allerwegen:
Du thatest Großes (nur, an Geist nicht groß,
Das Größte nicht) zum Fluch der Menschheit bloß!

11.

Es lacht der Tod — betrachte dies Skelett,
　　Das Bild der Nacht, die das Vergangne hüllt,
Gleichwie die Sonne, wenn sie untergeht,
　　Bis lichter Tag, doch anderswo, entquillt;
Er lacht all des, was ihr beweint — o seht
　　Die Furcht, womit sein Stachel alle füllt,
Der in der Scheide selbst das Leben macht
Zum Graus — seht, wie der Mund so fleischlos lacht!

12.

Sieh, wie er grinst, verspottend, was du bist
   Und es auch war; von Ohr zu Ohr nicht mehr
Zwar lachend, weil kein Fleisch dazwischen ist
   Und taub der Knochenmann — doch grinset er
Und streifet das Gewand (der Schneider mißt
   Dir keines an, das dir so teuer wär')
Vom Menschen ab: die Haut — ob weiß sie sei,
Ob schwarz, ob braun — gleichviel — und grinst dabei.

13.

So lacht der Tod — o bittre Lustigkeit!
   Doch ist es so; wie wäre da das Leben
Nicht lachend, seinem Meister gleich, bereit,
   Zu treten auf die Nullen, die sich heben
Und platzen, Blasen gleich, zu jeder Zeit
   Auf einem Meer, das doch so winzig neben
Dem großen, ew'gen, welches Sonnen trinkt
Gleich Strahlen, Jahre Stunden gleich verschlingt?

14.

Sein oder nicht sein! — dieses ist zu fragen,
   Sagt Shakespeare, welcher Mode jetzt — indessen
Bin ich kein Alexander, darf auch sagen,
   Daß ich auf Ruhm und Ehre nie versessen;
Auch nähm' ich nie für meinen heilen Magen
   Napoleons Krebs, gewänn' ich ungemessen
Ruhm oder Schmach durch fünfzig Siege drum —
Was wäre ohne Magen aller Ruhm?

15.

O dura ilia messorum! Oh,
   Ihr derben Schnittermagen! übertragen
Ist dies zum großen Nutzen derer, so
   Das innre Fatum kennen, das versagen
Den Dienst den Magen läßt; wo wäre, wo,
   Des Knechtes Schweiß, der sich ums Brot muß plagen,
Nicht wert des Herren Gut, der keucht um Rente?
Den Ausschlag gibt der beste Schlaf am Ende!

16.

Sein oder nicht sein! — eh' ich mich entscheide,
　Erführ' ich gern zuvor, was dieses Sein.
Wir sinnen viel ins Lange und ins Breite
　Und bilden, weil wir manches sehn, uns ein,
Wir sähen alles — und auf keiner Seite
　Drum steh' ich, eh' ich Wahrheit seh' statt Schein,
Und denke: Leben ist nur Tod, grad' eben
So wohl, wie daß ein Atmen bloß das Leben.

17.

Que sais-je? war das Motto des Montaigne
　Und das der ersten Akademiker;
Daß alles trüglich, was wir Menschen sehn,
　War ihrer Sätze all gepriesenster;
Gewisses gibt es nichts, ob man's auch wähn',
　Und in der Welt ist gar nichts sicherer,
Da wir, woran wir sind, so wenig wissen,
Daß wir den Zweifel selbst bezweifeln müssen.

18.

Auf einem Meer des Forschens so zu schiffen
　Wie Pyrrhon,⁶) mag vergnüglich sein vielleicht;
Doch wie, wenn nun das Boot zerschellt an Riffen?
　Manch Weiser sich als schlechter Lotse zeigt?
Und lang zu schwimmen auf Gedankens Tiefen,
　Erschlafft, derweil ein Plätzchen, still und seicht,
Am Strande, wo man sich nach Muscheln bückt,
Am besten sich für mäßige Bader schickt.

19.

„Der Himmel ist, sagt Cassio, über allen,
　Hiervon drum jetzt nichts weiter — laßt uns beten.“
Seit Eva straucheln mußt', und Adam fallen,
　Was Mensch und Tier dem Tod gab, muß man retten
Hübsch seine Seele. Selbst des Sperlings Fallen
　Ist Vorsehung! doch was er übertreten,
Ist unbekannt — wenn er vielleicht nicht saß
Auf jenem Baum, von welchem Eva aß.

20.

Ihr ewigen Götter! was ist Gottheit? sagt!
    Was ist, sterblicher Mensch, Philanthropie?
O Welt, wer hat gebildet dich? — Man klagt
    Mich an so häufig der Misanthropie;
Doch mehr nicht als das Holz, woraus gemacht
    Mein Pult, versteh' ich dies. Lykanthropie⁷⁾
Begreif' ich wohl — denn, unverwandelt, werden
Die Menschen leicht zu Wölfen hier auf Erden.

21.

Doch ich, der Menschen mildester, ein Mann,
    Der ich wie Moses — (dies darf ich bekennen)
Nie was besonders Liebloses gethan,
    Muß ich dem Zug von Leib und Geist (zu trennen
Sind sie so schwer!) auch folgen dann und wann,
    War stets doch schonungsvoll — wieso drum nennen
Sie doch mich Misanthrop? Weil sie mich hassen,
Und nicht ich sie — doch wollen wir es lassen.

22.

Denn daß mein gutes Epos weiter schreite,
    Ist jetzt es Zeit — und gut ist's, so viel weiß ich,
In Text wie Vorwort, wie so wenig beide
    Auch oft verstanden werden; doch verheiß' ich,
Die Wahrheit soll in ihrem schönsten Kleide
    Sich zeigen nach und nach, und drum befleiß' ich
Mich der Geduld, Verbannung alldieweilen
Und Schönheit mit der Herrlichen zu teilen.

23.

Mein Held — (ich denk', als deiner auch besteht er,
    Mein Leser!) war jetzt auf dem Weg zur Stadt
Der feinren Bauern des so großen Peter,
    Die tapferer als witzig, in der That.
Ich weiß, sein mächt'ges Reich ist jetzt ein Köder
    Für Schmeichler, Voltaire selbst; — doch Autokrat
Ist er für mich, der, wenn auch kein Barbar,
Mir oft noch etwas Schlimmres dünkt sogar.

24.

Drum Krieg mit Worten, muß es sein mit Thaten,
　Jedwedem, der mit den Gedanken kriegt;
Sind deren schlimmste Feinde Autokraten
　Und Sybariten nicht? wer aber siegt,
Dies weiß ich nicht, und könnt' ich's auch erraten:
　Mich würd' es zu bekennen hindern nicht
All den geschwornen, tiefen Abscheu frei
Und frank vor jeder Art von Tyrannei;

25.

Nicht um dem Volk zu schmeicheln und zu heißen
　Sein Freund: der Demagogen gibt's genug,
Auch Zweifler, seine Kirchen einzureißen
　Und aufzupflanzen einen andern Fluch.
Ob sich als Ernte ihrer Saat erweisen
　Die Hölle wird (nach jenem Christenspruch):
Ich weiß nicht — frei nur sei der Mensch allhier
Von Königen, vom Plebs, von dir und mir.

26.

Und so, da ich von keiner der Partein,
　Verletz' ich alle; gut — es wird sich finden,
Daß so mein Wort kann offner, biedrer sein,
　Als wenn ich segelte mit allen Winden.
Wer nicht Gewinn sucht, braucht nicht Schmeichelein,
　Wer weder will gebunden sein, noch binden,
Kann reden frei — ich will's, und niemals sei
Zu Dienst mein Wort der Sklaven Schakalschrei.

27.

Dies ist ein passend Gleichnis mit dem Schakal —
　Nachts hört' ich heulen sie in den Ruinen
Von Ephesus, gleich diesem feilen Pack all,
　Der Mächt'gen Spürer, die die Beute ihnen
Auswittern, wie sie nach der Herrn Geschmack all;
　Doch sind die Schakals kaum so schlecht (sie dienen
Dem edlen Löwen kühn) als dies Gezücht
Von Menschen, das für Spinnen einzig ficht.

28.

Heb einen Arm — ihr Netz zerstiebt, und schwach
    Und eitel ist ihr Gift all ohne jenes.
Drum merke, gutes Volk, was ich dir sag' —
    (Euch, Völker, mein' ich): Kühn voran! wir sehn es,
Daß der Taranteln Netz mit jedem Tag
    Noch wächst — drum steht vereint, dann ist geschehn es
Um jenes auch; jetzt sticht, sich zu befrein,
Die attische Bien' und Spaniens Flieg' allein.

29.

Don Juan, der beim Sturm gestrahlt so klar,
    War mit der Botschaft unterwegs, worin
Von Blut die Rede, wie von Wasser, war,
    Und von den Leichen, die wie Blätter in
Der stummen Stadt — mit einem Spaß sogar,
    Zu schmeicheln Katharinens wildem Sinn! —
Gleich Hahnenkämpfen Schlachten sie taxierte,
Sich freuend, wenn i h r Kampfhahn reüssierte.

30.

In der Kibitka rollte er voran —
    Verdammtes Fuhrwerk ohne Federn dies,
Keine Rippe läßt es ganz auf rauher Bahn;
    Des Ruhmes dacht' er, und was er verhieß,
Der Orden, dessen dann, was er gethan,
    Des Wegs auch manchmal, der ihn wünschen ließ
Jed' Pferd beschwingt, gefedert jeden Wagen,
Wo's galt, hin über Stock und Stein zu jagen.

31.

Bei jedem Stoß — und viele gab es — kehrte
    Sein Blick sich auf die schutzbefohlne Kleine,
Als wünsch' er, daß es ihr nicht lästig werde
    Auf dieser schönen Straße, die ganz Steine
Und Gleisen, grad', wie die Natur es lehrte,
    Die ja kein Pflastrer ist; auch gibt's dort keine
Dampfboote, wo noch ganz in jener Hand
Farm, Fischerei und Jagd und Strom und Land.

32.

Pacht mindstens gibt sie nicht und hat ein Recht
    Deshalb, den ersten sich zu nennen all
Der „Herren Farmer" — ein verarmt Geschlecht,
    Seit Renten spärlich sind; den „Herrn" zumal
Geht es in diesen schweren Zeiten schlecht,
    Und Farmer retten Ceres nicht vom Fall;
Sie fiel mit Bonaparte — welch ein Gedanken,
Daß Kaiser selbst wie Haferpreise wanken!

33.

Don Juan sah das süße Kind nur an,
    Das er gerettet — welche Siegstrophä'!
Ihr, die ihr Mäler baut, mit Blut daran,
    Wie Nadir Schah, der, als er erst mit Weh
Geschlagen und verwüstet Hindostan
    Und kaum dem Mogul einen Schluck Kaffee
Als Trost gelassen, selber dann erschlagen
Doch ward, weil widerspenstig ihm sein Magen. [8]

34.

Und ihr drum, alle ihr, bedenkt: ein Leben
    Zu retten, wenn es schön zumal und jung,
Wird stets viel süßere Erinnrung geben
    Als grünster Lorbeer, der entsproßt dem Dung
Des Menschenstaubes, mag ihn auch umweben
    Ein jedes Lob, das auf der Ode Schwung
Sich je erhob; stimmt in den Chor nicht ein
Das Herz, ist Ruhm ein leerer Schall allein.

35.

O ihr Autoren, leuchtend, groß, dickbändig,
    Ihr zwanzigtausend Tagesskribler, deren
Gewäsch uns leuchten soll: ob euch vielspendig
    Nun die Regierung dingt, uns zu belehren
Mit Büchern oder Zeitungen beständig,
    Daß uns des Staates Schulden nicht verzehren
Ob ihr dem Höfling tretet auf die Zehen:
Euch nährt die Not, die wir euch schildern sehen.

36.

Große Autoren — à propos des bottes —
   Vergessen hab' ich, was ich sagen wollte,
Was größren Weisen schon geschehn, bei Gott!
   Doch war es etwas, was versöhnen sollte
In Hütten und Palästen Groll und Spott;
   Doch da vielleicht ihm niemand Beifall zollte,
Ist dies ein Trost für den verlornen Rat,
Und wär' er unbezahlbar in der That.

37.

Doch sei's! — vielleicht, daß er gefunden werde
   Mit andern Resten einer frühern Welt
Dereinst, wenn eine Vorwelt diese Erde,
   Verrenkt, verdreht, verrunzelt und zerschellt,
Geschmort, ertränkt, gleich andern, seit es gärte
   Im Chaos einst, aus dem emporgeschnellt
Sie erst und dann gestürzt in es zurück;
Auch unser harrt vielleicht ein solch Geschick,

38.

Wie Cuvier meint; und dann soll wiederkommen
   Der Schöpfung, die aus Trümmern sich erhebt,
Ein Ahnen, mystisch, nebelhaft verschwommen,
   Von Dingen, die versunken und umwebt
Von Zweifeln sind, gleich dem, was wir vernommen
   Von Riesen und Titanen, die gelebt
Vormals, an hundert Fuß hoch, nicht zu sagen
Gar Klafter — und von Mammuts und von Drachen.

39.

Denkt nur, wird ausgegraben George der Vierte
   Dereinst, wie wird der neue Weltling da
Erstaunen, wie solch Tier einst fouragierte,
   (Denn er ist selber klein, da Welten ja
Selbst fehlgebären, wenn sie sich der Bürde
   Zu oft entleb'gen — kleiner werden sah
Man jede Schöpfung — alles nutzt sich ab —
Nur Maden wir aus frührer Welten Grab.)

40.

Dann wird dem jungen Volke, das vertrieben
　Aus seinem Paradies, daß es sich plage
Mit Graben, Säen, Ernten, Ziehen, Schieben
　Und Spinnen, schwitzend wieder alle Tage,
Bis jede Kunst zuletzt sie wieder üben,
　Selbst die der Steuern und des Kriegs — ich sage,
Dann wird solch Trümmerwerk den zwerghaft Kleinen,
Wie uns Museumungeheuer, scheinen.

41.

Doch metaphysisch werd' ich; aus der Fuge
　Ist diese Zeit — auch ich; vergessend, daß
Mein Vers satirisch, fall' aus kühnem Fluge
　Ins Trockne ich; nie überleg' ich, was
Ich sagen will, bin ich so recht im Zuge —
　Und dies ist zu poetisch; jeder faß'
Ins Auge seinen Plan erst — doch in Text
Und Note weiß ich nie, was folgt zunächst.

42.

So wandr' ich fort, erzählend jetzt, und dann
　Betrachtend — Zeit zum erstren ist's; wir ließen
Don Juan in dem russischen Gespann
　Hinjagen, und ich halte mich mit diesen
Und jenen Dingen jetzt nicht auf — hat man
　So viele Touren jetzt doch zu genießen;
Denkt ihn euch drum in Petersburg — zugleich
Die schöne Stadt auch, die an Schnee so reich.

43.

Stellt ihn euch vor in schöner Uniform,
　Im Scharlachrock, der Aufschlag schwarz — es weht
Die Feder, wie der Wimpel in dem Sturm,
　Vom Hut, wo er im vollen Saale steht
In prächt'gen Pantalons, wie ein Cairn Gorme, [9]
　Von gelbem Kasimir; die Strümpfe seht
Ganz ohne Fältchen Glieder hier umschließen,
Die selbst die Seide zarter scheinen ließen.

44.

Denkt ihn, Hut in der Hand, das Schwert zur Seite,
　　Durch Jugend, Ruhm, des Schneiders Kunst geputzt,
Des Zaubrers, welcher Schönheit mit dem Kleide
　　Erschafft, bis die Natur sogar verdutzt,
Sieht sie, die stets sich freier Glieder freute,
　　Durch Kunst ihr edles Werk so zugestutzt;
Schaut wie auf einer Säule ihn mit Band
Und Stern — ein Liebesgott als Leutenant,

45.

Herabgerutscht die Binde als Krawatte,
　　Als Epaulette die Schwinge, und zur Scheide
Geschrumpft der Köcher, und der nimmer matte
　　Pfeil jetzt zum Degen; Amors Bogen dräute
Als aufgekrempter Hut; — doch war er grade
　　So ähnlich noch, daß Psyche, wenn sie heute
Ihn für Cupido nähm', noch klüger wär'
Als manches Weib — sie irren oft noch mehr.

46.

Die Damen flüsterten, die Herren starrten,
　　Die Kais'rin lächelte, der Günstling grollte;
Ich weiß nicht, wer in ihrem Liebesgarten
　　Der Gärtner grade, denn gar mancher sollte
Der hohen Gunst sich freun und seiner warten,
　　Seit ledig einst gekrönt ward diese Holde;
Doch all' sechs Fuß hoch sie und derb gewichtig,
Ein Patagonier selbst würd' eifersüchtig.

47.

So war Don Juan nicht, der schlank und zart,
　　Rotwangig, bartlos; doch es war etwas
In seinem Bau, den Blicken offenbart,
　　Woraus sogleich man ahnen konnte, daß,
Obgleich er äußerlich von Seraphart,
　　Er innen seinen vollen Mann doch maß;
Die Kais'rin war zudem manchmal auf Knaben
Erpicht und hatte Lanskoi [10]) erst begraben.

48.

Kein Wunder drum, daß Scherbatoff sich frug,
    Und Momonoff und wer da sonst noch mehr
Auf off und ow, ob denn auch Raum genug
    In ihrem kaiserlichen Busen, der
Nicht eng, für eine neue Glut; dies schlug
    Drum jedem auf das Herz, wer immer er,
Der grade, wie man in dem Hofstil sagte,
In jenes hohe Amt zu kommen dachte.

49.

Wollt, holde Damen, ihr den Sinn erfassen
    Von dieser Diplomatensprache, müßt
Ihr Castlereagh euch vorher zeigen lassen
    All' seine Reden — und mit etwas List
Klaubt aus dem Wortgeklingel seiner Phrasen,
    Die niemand zu verstehen fähig ist,
Ihr wohl etwas heraus als Körnchen in
Der Wortspreu all', was ohne rechten Sinn.

50.

Ich denk', ich werde deutlich ohne diese
    Raubbestie — wer erklärte sie uns je?
Die Sphinx da, deren Wort uns ewig ließe
    Im Zweifel, wenn man sie erklärt nicht säh'
In ihren Thaten — diese lange Gieße
    Von Blut und Wasser, diesen Castlereagh;
Und so durch eine Anekdote drücke
Ich hier mich aus, die kurz zu allem Glücke.

51.

Einst fragte eine Britin in Italien
    Ein Weib, worin denn Amt und Pflicht beständen
Des Dinges, das, nicht ohne Repressalien
    Des Manns, sein Weib umschweb', und das sie nennten
Den Cavalier servente — ein Pygmalion,
    Des Statuen unter seinen Künstlerhänden
Erwarmen, denk' ich, — und sie ward beschieden:
Ich muß Sie jenes zu vermuten bitten.

52.

So bitt' auch ich denn zu vermuten euch
   Des kaiserlichen Günstlings Amt und Pflicht
Und sie zu deuten mild, matronengleich;
   Die höchste Würde war es — wenn auch nicht
An Rang, thatsächlich doch — im ganzen Reich;
   Und hier, wo ein Paar Schultern von Gewicht
So einflußreich, da mußt' es peinlich sein
Für jenen, drängte sich ein Neuling ein.

53.

Daß Juan äußerst schön, habt ihr gehört;
   Sein Knabenansehn hatte er bewahrt
Jenseits der borst'gen Zeit noch, die zerstört
   Gar oft mit Schnurr= und Kinn= und Backenbart
Das Paris-Antlitz, das zu Staub verkehrt
   Einst Troja und veranlaßt jede Art
Ehstandsgerichte; all dies Unheil wird
Somit auf Ilium zurückgeführt.

54.

Kathrine, welche alles liebte, bis
   Auf ihren Gatten, der dahingegangen,
Doch meist so große Männer, daß gewiß
   Nervöse Damen nie danach verlangen,
War doch gefühlvoll, wie sie es bewies
   Bei jenem Lanskoi, welcher manchen bangen
Und heißen Thränenstrom gekostet ihr,
Obgleich er nur ein knapper Grenadier.

55.

„Teterrima causa" aller Kriegespein,
   Des Tods und Lebens Pforte du, durch die,
Wie dunkel auch, wir gehen aus und ein:
   Wohl mag ich hier pausieren, sinnend, wie
Du alles Lebens Quelle doch allein! —
   Wie einst der Mensch gefallen, konnt' ich nie
Begreifen; wie er aber fällt und steigt
Seit damals, hast du mir ganz klar gezeigt.

56.

Des Krieges schlimmster Grund, wie man dich schilt —
    Mir scheinst der beste du; wir kommen all'
Von dir und gehn zu dir. Wenn dir es gilt,
    Warum nicht stürmen Mauer, Turm und Wall,
Verwüstend eine Welt, da sie gefüllt
    Durch dich doch ward und wird in jedem Fall?
Wär' ohne dich doch alles Stillestand,
Du fruchtbar Meer im öden Lebenssand!

57.

Kathrine, die der Inbegriff, der große,
    Von diesem Grund des Kriegs, des Friedens — was
Ihr wollt — hier liegt zu jedem Erdenlose
    Der Anstoß, wählet dies drum oder das —
Sah diesen Herold, welchem als Genosse
    Sieg auf der Feder seines Hutes saß,
Und war erfreut. Er kniete — und vergessen
Fast hätte sie, den Siegsbericht zu lesen.

58.

Gedenk der ganzen Kaiserin, doch ach,
    Nicht ganz das Weib vergessend (und es machte
Dreiviertel dieses Ganzen aus), erbrach
    Sie dann den Brief, und ihre Miene brachte
Verwirrung in den Hof: doch bald versprach
    Im Antlitz, welches jeder Blick bewachte,
Ein kaiserliches Lächeln Sonnenschein —
Groß war dies Antlitz, aber edel=fein.

59.

Und dreifach freute sie sich, da genommen
    Die Stadt fürs erste, Tausende erlegen —
Die Blicke waren sieg= und ruhmentglommen,
    Wie Sonnenstrahlen nach dem Sturme pflegen;
Der Ehrsucht Durst gestillt — und doch, was frommen
    Der Wüste jene kurzen Sommerregen?
Wie Tau auf ihrem glühend heißen Sand,
So netzt auch Blut nur kaum der Ehrsucht Hand.

60.

Dann kam die nächste Freude; sie belachte
　　Suworows tollen Reim, der den Bericht
Des ganzen Blutbads in ein Couplet brachte,
　　Das allzu künstlich und zu witzig nicht;
Die dritte war ganz weiblich und verjagte
　　Das Grausen, das uns durch die Adern kriecht,
Wenn Fürsten es zu morden grad' beliebt,
Und ein General noch seinen Witz dran übt.

61.

Die ersten beiden der Gefühle ließen
　　Ihr Auge lächeln und den Mund; da schaute
Der Hof so süß wie Blüten, wenn die süßen
　　Nach langer Dürre Regen mild betaute;
Doch als sie auf den Leutnant ihr zu Füßen —
　　(Sie, welche Jugend oft noch mehr erbaute
Als eine Siegesbotschaft) freundlich blickte:
War's Mißgunst, was in aller Mienen zückte.

62.

Zwar etwas groß und voll und derb im Groll,
　　War sie, wenn freundlich, doch recht hold und schön,
Wie's jeder, der die Schönheit reif und voll
　　Und saftig liebt, nur wünschen mag zu sehn.
Sie zahlte jedes Liebesblickes „Soll"
　　Mit Zinsen — durfte drum darauf bestehn,
Bei Sicht Cupidos Wechsel zu kassieren,
Und ohne jemals sie zu diskontieren.

63.

Dies war bei ihr (sonst manchmal dienlich zwar)
　　Nicht nötig, weil sie schön und, wenn sie gleich
Oft ungestüm, doch sanft von Blick — auch war
　　Sie freundlich stets dem Günstling; wenn es euch
Gelang, zu dringen in ihr Boudoir,
　　Dann hattet ihr zum Glückspilz ganz das Zeug,
Da sie, wenn sie die Völker auch betrübte
Durch Männermord, den Einzelmann doch liebte.

64.

Welch seltsam Ding der Mann ist — und nun gar
   Das Weib! Im Kopfe welch ein Wirbelwind!
Und welch ein Strudel, tief und voll Gefahr,
   Im Herzen! Ob vermählt, ob Jungfrau, Kind,
Ob Witwe, Mutter: immer wandelbar
   Wie Wind; was auch es spricht, was es beginnt,
Nie weiß man, ob es Ernst damit auch sei —
Ein seltsam Wesen stets und immer neu.

65.

O Katharine! die Interjektionen
   Gebühren all' dir — O und Ach — im Krieg
Und Lieben. Die Ideen-Associationen
   Sind seltsam oft — die deinen sicherlich
Zerfielen in verschiedene Sektionen:
   Zuerst entzückte dich der blut'ge Sieg,
Hernach der neuen Ritter Schlag, und dann
Der Botschaft Träger, dieser junge Mann.

66.

Shakespeare spricht von dem Herolde Merkur;
   Er ließ auf „himmelküssendem Berg" sich nieder:
Ob solch ein Bild wohl durch den Sinn ihr fuhr
   Bei diesem Herold jetzt, wie dort gekniet er?
Fast schien für einen Leutnant leider nur
   Zu hoch der Berg; doch ebnet hin und wieder
Das Schicksal Alpen selbst, und allversüßend
Macht Jugend alle Küsse himmelküssend.

67.

Hernieder sie, empor der Jüngling sah,
   Worauf sie liebten — sie sein schön Gesicht,
Gott weiß was noch, da Amors Becher ja
   Beim ersten Zug berauscht; der kleine Wicht
Braucht volle Humpen nicht als Arkana,
   Sein fein Extrakt mit eins jed' Bollwerk bricht;
Denn leer (bis auf die Thräne) trinket schnell
Ein liebend Auge jeden Lebensquell.

68.

Er aber fiel, in Liebe nicht, doch in
Die gleich gebieterische Leidenschaft,
Selbstliebe, die, wenn eine Sängerin,
Herzogin, Fürstin und was sonst noch kraft
Der Mode uns beherrscht, mit raschem Sinn
In einen ganz zufällig sich vergafft,
Vorziehend vielen ihn, mit einemmale
Ihn besser sich bedünken läßt, als alle.

69.

Auch war des heitren Alters Don Juan,
Das gleich das Alter aller Weiber macht
Und kühn, wie Daniel bei den Löwen, dann
Nicht viel danach, wer zugesellt ihm, fragt,
Wird nur gekühlt im nächsten Ozean
Der innren Sonne Glut in süßer Nacht
Der Lust, wie Helios' Glut im Meer — (ihr seht dies
Alltäglich) oder auch im Schoß der Thetis.

70.

Und Katharine — dieses muß gestehn ich,
Gern kühn und grausam, war doch ganz das Ding,
Des flücht'ge Liebe lockend — und nicht wenig,
Weil der, den sie mit Liebe grad' umfing,
So eine Art von Liebes-Musterkönig,
Gemahl in allem sonst bis auf den Ring,
Was, da der schlimmste Teil der Ehe dies,
Den Stachel nahm und ihr den Honig ließ.

71.

Füg' ich hinzu, daß ihre Weiblichkeit
Im Meridian, ihr Aug' blau oder grau —
(Das letztre ist — manch Beispiel jeder Zeit
Beweist's — wenn Geist darin, so gut als blau;
Napoleons und Marys Auge leiht
Der Farbe einen hehren Schein — und schau'!
Selbst Pallas heiligt sie, die viel zu weise
Für schwarze oder blaue Augenkreise.)

72.

Ihr Lächeln, die junonische Figur,
  Die Fülle, die Herablassung sodann,
Die ihn, obgleich ein schmächtig Bürschchen nur,
  Vorzog so manchem größren, stärkren Mann,
Die saft'ge Reise üppiger Natur,
  Nebst andrem, was ich hier nicht nennen kann:
Dies all', schon eins genügte ohne Frage,
Daß es ein solches Bürschchen eitel mache.

73.

Dies ist genug, da Liebe Eitelkeit
  Und Selbstsucht ist von Anfang bis zu Ende,
Sofern sie nicht ein Wahnsinn,[11]) der sich weiht
  Der Schönheit bloß und gern sich an sie bände
Ganz ohne Wahl, als ob für alle Zeit
  Die Leidenschaft nur hier Erlösung fände;
Und mancher Heidenphilosophe hält
Drum Liebe für den wahren Grund der Welt.

74.

Außer platon'scher Liebe — könnt es glauben —
  Und Liebe zu der Tugend und zu Gott,
Der Liebe eines reinen Paars (mit Tauben,
  Dem alten Ruder, das den Reim oft flott
Erhält, muß ich zu reimen mir erlauben,
  Ist der Vernunft auch jeder Reim zum Spott,
Die auf den Sinn nur sieht) gibt's doch für Liebe
Noch andre Gründe, und man nennt sie Triebe.

75.

Dies Regen, dies Erheben unsrer Leiber,
  Das aus dem Staub empor sie drängt, um sich
Zu einen einer Göttin — alle Weiber
  Sind dies im Anfang — o wie wonniglich
Der Augenblick! wie säng' ein Verseschreiber
  Dies Fieber, eh' die Sinne schmachtend sich
Empören! Doch wie seltsam, reine Seelen
Mit dem Gewand von Staube zu vermählen!

76.

Die hehrste Art der Liebe heißt platonisch,
　　Als erste oder letzte viel bekannt;
Die ihr zunächst kommt, taufen wir kanonisch —
　　Die Geistlichkeit nimmt diese in die Hand;
Die dritte, zu bezeichnen fast als chronisch,
　　Weil stets zu Haus in jedem Christenland,
Ist die, wenn keusche Fraun zum Eheband
Das fügen, was wird Liaison genannt.

77.

Doch nicht analysiert! Kathrinen rührte
　　Der Herold, und geschmeichelt fühlte der
Von ihrer Liebe oder auch Begierde
　　Sich sehr; nicht ändr' ich, was gesagt — denn wer
Nennt eine, daß sich nicht getroffen spürte
　　Die andre? beide sind gemischt so sehr
Im Menschenstaub, daß sicher mindstens darin
Die ärmste Nähtrin gleich der mächt'gen Zarin.

78.

Ein Flüstern brach am ganzen Hof sich Bahn,
　　Bis näher jedem Ohre jeder Mund,
Die Runzeln ältrer Damen, die es sahn,
　　Noch krauser wurden; doch mit Lispeln und
Mit Kichern sahen sich die jüngern an,
　　Und Groll und Eifersucht gab rings sich kund
Im Blick der Herrn vom stehenden Heer; denn stumm
Und mürrisch blickend standen sie ringsum.

79.

All' die Gesandten aller Mächte fragten,
　　Wer dieser junge und so neue Mann,
Den wenige Stunden groß vielleicht schon machten —
　　(Schnell wär's, wie kurz das Leben auch) — und dann
Auch an der Rubel Silberregen dachten
　　Sie all', der nun gewiß bald reichlich rann
Für ihn, nebst all den Orden und Geschenken
Und einigen tausend Bauern, wie zu denken.

80.

Freigebig war die große Kaiserin,
  Wie solche Fraun; und Liebe, die so leicht
Das Herz erschließt und jeden Weg dahin,
  Ob nah, ob fern, ob breit, ob schmal, dir zeigt —
Ja, Liebe, stand auch sehr nach Krieg ihr Sinn,
  Und ob sie gleich kein gutes Weib mir deucht,
(Nennst du nicht Klytämnestra so — und doch
Ist besser einer tot, als zwei im Joch)

81.

Ja, Liebe ließ der Buhlen Glück sie machen,
  Unähnlich unserer Elisabeth,
Der halbkeusch Geiz'gen, die sich gern entschlagen
  Des kleinsten Aufwands, wenn als wahr besteht,
Was Chroniken, die Lügenbände, sagen:
  Des Günstlings Tod beweinte sie zu spät;
Auch brachte dem Geschlecht und ihrem Stande
Ihr Geiz und ihr zweideutig Wesen Schande.

82.

Doch als zu Ende des Lever im Kreise
  Geschäftig alles, drängten die Gesandten
Sich zu dem jungen Manne dutzendweise,
  Den jetzt sie gratulierend all' umstanden.
Auch sanftre Seide hörte man ganz leise
  Bei Damen rauschen, welche nie verkannten
Der Schönheit Wert, und vorab oft gerührt
Von ihr, wenn sie zu hohem Stande führt;

83.

Worauf der Don, als man ihm rings bezeigte
  Vielfache Huldigung in solchem Grade,
Als Antwort nur ganz huldvoll sich verbeugte,
  Als sei er ein geborner Diplomate —
Bescheiden, während auf die freie, leichte
  Stirn die Natur ein „Herr" geschrieben hatte;
Nur wenig sprach, doch stets zur Sache dann er,
Und Anmut trug ihm vor ihr siegreich Banner.

84.

Ein gnäd'ger Majestätsbescheid empfahl
  Ihn dann der Sorgfalt derer, die im Amt;
Recht freundlich sah die Welt darein, (manchmal
  Thut sie beim ersten Blick es — allesamt,
Ihr Jünglinge, bedenkt's in jedem Fall;)
  Auch that es Fräulein Protasoff, benannt
Nach ihres Amts Mysterium Eprouveuse,
Kaum weiß die Muse, wie sie jenes löse.

85.

Pflichtschuldigst zog er sich — sei allen kund es! —
  Zurück mit ihr. Ich thu' es gleichfalls hier,
Bis müd mein Pegasus des festen Grundes.
  Auf „himmelküssendem Berge" ließen wir
Uns nieder, der so hoch, daß wirr und bunt es
  Mir vor den Augen schwirrt und schwindlich schier,
Was meinen Nieren, meinem Hirn allzeiten
Ein Wink, hinaus ins frische Grün zu reiten.

Zehnter Gesang.

1.

Als Newton schaute eines Apfels Fall,
 Der ihn in seinem Sinnen störte, fand
Er hieraus, sagt man — (einzustehn für all
 Der Weisen Sätze bin ich nicht imstand)
Den Satz, es drehe sich der Erdenball
 Durch Gravitation, wie man's genannt;
Der einz'ge Mensch seit Adam ist er drum,
Für den ein Fall der Grund zu ew'gem Ruhm.

2.

Durch Aepfel fiel und — stieg der Mensch, soferne
 Man nur erwägt, ob nicht durch jene Art,
In der durch die noch unchaussierten Sterne
 Sir Isaak uns die Straße offenbart,
Der Mensch viel leichter oft ertragen lerne
 Der Erde Weh; Mechanik nämlich ward
Seit damals stets gepflegt in allen Weisen,
Und bald wird in den Mond per Dampf man reisen.

3.

Wozu nun dieser Eingang? Nun, soeben,
 Als ich erfaßt dies dumme Blatt Papier,
Da fühlt' ich glühen meine Brust und beben,
 Und meine Seele hüpfte hoch in mir;
Und wie entfernt auch, mich zu überheben,
 Gern thät' ich als poetischer Pionier,
Wie die entgegensegeln allen Winden
Durch Dampf, und durch ihr Fernglas Sterne finden.

4.

Dem Wind entgegen fuhr ich stets — jedoch
    Was Sterne anlangt, ist nur schwach mein Glas;
Ich mied den Alltagsstrand allzeit und zog
    Hinaus durchs Meer der Ewigkeit, bis daß
Das Land versank; ging auch die Brandung hoch,
    Nie schreckt' es meinen Kahn, der sich vermaß
Seefest zu bleiben, ob auch sturmumdroht,
Wo Schiffe stranden gleich so manchem Boot.

5.

Wir ließen unsren Juan im Erblühn
    Der Günstlingschaft, noch in der Reife nicht;
Und fern ist's meinen Musen (denn verliehn
    Ist mehr als eine mir zu dem Gedicht)
Aus dem Audienzsaal zu begleiten ihn;
    Genug, daß er jetzt noch im Vollgewicht
Von Jugend, Schönheit, Kraft und solchen Dingen,
Die oft dem flücht'gen Glück gestutzt die Schwingen;

6.

Doch wachsen bald sie nach: dann flieht der Gast.
    O, hätt' ich doch die Schwingen einer Taube,
(Singt der Psalmist) zu fliegen fort zur Rast!
    Und wer, dem Jugendliebe noch ein Glaube,
Drückt jetzt ihn auch des Alters schwere Last,
    Die matt den Geist daniederzieht zum Staube,
Wer wollte doch nicht seufzend lieber gleichen
Dem Sohn, als wie der Aeltervater keuchen?

7.

Doch Seufzer werden stumm und Thränen seicht,
    Selbst Witwenthränen, wie in Sommers Glut
Der Arno zahm im tiefen Bette schleicht,
    Der Winters voll gedroht mit tiefer Flut.
So viel vermag die Zeit; dünkt Gram vielleicht
    Ein Feld uns auch, das niemals brach — es ruht
Auch wirklich nicht: ein andrer Pflüger nur
Pflügt, Freude auszusäen, dann die Flur.

8.

Doch Keuchen kommt, wenn Seufzen flieht, und dann
    Und wann noch früher; denn das eine bringt
Das andre oft, wenn noch der Stirne Plan
    Von Falten frei, und noch im Mittag blinkt
Der Sonne Strahl; dann fliegt ein Rot noch an
    Die Wange, hektisch, flüchtig — (so versinkt
Der Tag!) zu rein, als daß auf Staub es glüh' —
So liebt, hofft, stirbt gar mancher — glücklich sie!

9.

Doch Juan dachte nicht so bald zu sterben,
    Den wir im Brennpunkt solchen Ruhmes ließen,
Wie er durch Frauenlaunen zu erwerben
    Manchmal — vergänglich zwar, wie wir es wissen;
Wer aber wollte sich den Mai verderben,
    Weil der Dezember muß das Jahr beschließen?
Viel besser trinkt man jenes süßen Schein
Und sammelt Wärme für den Winter ein.

10.

Und Gaben hatt' er, wert, daß ich sie priese,
    Den reifen Damen fesselnder als jungen;
Denn jene wissen, wie und wo — doch diese
    Von Liebe mehr noch kaum, als was gesungen
In Liedern, träumend, daß sie sich ergieße
    Ins Herz aus lichten Höhn, wo sie entsprungen,
Wie 'n Seraph! Nicht nach Sonnen zählen sollten,
Nach Monden nur, die Jahre dieser Holden.

11.

Warum? Weil keusch beid' und veränderlich;
    Ich wüßte keinen andren Grund, wes immer
Der Leute Argwohn all beschuldigt mich,
    Was gar nicht schön ist, und zur Ehre nimmer
Ihrem Charakter und Geschmack, wie sich
    Freund Jeffrey [1]) ausdrückt, tadelnd mich noch schlimmer;
Gleichwohl verzeih' ich gern ihm den Verdruß,
Kann er sich selbst verzeihn — wo nicht: ich muß.

12.

Wenn alte Feinde neue Freunde werden,
 Sei's dauernd, weil es ehrenhaft für sie;
Nichts würde sie entschuld'gen, wenn sie kehrten
 Zu ihrem Haß zurück — und immer flieh'
Ich diesen hundertarmigen Gefährten,
 Wie Gift. Bekehrte Feinde sollten nie
Drum alten Flammen, jungen Weibern gleichen,
Die sich als unsre schlimmsten Feinde zeigen.

13.

Der ärgste Abfall wär's, da Renegados,
 Selbst Southey (diese eingefleischte Lüge,
Der ob des Laureats die Reformados [2])
 Verließ), mit diesen kaum sich noch vertrüge.
Ein Ehrenmann, von Island bis Barbados,
 Ob Schotte, Italiener [3] oder Grieche,
Dreht nicht mit jedem Wind sich oder wählt
Die Zeit zum Streit, wenn man nicht mehr gefällt.

14.

Der Advokat und Kritiker sieht die Welt
 Wie Schriften nur von ihrer schlimmsten Seite,
Und nichts wird übersehn, ob's unerzählt
 Auch bleibt, von jenem, der da lebt vom Streite;
Wie mancher weiß nicht, wie und wo er hält,
 Derweil der Sache innerst Eingeweide
Von eines Advokaten Schrift seziert,
Wie von dem Messer des Chirurgen, wird.

15.

Der Anwalt muß Moralkamine fegen,
 Drum ist er selbst so schmutzig jederzeit;
Tief färbt der stete Ruß — kaum frommt dagegen,
 Um ihn zu bergen, selbst ein andres Kleid;
Der schwarze Kriecher kommt doch allerwegen
 Zu Tag in ihrem Thun — hiervon befreit
Ist keiner fast — nur du, dies sei bekannt,
Du trägst dein Kleid, wie Cäsar sein Gewand. [4]

16.

All' unsre Fehden — wenigstens die meinen —
　Mein Jeffrey, der du einst so feindlich mir,
(Da oft Kritik und Reime sich vereinen,
　Uns irrzuführen) sind zu Ende hier.
Dem Wohl der „alten Zeit" gilt's und dem deinen —
　Nie hab' ich zwar gesehn ins Antlitz dir,
Doch edel hast im ganzen du gethan,
Und ich erkenn' es hier von Herzen an. [5])

17.

Wenn ich mich in die alte Zeit versenke,
　Fehlst du mir freilich — schade um so mehr,
Da meinen Wein mit dir ich lieber tränke,
　Als sonst mit jemand, außer Scott; denn wär'
Es kindisch auch vielleicht — (und doch gedenke
　Ich weder witzig hier zu sein, noch hehr)
Als Schotte halb geboren, ganz erzogen,
So ist das Herz mir in den Kopf geflogen.

18.

Und bringt die alte Zeit mir so zurücke
　Schottland mit seinen Plaids und blauen Höhn
Und klaren Strömen und Balgounies Brücke [6])
　Und meinen Knabenträumen, welche stehn
In ihrem Leichentuch vor meinem Blicke,
　Gleich Bankos Sprossen, glaub' ich stets zu sehn
Vorüberziehn in voller Kindlichkeit
Die Knabenzeit — ein Schimmer alter Zeit.

19.

Und zog in einem Anfall auch von Groll
　Und Reimsucht einst ich auf die Schotten los,
Um meinen Witz zu zeigen, als ich, toll
　Und jung noch, in Gereiztheit mich ergoß: [7])
Erstickt kein solcher Ausfall doch, was voll
　In junger Brust geglüht; ich ritzte [8]) bloß,
Nicht tötet' ich den Schotten mir im Blut —
Heil stets dem Land der „Berge und der Flut!"

20.

Der Don, der so real als ideal —
    (Was einerlei, da, was der Mensch gedacht,
Oft noch besteht, wenn weniger real
    Er selber schon als jenes; denn in Nacht
Versinkt der Geist nicht mit dem Leib zumal,
    Und drum ist's seltsam, daß man bebt und zagt
Am Rand der Ewigkeit, wie man es nennt,
Doch mehr nicht als des Lebens Rätsel kennt)

21.

Ein sehr polierter Russe ward der Don —
    Wie? sag' ich nicht, weil dies von selbst erhellt;
Die Jugend trägt den Sieg nicht oft davon,
    Wenn sich Versuchung in den Weg ihr stellt;
Der seine war so glatt, wie einen Sohn
    Des Glücks er je geleitet durch die Welt;
Gold, Tanz, Gelag und Frauen ließen wonnig
Ihm Eis selbst dünken und den Winter sonnig.

22.

Der Kais'rin Gunst war angenehm, obschon
    Das Amt fast schwer erschien; doch Jugend fragt
Nach solchem nicht und kommt schon leicht davon
    Mit ihrer frischen Kraft in dem Betracht.
Gemacht für Krieg und Liebe, die den Lohn
    Den glücklichen Verehrern nie versagt,
(Eh' sie das Alter zähmet) also schoß
Er frisch empor gleich einem kräft'gen Sproß.

23.

Don Juan ward — und denken ließ es sich —
    (Durch Jugend und das Beispiel hier verführt)
Inzwischen etwas locker, fürchte ich,
    Was schlimm ist, da es häufig ruiniert
Das edlere Gefühl, und innerlich
    Das schwache Fleisch dadurch den Halt verliert,
So daß wir selbstisch werden, und die Seele
In uns sich abschließt wie in einer Höhle.

24.

Wir übergehn es — die Entwickelung
  Des Liebeshandels auch, der, wenn ein Paar
Ungleich ist, sich entspinnt, wie hier, wo jung
  Der Leutnant, und nicht alt die Kais'rin zwar,
Doch nicht so jung, als sie im heitren Schwung
  Der kaiserlichen Siebenzehen war,
Da Fürstenmacht den Zahn der Zeit nicht bricht:
Denn die verdammten Runzeln schmeicheln nicht.

25.

Und Tod, der Herrscher Herrscher, jener große
  Gracchus der Sterblichkeit, macht schon durch sein
Agrargesetz⁹) ganz gleich der Mächt'gen Lose
  (Wenn eingeschrumpft jetzt ihre Länderein
Zum kleinen Grasplatz sind, in dessen Schoße
  Nur Moder) dem des Armen, welcher kein
Stück Land noch je besessen — und er ist
Ein Reformator, wie ihr alle wißt.

26.

Er lebte (Juan, nicht der Tod) in Saus
  Und Braus und Glanz und Pracht im lust'gen Reich
Der Pelze, schwarz und braun und glatt und kraus,
  Die manchmal (ob ich etwas Bittres gleich
Nur ungern sag') hervor noch sahen aus
  Dem „Purpur all und feinen Linnenzeug",
Die mehr für Babels als für Rußlands H . .'
Gemacht, den äußren Glanz verdunkelnd nur.

27.

Ich will dies Leben nicht beschreiben, nein,
  Nicht aus Erinnrung, noch vom Hörensagen,
Schon allzunahe Dantes dunklem Hain,
  Dem schlimmen Aequinoktium in den Tagen
Des Menschenlebens — jenem Meilenstein,
  Wo weise Wandrer einen Halt erst machen,
Bevor sie gen des Alters Grenze lenken
Des Lebens Roß und bang der Jugend denken.

28.

Nicht schildern will ich, wenn ich's laſſen kann,
　　Auch grübeln nicht, wenn der Gedanken Fluß
Zu hemmen iſt, die, wie ein Junges an
　　Der Zitze, an mir hängen, oft konfus
Und wirr durchkreuzend ſich und ohne Plan,
　　Wie Tang am Riff, und wie der erſte Kuß
Auf ſüßer Lippe feſt ſich ſaugt — doch nein,
Ich will nicht grübeln, will geleſen ſein.

29.

Juan — wie ſelten! — ſtatt zu werben, fand
　　Sich ſelbſt umworben, was er ſeinem Mut
Verdankte, welcher hier recht wohl bekannt,
　　Auch ſeiner Jugend, ſeinem edlen Blut
(Gleich einem Renner), ſeinem Prachtgewand,
　　Das ſeine Schönheit hob hervor ſo gut,
Wie Purpurwolken oft der Sonne Helle —
Doch einem Weib zumeiſt und ſeiner Stelle.

30.

Er ſchrieb nach Spanien dann — und die Verwandten,
　　Die ſahen, daß er jetzt ſein Glück zu machen
Im Zug, und Ausſicht hier zu Stellen fanden,
　　Antworteten ihm ſchon in wenig Tagen;
Ja, manche ſahn ſich ſchon als Emigranten,
　　Und Eis verzehrend hörte man ſie ſagen:
Mit Zuthat von ein wenig Pelzwerk ſei
Madrids und Moskaus Klima einerlei.

31.

Auch ſeine Mutter, Donna Inez, da
　　Sie jetzt verſtändig ihn, ſo wie es ſchien,
Beſchränken ſeinen frühern Aufwand ſah,
　　Statt auf den Bankier immer friſch zu ziehn,
Schrieb ihm, ſie freue ſich, zu ſehn ſo nah
　　Dem Ende wilder Jugendfreuden ihn,
Dieweil, den frühern Aufwand einzuſchränken,
Ein Zeichen ſei, man fange an zu denken.

32.

Auch Gott empfahl sie ihn und seinem Sohn
　　Desgleichen, wie nicht minder dessen Mutter,
Ihn warnend vor der Griechen Religion,
　　Doch tadl' er offen drum sie nicht, wie gut er
Auch päpstlich sei — dies sei kein guter Ton;
　　Schrieb auch, er habe einen kleinen Bruder
Gekriegt, und pries, wie kaum ich es beschriebe,
So warm der Kais'rin mütterliche Liebe.

33.

Aufs höchste sei zu loben sie sodann,
　　Sie, welche Alter, Klima, hoher Stand
Wohl vor Verleumdung schütze — (dann und wann!)
　　Daß jungen Männern hold sie zugewandt;
Man nähm' in Spanien Aerger wohl daran,
　　Doch glaube sie nicht, daß in einem Land,
Wo unter Null das Thermometer stehe,
Die Tugend taue vor dem Eis und Schneee.

34.

O, hätt' ich eine Vierzig-Pfaffenkraft,
　　Dein Lob, o Heuchelei, so laut zu singen,
Wie du die Tugend rühmst so phrasenhaft,
　　Die nie du übst! O, könnt' ich's lassen klingen
Durch jene Ohrtrompet', die Trost geschafft
　　Der alten Tante; denn verloren gingen
Ihr sonst die Predigten, weil nach und nach
Die Brille für den frommen Druck zu schwach).

35.

Doch war sie keine Heuchlerin, bewahr'!
　　Und ging so ehrlich zu dem Himmel ein,
Als irgend wer der auserwählten Schar,
　　Die unter sich den Himmel ganz allein
Am jüngsten Tage teilt, und ganz und gar
　　In jener Art, wie andrer Länderein
Wir Wilhelm den Eroberer auch als Lehen
Zuteilen seinen Rittern einst gesehen.

36.

Ich kann nicht klagen, ich, des Ahn' Erneis
    Sowie Radulphus achtundvierzig Güter
Als Lehn erhalten einst, soviel ich weiß,
    Weil seinem Banner sie gefolgt als Ritter;
Rechtfert'gen möcht' ich's nur um keinen Preis,
    Die Sachsen so zu schinden, da hinwieder
Auch mancher gut verwandt die Beute findet,
Weil viele Kirchen man davon gegründet.

37.

Juan florierte, ob er manchmal wie
    Sinnpflanzen auch empfand, die beim Berühren
Erschrecken, Fürsten gleich vor Poesie,
    Schmeckt diese nicht nach Southey;[10]) und verspüren
Mocht' er ein Sehnen wohl nach Zonen, die
    Nicht erst im Mai des Stromes Eis verlieren;
Vielleicht auch sehnt' er — wie dies ja so geht —
Nach Schönheit sich im Arm der Majestät.

38.

Vielleicht — warum jedoch nach Gründen fragen,
    Alt oder neu? der Wurm, wie frisch und hold
Die Wange gleich, wird sie so gut benagen
    Wie die, die welk — und Gram, in jenes Sold,
Die Wochenrechnung wie 'n Verwalter machen,
    Die dann bezahlt muß sein, ob man auch grollt;
Und ob auch sechs der Tage heiter fliehn,
Bringt doch der siebente Mahnbrief oder Spleen.

39.

Ich weiß nicht wie — doch ward er krank; dies lag
    Der Kais'rin schmerzlich an; ihr Arzt, der Peter
Gepflegt auch hatte, fand des Pulses Schlag
    Bedenklich. Viel zu wild und stürmisch geht er,
(So sprach er) — todverkündend, da nicht schwach
    Das Fieber — was die Kais'rin ernst, und später
Den ganzen Hof auch mächtig alterierte,
So daß man seine Arzeneim dublierte.

40.

Man flüsterte — da gab es manch Gerücht —
   Potemkin habe ihn vergiftet, hieß es;
Auch mancher sprach recht sehr gelehrt von Gicht
   Und von Geschwüren wohl; ein andrer ließ es
Zersetzung sein der Säfte, welche nicht
   Dem Blute fremd verbleibe — während dieses
Ein dritter all verwarf, behauptend frei,
Daß es Ermüdung nur vom Dienste sei.

41.

Nur eines der Rezepte nenn' ich denn:
   Aquae fervent: unz. 7, Optim. Mannae
3 Drach., Sodae sulphat., 3 gr., tinct. Senn.
   1 Gran, ½ Unz. Ipecacuanhae
Pulv. com. 2 Drach., (und mehr davon noch, wenn
   Der Don gewehrt nicht) 1 gr. tinct. Ariannae,
Bolus potassae sulphurat. sumendus
Et haustus ter in die capiendus.

42.

So retten uns die Aerzte, oder töten
   Secundum artem uns; man lacht und schilt,
Wenn man gesund — doch ruft man sie in Nöten,
   Und jedes Spottgelüste ist gestillt,
Wenn erst es auszufüllen jenen schnöden
   Hiatum maxime deflendum gilt;
Statt still hinabzugleiten zu der Lethe,
Plagt man erst Bally oder Albernethy. [11])

43.

Nichts wissen wollte Juan noch vom Tod;
   Und diesmal halfen ihm Konstitution
Und Jugend durch, obgleich er ernst bedroht
   Mit einer Apostroph' von jenem schon.
Doch war es noch bedenklich — und das Rot
   Auf hagrer Wange wie ein Schatten von
Gesundheit nur, verwirrend all die weisen
Doktoren — und sie rieten ihm zu reisen.

44.

Das Klima, hieß es, sei zu kalt für ihn,
　　Des Südens Kind; ein Rat, der aufzubringen
Gar sehr die keusche Katharine schien —
　　Den Liebling sollte sie nicht mehr umschlingen;
Doch als sie sah sein helles Aug' verglühn,
　　Gleich dem des Adlers mit gestutzten Schwingen,
Beschloß sie, daß er als Gesandter gehe,
Wie es mit seiner Stellung wohl bestehe.

45.

So ein Vertrag stand grade zu beraten,
　　Und die Verhandlung war im Gange zwischen
Den britischen und russischen Diplomaten
　　Mit allen Kniffen, die zu untermischen
Gewohnt bei solchen Dingen große Staaten;
　　Um Schiffahrt galt's, Berechtigung zum Fischen,
Um Thran, Oel, Talg und um das Recht der Thetis,
Was Briten dünkt ihr uti possidetis.

46.

Katharine, welche wußte, wie man steigen
　　Günstlinge lasse, übertrug dem Don
Jetzt die geheime Botschaft, teils zu zeigen
　　Die kaiserliche Pracht, und teils als Lohn
Für seine Dienste; und sie ließ ihm reichen
　　Am andern Tage seine Instruktion,
Und reich an Gaben ihn und Ehren ziehen,
Die ihr zum Ruhme, welche sie verliehen.

47.

Doch glücklich war sie — dies genügt; auch sehn
　　Wir Königinnen glücklich meist regieren,
So daß wir oft das Glück nicht recht verstehn;
　　Doch weiter. — War an Jahren über ihren
Zenith sie gleich, ließ wie mit siebenzehn
　　Sich doch des Blutes Wallung noch verspüren,
Und Juans Abschied that ihr jetzt so leid,
Daß um Ersatz sie in Verlegenheit.

48.

Doch Tröstrin Zeit übt endlich ihre Macht,
  Und vierundzwanzig Stunden und zweimal
So viel Bewerber ließen nächste Nacht
  Sie ruhig schlafen; nicht daß ihre Wahl
Sie deshalb zu beeilen nun gedacht,
  Auch machte bang ihr nicht die große Zahl;
Doch weil verständ'ge Wahl dadurch zu hoffen,
Hielt sie die Stelle der Bewerbung offen.

49.

Derweil nun offen in den nächsten Tagen
  Die Ehrenstelle, bitt' ich, Leser, steige
Zu unserm jungen Helden in den Wagen,
  Der ihn entführt aus Petersburgs Bereiche;
Sie gab ihm jenen, welcher einst getragen
  Die schöne Herrschrin selbst, die göttergleiche
An Macht, da sie als Er-Iphigenie
Gen Tauris zog, [12]) daß er gen London ziehe.

50.

Ein Gimpel und ein Zobel und ein Hund,
  All' Lieblinge Don Juans sie — (zerlege
Ein Weiserer als ich den wahren Grund
  Von dieser seiner Neigung oder Schwäche
Für das, was oft Geziefer heißt im Mund
  Der Menschen; keine alte Jungfer spräche
Mit ihrer Katze zarter — dennoch war
Er weder alt, noch eine Jungfer gar)

51.

Die Tiere nahm er vis-à-vis, und ließ
  Im andern Wagen Diener, Sekretäre,
Derweil er neben ihn sich setzen hieß
  Die kleine Leila, der er jüngst die Speere,
Als er den zwei Kosaken sie entriß,
  Beim Sturm pariert; und meine Muse, wäre
Sie noch so flatterhaft, vergäße nie
Doch dieses Kind, die reinste Perle, sie.

52.

Das arme Ding! — gelehrig sie und schön
　　Und jener ernsten, sanften Sinnesart,
Die seltner unter Lebenden zu sehn
　　Als ein fossiler Mensch, wo aufbewahrt
Die Mammuts; wie drum sollte sie bestehn
　　Im Kampf der Welt, wo jeder irrt — so zart,
Unwissend sie, kaum zehn noch alt, und drum
Noch harmlos, ob auch unbewußt, warum?

53.

Don Juan liebte sie, sie ihn desgleichen,
　　Nicht zwar, wie Vater, Bruder, Schwester lieben,
Doch was es war, kann ich so recht nicht zeigen:
　　Er war zu jung, zu elterlichen Trieben
Und Regungen besorgt sich hinzuneigen,
　　Auch Bruderliebe war ihm fremd geblieben,
Weil keine Schwester ihm beschert (dies ist
Der Grund — wie sehr hätt' er sie sonst vermißt!)

54.

Auch war's nicht Sinnlichkeit — es spricht dagegen,
　　Daß er ja doch der alten Sünder keiner,
Die saure[13]) Früchte lieben, zu erregen
　　Ihr Blut, wie Säuren Kali; war auch seiner
Frühjugend Keuschheit — (lockte nicht allwegen
　　Versuchung!) wohl zu wünschen etwas reiner:
Platonisch war doch sein Gefühl, nur daß
Er oft, was es ursprünglich war, vergaß.

55.

Gefahr sich zur Verführung hier nicht bot;
　　Die er gerettet, liebte er, die Waise,
Wie dann und wann sein Land ein Patriot;
　　Er fühlte stolz, daß sie nicht Sklavin heiße
Durch ihn, und daß er der Verdammnis Tod
　　Sie mit der Kirche Hilfe wohl entreiße;
Doch seltsam, der Erwähnung mag es wert sein:
Die kleine Türkin wollte nicht bekehrt sein!

56.

Wie seltsam, daß der Eindruck bei dem Kinde
 Durch all' die blut'gen Szenen nicht erbleichte!
Drei Bischöfe bewiesen ihr die Sünde
 So klar; doch vor geweihtem Wasser zeigte
Sie großen Abscheu — fand, was auch die Gründe,
 Fast weniger Geschmack noch an der Beichte —
Sie hatte nichts zu beichten, wie ihr seht,
Und blieb dabei, daß Mohammed ein Prophet.

57.

Ein Christ nur war erträglich ihr, und zwar
 Don Juan, den sie zu erwählen schien
Statt dessen, was ihr Freund und Heimat war;
 Er liebte, was er schützte und so kühn
Gerettet — also war's ein seltsam Paar:
 Die Mündel war dem Vormund, der so grün
An Jahren, fremd nach Blut und Stamm und Land,
Doch dies grad' schloß so fest sie aneinand.

58.

Durch Polen reisten sie zunächst zusammen,
 Wo viele Salz- und Eisenwerke blühn:
Durch Kurland, das, famoser Spaß! den Namen
 Der Birons seinen Herzögen verliehn,
Und das der neue Mars gen Moskaus Flammen
 Durchzog — des Ruhms Sirene lockte ihn —
Damit ihm eines Monats Frost verliere
Der Jahre Raub und seine Grenadiere.

59.

Dies ist kein Antiklimax, denn: Ach weh!
 O meine alte Garde! rief der Gott
Des Staubes, welcher unter Castlereagh,
 Dem Halsabschneider, fiel — o Hohn und Spott!
Muß denn der Ruhm erstarren so in Schnee?
 Doch thut in Polen manchmal Wärme not,
Und an Kosciuszkos Namen drum gedenkt,
Der selbst in starres Eis noch Gluten senkt.

60.

Von Polen kamen sie dann durch Ostpreußen
    Und Königsberg, die Hauptstadt, vielgenannt
Ob einiger Adern Kupfer, Blei und Eisen,
    Zumeist jedoch durch den Professor Kant.
Don Juan, der den Deut um einen Weisen
    Sich kehrte, war jetzt Deutschland zugewandt,
Wo von den Fürsten träge Millionen
Gespornt, wie Pferde kaum von Postillionen.

61.

Sie sahn Berlin und Dresden und so fort,
    Bis sie gelangt zum burgumkränzten Rheine;
Die gotisch-edlen Szenen, welche dort
    Die Phantasie bewält'gen, selbst die meine,
Der Mauern Grün, der alten Festen Hort,
    Umrankt so lebensvoll von grünem Weine,
Sie sind's, die hier am Malstein einer alten
Und neuen Welt in süßem Traum uns halten.

62.

Don Juan eilte fort durch Mannheim, Bonn,
    Wo oben, wie der alten Ritterzeit
Gespenst, die hin für immer, und wovon
    Ich jetzt nicht rede, Drachenfels noch dräut.
Von hier aus ging's nach Köln, dies denkt ihr schon,
    Wo sich der merkwürdigste Anblick beut:
Elftausend Jungfernschaften als Skelette![14]
Viel mehr, als Fleisch jetzt noch zu mustern hätte.

63.

Von da nach Haag und Helvötshuys, dem Land
    Der Gräben und Kanäle und dergleichen,
Wo aus Wacholder wird ein Trank gebrannt,
    Der dort dem Armen, was der Wein dem Reichen —
Den Weise und Senate schnöd verbannt,
    Grausam verbietend, was dem Darbend-Bleichen
Die einz'ge Nahrung, Wärmung, Kleidung doch,
Die die Regierung ihm gelassen noch.[15]

64.

Hier ging er nun zu Schiff, das Segel schwoll,
    Und nach dem Land der Freien eilte er;
Dort blies der Wind hinaus jetzt frisch und voll,
    Schaum spritzte, und es tauchte in das Meer
Der Bug; Seekranke gaben ihren Zoll,
    Doch Juan, den die schlimme Fahrt vorher
Schon durchgewittert, schaute nach den Schiffen,
Die draußen zogen, und nach Englands Riffen.

65.

Und endlich stiegen sie, ein weißer Wall,
    Entlang dem blauen Meer; Juan empfand
(Und junge Fremde fühlen dies zumal)
    Als er den Felsgurt sah um Albions Strand,
Fast Stolz, bei diesen stolzen Krämern all'
    Zu weilen, welche bis ins fernste Land
Kühn ihre Waren und Gesetze tragen
Und sich die Meere selbst zollpflichtig machen.

66.

Kaum hab' ich Anlaß, dieses Fleckchen Erde
    Zu lieben, dessen Volk doch könnte ein
So edles sein; daß es als Kind mich nährte,
    Verdank' ich einzig ihm — doch fühl' ich Pein,
Daß nichts ihm blieb von seinem innren Werte
    Und Ruhm, da sieben Jahre Fernesein
Hinreichen, eines Menschen Groll zu zähmen,
Sieht er sein Land den Weg zum Teufel nehmen.

67.

Ach — würd' es ihm doch deutlich offenbart,
    Wie so verhaßt sein Name auf der Erde
Jetzt ist — wie jeder schon des Streiches harrt,
    Der seine Brust entblößen soll dem Schwerte,
Und wie zum allerschlimmsten Feinde ward
    Den Völkern all' die einst so hoch verehrte,
Doch falsche Freundin, die befrein die Welt
Gewollt und selbst sie jetzt in Ketten hält!

68.

Will stolz sie sein, sich ihrer Freiheit rühmen,
  Die selbst doch Sklavin nur? Die Völker büßen
Im Kerker; aber kann's dem Büttel ziemen,
  Sich selbst für frei zu halten? Ist, zu schließen
Das Kerkerthor, denn Freiheit? Zu verblümen
  Ist's nicht — ein traurig Vorrecht! Die genießen
Von Luft und Licht so wenig, die da wachen
Der Ketten stets, als jene, die sie tragen.

69.

Don Juan sah jetzt Albions frühste Zierden,
  Sah deinen Hafen, Dover, dein Hotel,
Dein Haus der zarten Zölle auch — es schwirrten
  Die Diener hin und her dort wirr und schnell;
Die Boote all', die nie etwas spedierten,
  Was nicht für dich ein reicher Beutequell —
Und letztlich deine Rechnungen, die langen,
Vor denen unerfahrne Fremde bangen.

70.

Juan, so sorglos, jung auch und splendid
  Und reich an Rubeln, Wechseln und Geschmeide,
Der seine Wochenrechnung nie beschnitt,
  Er stutzte fast, doch zahlte, als sie beide,
Er und sein Majordomo, fertig mit
  Summieren jeder langen, langen Seite;
Vergaß er wohl, daß, ob die Luft auch frei,
Doch Goldes wert das Atemholen sei?

71.

Nach Canterbury! rasch mit dem Gespann!
  Trab, Trab, durch Pfützen sie dahin jetzt fliegen,
Hurra! wie lustig jagt die Post voran!
  Nicht wie in Deutschland, wo so träg sie kriechen,
Als ob sie — hielten sie nicht allwärts an,
  Zu schnapsen — selber sich zu Grabe trügen;
Auch kehrt sie „Hundsfott" und „Verfluchter" weiter
Dort kaum, als je ein Blitz den Blitzableiter.

72.

Nichts gibt es, was so frisch die Nerven macht,
  Das Blut durchwürzt, wie Pfeffer eine Speise,
Als frisch dahin zu jagen; nur gejagt!
  Das ist's — und einerlei der Zweck der Reise.
Die Schnelle ist's — je weniger man fragt
  Nach einem Grund, was diese Hast all' heiße,
Um so viel mehr nur freut es zu gewinnen
Der Reise Ziel: zu jagen rasch von hinnen.

73.

Sie sahn in Canterbury die Kathedrale,
  Des schwarzen Prinzen Helm und Beckets Stein;
Der Wärter zeigte zum sovieltenmale
  Gleichgült'gen Tones sie. Und siehst du ein,
O Leser, nun, was Ruhm? In diesem Falle
  Ein rost'ger Helm, ein zweifelhaft Gebein,
Schon halb gelöst in jene Erden jetzt,
In die der Mensch, dies Unkraut, wird zersetzt.

74.

Juan empfand, als sei der Ort geweiht,
  Und hauchte tausend Crecys, als gewiesen
Der Helm ihm ward, den nichts gebeugt als Zeit,
  Und stand voll Ehrfurcht zu des Priesters Füßen,
Der, weil er über Fürsten, welche heut
  Von Recht doch, eh' sie morden, schwatzen müssen,
Erheben sich gewollt, als Opfer fiel;
Und Leila frug, was dieses Baues Ziel?

75.

Sie hörte, dies sei Gottes Haus, und meinte,
  Er wohne gut, obgleich sie es nicht fasse,
Daß er in seinen Hallen seine Feinde,
  Die grausen Nazarener, wohnen lasse,
Die seine Tempel stürzten; und sie weinte
  Vor Gram, daß jetzt, wie Perlen auf die Gasse
Dahingeworfen, so verlassen steh'
Von Mohammed die prächtige Moschee.

76.

Fort ging's durch Auen jetzt, die, wie ein Garten
    So üppig grünend, reich die Arbeit lohnen;
Wenn jahrelang gewandert unsre Barden
    In heißeren, doch minder feuchten Zonen,
Läßt eine grüne Au die höhern Arten
    Der Landschaft sie vergessen, wo Zitronen
Zu Haus und Reben, Datteln oder Feigen
Und Gletscher und Vulkane und dergleichen.

77.

Und denk' ich gar an eine Kanne Bier —
    Doch nicht geweint! fahr zu drum, Postillion!
Der Junge hieb drauf los jetzt — aber hier
    War ob der Straßen sehr erstaunt der Don
In diesem Land der Freien und wofür
    So viel' es halten, ob es gleich zum Hohn
Auch manchem, der da widern Stachel nicht
Zu lecken fürchtet, aber nur sich sticht.

78.

Welch köstlich Ding ist doch es um Chausseen,
    So sanft, so glatt, als sei rasiert das Land;
Der Adler schwebt in seinen luft'gen Höhen
    Kaum sanfter, wenn er breit die Flügel spannt.
Verwiesen hätte Sol des Sohnes Flehen
    Wohl an die Mailpost, wäre sie bekannt
Damals gewesen; doch frisch zu! da — schaut!
Surgit amari aliquid: die Maut.

79.

O, wie so schmerzlich ist doch alles Zahlen!
    Nehmt Leben, Weiber, alles, nur kein Geld!
Als schnellsten Weg, verflucht zu sein von allen,
    Hat's Machiavell den Fürsten dargestellt.
Verhaßter ist's denn Mord, von den Metallen,
    Den süßen, zu verlangen, die die Welt
Ernähren; töte einem Kind und Weib,
Doch bleib aus seinem Beutel ihm, beileib!

80.

So sprach, ihr Fürsten, euer Lehrer schon,
  Der Florentiner — merkt es euch! — Der Wagen
Don Juans fuhr, als fast der Tag entflohn,
  Hin über jenen Berg, der mit Behagen
Zur Stadt herniederschaut, wenn nicht mit Hohn;
  Und möget ihr nun weinen oder lachen,
Ihr echten Londoner, wie jeder will:
Schaut, Briten, hier: wir sind auf Shooters=Hill. [16])

81.

Die Sonne sank, auf stieg der Rauch, wie aus
  Halbwegs verloschnem, dampfendem Vulkan,
Von jener Wunderstätte, schwarz und kraus,
  Salon des Teufels oft genannt; beim Nahn
Empfand der Don, obgleich hier nicht zu Haus,
  Verehrung für den Boden, welcher an
Der Brust die Söhne nährt, durch die geschunden
Ein Teil der Welt, der andere gebunden. [17])

82.

Nur eine Masse Stein und Rauch und Güter,
  Dumpf, schmutzig rings, so weit die Blicke sehen;
Auftauchend auch ein Segel hin und wieder
  Im Wald der Maste mit der Flaggen Wehen;
Ein Heer von Türmen, wo der Rauch sich nieder
  Gesenkt, empor sich reckend auf den Zehen,
Eine mächt'ge Kuppel, gleich des Narren Krone [18]) —
Und London ist's in seiner Nebelzone!

83.

Doch Juan sah es nicht — ihm schien der Rauch
  Wie Dampf aus einem chemischen Ofen bloß,
Der aller Welten Reichtum in dem Bauch
  (Den Schuld= und Steuer=Reichtum!) hier umschloß.
Die düstre Wolke, die der Sonne Aug'
  Umflorend, es erblinden ließ, zerfloß
Zu einer ganz natürlichen Atmosphäre,
Die wohl gesund, wenn sie nur klarer wäre.

84.

An hielt er. — Halt' auch ich ein wenig ein,
　　Wie die Fregatte vor der vollen Lage;
Bald werden die Bekanntschaft wir erneun,
　　Landsleute! wenn ich manche Wahrheit sage,
Die wohl euch schwer wird zu bekennen sein,
　　Weil sie zu wahr. Mit zartem Besen wage
Ich dann als Mistreß Fry[19]) in Hof und Haus
Zu kehren die und jene Spinnweb' aus.

85.

O Mistreß Fry — warum in Newgate fegen
　　Und Dieben pred'gen, da genug zu finden
Des Schmutzes in Palästen, statt zu legen
　　Die Hand an fürstlich-eingefleischte Sünden;
Da Volkserziehung Unsinn allerwegen,
　　Gestützt mit philanthropisch hohlen Gründen,
Solang die Großen nicht gebessert? — Ei,
Ich hielt für religiöser Mistreß Fry!

86.

Sag' ihnen, was für Sechziger sich schicke,
　　Bis sie kuriert vom eitlen Geckentand,
Und daß die Jugend kehre nie zurücke,
　　Kein feiles Vivat heile dieses Land;
Daß Curtis,[20]) ob er noch so dreist auch blicke,
　　Ein Tropf und ohne jeglichen Verstand,
Ein fader Falstaff eines greisen Hal,
Ein Narr bloß, dessen Schellen ohne Schall.

87.

Sag' ihnen, daß, satt, matt und abgejagt,
　　Am Rand des Lebens es zu spät wird sein,
Um Größe sich zu mühn und eitle Macht,
　　Doch nicht, um gut zu sein; schärf' ihnen ein,
Daß große Fürsten stets nur kleine Pracht
　　Geliebt — sag' ihnen — doch du willst nicht — nein,
Auch ich nicht; nun — ich red' ein andermal
Wie Rolands Horn im Thal von Roncesvall.

Elfter Gesang.

1.

Wenn Bischof Berkeley sagte und bewies,
　　Der Stoff sei nichts, dann sagt' er nichts,[1] nein, nein!
Umsonst bekämpft man sein System, da dies,
　　So heißt es, für den klarsten Kopf zu sein.
Und doch wer glaubt's? Zerstieben wahrlich ließ'
　　Ich alles gern, selbst Gold, wie Blei und Stein,
Erkennt' ich, diese Welt sei reiner Geist;
Ich trüg' mein Haupt und spräch', 's ist Schein! ganz dreist.

2.

Erhabene Entdeckung, daß dies All
　　Nur allgemeine Selbstsucht, alles reine
Idee — wir selbst dies All! — In jedem Fall
　　Ist dies kein Schisma, was die Welt auch scheine.
O Zweifel, Prisma für der Wahrheit Strahl,
　　(Falls Zweifel du, denn zu bezweifeln meine
Ich dies) verdirb mir nicht den Geistestrank,
Den Himmelsfusel, macht er gleich uns krank.

3.

Doch Unverdaulichkeit kommt oft genug,
　　Die nicht der beste Ariel, und verwirrt
Mit andren Fragen unsres Denkens Flug;
　　Und was den meinen stets zumeist beirrt,
Ist, daß umsonst ich nur ein Fleckchen such'
　　In dieser Wunderwelt, die definiert
Nicht wird und wohl ein hübscher Schnitzer bloß,
Von wo zu schaun sie klar und täuschungslos.

4.

Ob sie gemäß der Bibel, ob allein
　　Ein Zufall? bis sich dies herausgestellt,
Red' ich nicht gegen all' die Litanein,
　　Da mancher für gewagt mit Recht es hält.
Zu kurz ist unsre Zeit, um sie zu weihn
　　Dem Streit um Dinge, die doch in der Welt
Kein Mensch erklärt, und jeder einst recht gut
Erfahren wird, falls er ganz still nicht ruht.

5.

Die metaphysische Erörtrung laß'
　　Ich drum, die uns nicht weiter bringt, fürwahr!
Ich sage nur „was ist, das ist", so daß
　　Ich hoffen darf, ich sei vollständig klar;
Ich bin seit neustem etwas heftisch — was
　　Der Grund, wenn nicht die Luft, nicht weiß ich zwar;
Doch jeder Krankheitsanfall macht mich leider
Nur orthodoxer und drum nicht gescheiter!

6.

Die Gottheit, die ich wie den Teufel nie
　　Verkannt, bewies der erste mir; der zweite
Der Jungfrau Jungfernschaft — so mystisch sie!
　　Der dritte, was des Bösen Grund bedeute;
Der vierte die Dreieinigkeit — (und wie
　　So unbestreitbar!) — sehnlichst wünsch' ich heute:
O, würde eins zu vieren, statt zu drein,
Dann könnt' ich um ein Viertel gläubiger sein!

7.

Doch weiter. Wer gesehn hat die Akropolis,
　　Geschaut auf Attika, und wer die See
Befuhr, die hold umspült Konstantinopolis,
　　Timbuktu sah und gar getrunken Thee
In Chinas Schlitzaug'=Porzellan=Metropolis,
　　Und unterm Schutte saß von Ninive:
Fühlt kaum bei Londons erstem Anblick sich
Erstaunt; doch fragt ihn, wenn ein Jahr verstrich.

8.

Von Shooters-Hill ließ Juan bei den Gluten
    Des Abendscheins den Blick sich niederkehren
Zu jenem Thal des Bösen und des Guten,
    Wo Londons Straßen so geschäftig gären.
Hain, Flur und Strom in sanftem Schweigen ruhten,
    Und nur der Lärm von mancherlei Gefähren
Und das Gesumm' der Stadt, die übersieden
Im eignen Schaume möchte, brach den Frieden.

9.

Don Juan, in Betrachtung ganz verloren,
    Ging hinterm Wagen her an jenem Hang,
Indes ihn Staunen — (o des grünen Thoren!)
    Ob dieses Volkes Größe ganz durchdrang:
Freiheit, dacht' er, hat hier den Sitz erkoren,
    Hier gilt des Volkes Stimme, die kein Zwang
Erstickt mit Folter und mit Kerkerqual,
Und welche neu ersteht mit jeder Wahl.

10.

Hier sind die Frauen keusch; was ihm gefällt,
    Zahlt hier das Volk; das Leben, teuer zwar,
Ist's deshalb nur, weil man recht gern sein Geld
    Wegwirft, zu zeigen, was man hat per Jahr.
Hier herrscht nur das Gesetz, und niemand stellt
    Dem Wandrer Fallen, jede Straße klar, —
Hier ... doch ein Messer unterbrach ihn eben
Mit: Seid verdammt! die Börse, oder 's Leben.

11.

Vier Räuber waren's, die versteckt erst lagen
    Und jetzt dies freie Wort ertönen ließen;
Die Wackren, die zu nutz sich stets zu machen
    Gewußt solch einen Augenblick, wie diesen,
In dem der Reisende, der hinterm Wagen
    Herschlendert und sich nicht versteht aufs Schießen,
Auf dieser reichen Insel mag riskieren
Sein Geld, wo nicht sein Leben, zu verlieren.

12.

Juan, der nie mit Englisch sich beschwert
    Und kaum ihr Schibboleth verstand: God damn!
Und dies in einer Weise nur gehört,
    Daß er oft dachte, dies sei ihr Salam,
Ihr „Gott mit euch" — (dies war nicht grad' verkehrt
    Von ihm; denn, ist halb englisch auch mein Stamm
Zu meinem Leid: in meinen Lebenstagen
Hört' ich sie anders nie „Gott mit euch" sagen)

13.

Juan begriff sofort doch die Gebärde,
    Und etwas heftig faßte seine Hand
Gleich zur Pistole, die er flugs entleerte
    In eines Räubers Magen; in den Sand
Sank jener hin — so rollt ein Stier zur Erde —
    Und wie er sich im Heimatstaube wand,
Da rief er brüllend einem der Genossen:
O Jack — der Mordfranzos' hat mich erschossen.

14.

Worauf nun Jack et caetera Reißaus nahm,
    Als, über solche That erstaunt gar sehr,
Herbei Juans zerstreut Gefolge kam
    Und Hilfe bot, als sie nicht nötig mehr.
Don Juan sah des „Mondes Liebling" am
    Verbluten jetzt, als ob sein Leben er
Ausströmen wolle, und er rief nach Linnen,
Verwünschend fast sein eiliges Beginnen.

15.

Vielleicht — so dacht' er — ist es Landesart,
    So Fremde zu empfangen; denn ich sah
Gar manchen Wirt, von dem beraubt man ward,
    Nur daß es dann mit Bücklingen geschah,
Anstatt mit blankem Schwert und Worten, hart
    Und rauh; doch was zu thun? wie kann ich da
Den Burschen ächzend auf der Straße lassen?
Drum nehmt ihn auf — ich selber helf' euch fassen.

16.

Doch eh' sie noch die fromme Pflicht gethan,
  Rief jener sterbend: Halt — ich hab' mein Teil!
Schnell ein Glas Rum — und da mißglückt der Plan
  Auf Beute, laßt mich sterben. — Und derweil
Sein Lebenslicht verglomm, und schwarz entrann
  Das Blut der Wunde, riß er noch in Eil'
Ein Tuch vom schwell'nden Hals, und röchelnd sprach
Er drauf: Gib Sally dies! und starb danach.

17.

Da lag mit Blut befleckt zu Juans Füßen
  Das Tuch — doch konnt' er, was der Grund dabei,
Daß es vor ihn geworfen ward, nicht wissen,
  Noch was der Sinn der letzten Botschaft sei.
Tom hatte sich der Gaunerei beflissen
  Als echter Straßendieb in jederlei
Gestalt und, wenn die Taschen er gefüllt,
Den Gecken und den Schwindler auch gespielt.

18.

Doch Juan setzte jetzt, als er gethan,
  Was möglich war nach Umstand, Zeit und Ort,
Die Fahrt, sobald die Leichenschau daran
  Ihn nimmer hinderte, gen London fort.
Doch daß ihn gegen einen freien Mann
  Notwehr gezwungen hatte schon zum Mord,
Nachdem er kaum das Land betreten, schien
Ihm hart, und düster sinnen ließ es ihn.

19.

Er hatte einen Mann aus dieser Welt
  Befördert, welcher stets voran gewesen
Beim Spiel und Kampf und Becher — fast ein Held;
  Wer konnte sich im Würfeln mit ihm messen
Und gaunern ihm gleich, ob auch rings umstellt?
  Wer hätte kühn, wie er, zu Roß gesessen?
Wer war gleich ihm mit seinem braunen Schatz
Beim Tanz voran, der letzte auf dem Platz?

20.

Doch Tom ist nimmer — drum nichts mehr von Tom.
  Auch Helden müssen sterben, wie bekannt,
Und oft schon früh! — Heil dir, o Themsestrom!
  Dahin jetzt rumpelte an deinem Strand
Don Juans Wagen schwer und staubig vom
  Nicht reinen Wege, den er mühlos fand
Durch Kensington und all die tons, bis man
Zu schaun die Hauptstadt kaum erwarten kann.

21.

Durch Haine, so benannt, weil ohne Baum —
  (Lucus a non . . .) am Lustberg dann vorbei,
Getauft so, weil von Lust hier nichts im Traum
  Zu spüren, nichts zu steigen; allerlei
Baracken, deren Wände staubdicht kaum,
  Vorüber, welche zum „Vermieten frei",
Sodann durch Paradies genannte Gassen —
Eva hätt' ohne Kummer dies verlassen!

22.

Vorbei an Kutschen, Karren, Läden, Buden,
  Umdröhnt von Rädern und umtost, umbrüllt,
Vorbei an Kneipen, die zu Würzbier luden,
  An Posten, flüchtig wie ein Truggebild —
Durch dieses Menschenmeers bewegte Fluten,
  Erleuchtet noch von Lampen, die gefüllt
Mit Oel, durch der Laternen helles Glas,
Denn damals war noch unbekannt das Gas. —

23.

Durch dies und noch viel mehr muß durch sich schlagen
  Der Wandrer nach dem mächt'gen Babylon;
Ob er zu Roß sich nahet, ob zu Wagen,
  Es bleibt sich gleich. Ich könnte mehr davon
(Stünd's in den Fremdenführern nicht) euch sagen;
  Gesunken war jetzt eine Weile schon
Die Sonne, und die Nacht mit düstrem Blicke
Am Fallen, als sie fuhren auf der Brücke.

24.

Hold ist der Themse sanfter Ton, und drum
　　Lauscht einen Augenblick, verhallt er gleich
Fast in den Flüchen all' und dem Gesumm';
　　Westminsters Lampen glühen voll und reich;
Der prächt'ge Platz, der Tempel, welchen Ruhm
　　Noch als Gespenst so mondscheinhaft und bleich
Umwebt [2]) — dies alles macht zu allen Zeiten
Dem Briten diese Stätte zur geweihten.

25.

Hin gingen die Druidenhaine — gut!
　　Stonehenge [3]) noch nicht — was aber ist's? — doch steht
Noch Bedlam; [4]) daß kein Narr in seiner Wut
　　Euch beiße, fesselt ihn die Jacke schnöd.
Die Bench [5]) auch nimmt in ihre sichre Hut
　　Noch manchen Schuldner; Mansion=Haus — doch geht!
Ein steif Gebäude dies, wie groß es sei —
Mehr wert als alle sie ist die Abtei.

26.

Die Lichterreihn bis hin zu Charing=Croß,
　　Pall=Mall und weiter haben einen Schimmer
Wie Gold fast im Vergleich, da Messing bloß
　　Der Festland=Straßenlampen matter Schimmer.
Auch Frankreich hatt', ob sonst auch noch so groß,
　　Laternen nicht, bis dann — was noch viel schlimmer —
Als es sie eingeführt, man manchen Wicht
Statt Wichens [6]) dort erblickt beim fahlen Licht.

27.

So eine Reihe Herrn, die Straße hin
　　Gehängt, und Freudenfeuer, angefacht
Aus Schlössern, mag Erhellung bringen in
　　Die Welt; Kurzsichtigen jedoch behagt
Die neue Art nicht recht, die für den Sinn
　　Des Menschen bösem Irrlicht gleich der Nacht;
Erschrecken kann, verwirren es, doch brennen
Muß milder es, will es erleuchten können.

28.

Doch London ist so gut erhellt: erstände
    Diogenes, um seinen Ehrenmann
Zu suchen wieder, falls er ihn nicht fände
    In all dem Menschenschlamm, nicht schuld daran
Der Mangel an Laternen wär', erkennte
    Er seinen Schatz nicht! Was man irgend kann,
Das that ich selbst auf meiner Lebensreise,
Doch war nicht glücklicher als jener Weise.

29.

Hin übers Pflaster und Pall=Mall hinan,
    Durch Wagen und Gedränge, letztres minder
Dicht werdend, seit der Pocher Lärm den Bann
    Der Thüren brach und viele Menschenkinder
Einließ zu Gott weiß was all, fuhr sodann
    Der Don, der junge Diplomatensünder,
Vorüber an manch schimmernden Hotelen
Und an Saint James' Palast und dito Höllen. *)

30.

Sie kamen ins Hotel, wo dem Portal
    Der Kellner Flut entströmte, und umher
Die Menge stand nebst einer schönen Zahl
    Von Paphierinnen, zahlreich sie so sehr
Im zücht'gen London bei der Sterne Strahl,
    Die recht bequem (wenn's nur moralisch wär')
Uns allen Ehstand überflüssig machen —
Und dorten sprang Don Juan aus dem Wagen

31.

In eins der süßesten von den Hotelen,
    Zumal für einen Fremden, der noch grün,
Den Gunst und Glück und Reichtum blähend schwellen,
    Dem keine Rechnung je zu teuer schien.
Hier nisten ein sich jene Luggesellen
    Von Diplomaten, bis sie überziehn
In eines jener prächtigen Quartiere,
Wo golden prangt der Name an der Thüre.

32.

Juan, des Botschaft eine delikate,
　Geheim, doch wichtig war für Stadt und Land,
Trug keinen Titel, daß er nicht verrate,
　Zu welchem Zweck er sei hierher gesandt;
Ein hoher Fremder und Gesandter hatte
　England beehrt — nur dieses war bekannt;
Jung er und schön, der — also ging die Rede —
Auch seiner Herrscherin den Kopf verdrehte.

33.

Seltsamer Abenteur Gerüchte gingen
　Ihm schon voraus von Liebe und von Krieg,
Die stets bei Damenköpfen leicht verfingen;
　Und da von diesen keiner sicherlich
So überschwenglich je in solchen Dingen
　Wie jener einer Britin sich verstieg,
Kam Juan sehr in Mode, welche jetzt
Dem Denkervolk die Leidenschaft ersetzt.

34.

Nicht als ob ohne Leidenschaft sie seien —
　Behüt'! nur liegt sie hier im Kopf; doch wenn
Die Folgen zu demselben Ziel gedeihen,
　Wie die im Herzen tief entsprungenen:
Wer weiß dann, wo der Frauenschwärmereien
　Wirklicher Sitz? und wenn den Glücklichen
Sie glücklich führen, ist es einerlei,
Ob Kopf, ob Herz der Weg zum Ziele sei.

35.

Und Juan ward, beeilt, sich sehn zu lassen
　Gehör'gen Orts mit den Beglaubigungsschreiben,
Empfangen mit den schuldigen Grimassen
　Von allen, die im Amt ihr Wesen treiben.
Jung war er noch und etwas grün, wasmaßen
　Sie dachten — wichtig wird dies immer bleiben
In Staatsgeschäften — ihn so leicht zu „machen",[8]
Wie Falken einen Distelfink erjagen.

36.

Sie irrten — Greisen selbst passiert dies noch;
  Gut, hiervon später — und wenn nicht, dann liegt
Es daran, daß ich Diplomaten hoch
  Nicht halt' mit ihrem Doppelangesicht.
'ne Lüg' ihr Leben, wagen kühn sie doch
  Es nie; die Fraun jedoch, die anders nicht
Als lügen können oder wollen, legen
So schön es an, daß Wahrheit Trug dagegen.

37.

Zudem — was ist denn eine Lüge? bloß
  Maskierte Wahrheit. Helden, Advokaten
Und Priester! gebt ein Faktum, klein wie groß,
  Ganz frei vom Lügenbeischmack! Schon der Schatten
Der echten Wahrheit würde bald ein Schloß
  Vor Offenbarung, Poesie, der Thaten
Berichte legen, würden solche Sachen
Nicht vordatiert, eh' sie sich zugetragen.

38.

Heil allen Lügen, allen Lügnern! Wer
  Nennt meine Muse jetzt noch menschenfeind?
Der Welt Tedeum [9]) stimm' ich an, recht sehr
  Betrübt um jeden, der sich ihm nicht eint.
Doch seufzen hilft nicht; gleich dem großen Heer
  Kriecht alle drum (ist's auch nicht so gemeint)
Vor Thronen, wie das grüne Erin that,
Des Klee, so frisch einst, seinem Herbste naht. [10])

39.

Juan ward vorgestellt; wer weiß indes,
  Ob dort sein Antlitz oder sein Gewand
Zumeist bewundert ward — ein mächtiges
  Interesse weckte aber ein Demant,
Den ihm in einer Stunde der ivresse
  (Von Liebe oder Branntwein heiß entbrannt)
Kathrine, wie man munkelte, verliehn —
Verdient ganz sicher hatt' er redlich ihn.

40.

Nächst den Ministern und den Amtsgesellen,
    Die stets sich höflich gegen Diplomaten
(Die alter ego=Könige) müssen stellen,
    Bis man ihr fürstlich Rätsel hat erraten,
Erschienen selbst die etwas schmutz'gen Quellen
    Des Amts, die in der Korruption Gestaden
Zu Strömen schwellen, all' die Schreiberherden,
Kaum grob genug, dafür bezahlt zu werden,

41.

Da sie zur Unverschämtheit doch bestellt
    Nur sind, die drum ihr täglich Handwerk ist
In unsren teuren Aemtern all'; und fällt
    Euch dieses auf: wohlan, den Nachbar müßt
Ihr fragen, wenn er einen Paß erhält
    Und sonst ein Freiheitshemmnis (wie ihr wißt,
Sind vielfach sie), ob dieser Sportellaich
Nicht unverschämt ist, jedem Schoßhund gleich.

42.

Der Don mit Empressement empfangen ward —
    Und diese schöne Phrase nehm' ich an
Von unserm Nachbar, wo in Schachspielart
    Nach festen Regeln alles wird gethan
In Wort, Schrift, Lust und Leid, was Müh' erspart;
    Der Inseln Mann ist derber als der Mann
Des Festlands, gleich als ob das Meer, das freie,
Sogar der Zunge größre Freiheit leihe.

43.

Doch ist das britische „Verdammt" ganz attisch;
    Ein Festlandfluch ist minder fest, berührt
Auch Dinge, welche kein aristokratisch
    Gemüt erwähnt — drum sei hier nichts citiert
Von dieser Art; es wäre dies schismatisch
    Betreffs des Anstands und zu viel riskiert;
Ja, ganz athenisch ist „Verdammt" — der Kehle
Platonische Blasphemie, des Fluchens Seele.

44.

Gilt's derbe Grobheit, bleibt nur, wo ihr seid,
　　Derweil durchs blaue Meer ihr steuern müsset
Nach wahrer oder falscher Höflichkeit;
　　Ein Sinnbild dessen, was daheim ihr ließet,
Ist erstre — letztre dessen, was sich weit
　　Und breit euch jenseits des Kanals erschließet;
Doch Zeit ist's nicht zu allgemeinen Reden,
Da Einheit bei Gedichten stets vonnöten.

45.

Und in der „großen Welt" (will so viel heißen
　　Als: schlechtstes oder Westend einer Stadt
Nebst einigen tausend Menschen, die zu Weisen
　　Erzogen nicht, nein, aufzusitzen spat,
Wenn andre schlafen längst, und abzuspeisen
　　Das Weltall mit Verachtung) — dorten that
Man jede Ehre jetzt dem jungen Don
Als vollblut=abligem Patriziersohn.

46.

Er war ein Junggesell — was wichtig ist
　　Für Weiber und für Jungfraun — ja für beide,
Weil's dieser Ehstandshoffnungen versüßt
　　Und jenen manchmal leichter macht die Beute,
Wenn Stolz und Treue nicht ihr Herz verschließt.
　　Ein Weib, ein Dorn in des Galanes Seite,
Verlangt decorum und macht zwiefach wie
Die Sünde, so (was schlimmer noch) die Müh'.

47.

Er war ein Junggesell' in jeder Art,
　　Sang, tanzte, spielte, hatte prächt'ge Kleider
Und eine Weise so gefühlvoll zart
　　Wie Mozarts sanftste Melodieen — heiter
Und traurig stets zur rechten Zeit, gepaart
　　Mit rechtem Maß und Anstand und so weiter,
Und hatte schon die Welt gesehn — sie ist
Ein seltsam Ding — viel anders, als man liest.

48.

Jungfraun erröteten für ihn, und Frauen
    Erglühten ihm in stetigerem Rot,
Denn beides ist am Themsestrand zu schauen,
    Natur und Kunstrot — gut; doch überbot
Der Jugend Röte und ihr hold Vertrauen
    An Reiz die Kunst — man widersteht mit Not;
Die Töchter priesen sein Gewand, die Mütter,
Sie fragten: Ist er reich? und: Hat er Brüder?

49.

Putzmacherinnen, die die „Kleidermisse" [11]
    Ausstatten und auf Zahlung spekulieren
Nebst Zinsen, eh' verglüht die ersten Küsse
    Des Honigmonats, meinten: zu verlieren
Sei keinerlei Gelegenheit wie diese,
    Um einen reichen Fremden einzuführen,
Weshalb sie auch so reichlich kreditierten,
Daß spätre Gatten seufzten und salbierten.

50.

Die süßen Blauen, welche, Elegien
    Beseufzend, mit dem neuesten Journal
Kopf oder Hut inwendig überziehn,
    Sie all', in des Azures reinstem Strahl
Und nur schlecht spanisch redend, baten ihn
    Um Aufschluß über Spaniens Dichterzahl,
Und ob Kastilisch oder Russisch schöner,
Und ob Athen und Ilium gesehn er.

51.

Juan, ein wenig oberflächlich, traun!
    In Litteratur kein großer Eisenfresser,
Examiniert jetzt von gelehrten Fraun
    So strenge, wußte Antwort kaum; — indes er
Der Kriegs= und Liebespflichten Feld bebaun
    Gemußt und hier bestanden um so besser,
Hielt dies ihn ab von Hippokrenes Strand,
Der blau, nicht grün, wie er erstaunt jetzt fand.

52.

Doch aufs Geratwohl gab er Antwort mit
    Bescheidnem Selbstvertraun und ruhig, sicher,
Was seinen Studien gab den rechten Schnitt,
    Denn jeder Ausspruch schien nur um so klüger;
Und jenes Wunder, Araminta Smith,
    Die den Furioso in noch fürchterlicher
Englisch mit sechzehn Jahren übertrug,
Schrieb, was er sagte, in ihr Taschenbuch.

53.

Verschiedne Sprachen sprach der Don, so gut
    Es ging, was er geschickt bemerklich machte,
Vor mancher Schönen immer auf der Hut,
    Die nur, daß er nicht Verse schrieb, beklagte.
Dies eine fehlte bloß, zur vollsten Flut
    Zu schwellen die Bewundrung; — herrlich, dachte
Lady Fitz-Frisky und Miß Maevia Manish,
Wär's sicherlich, besäng' er sie in spanisch.

54.

So kam's, daß er in allen Koterieen
    Als Aspirant bald zugelassen war;
Er sah bei allen Arten von Partieen,
    Gleichwie in Bankos Spiegel, eine Schar
Von Skriblern so an sich vorüberziehen,
    Zehntausend ist die runde Zahl — sogar
Die „achtzig größesten lebend'gen Dichter" —
Jed's Winkelblatt hat einen vom Gelichter.

55.

In zweimal fünf der Jahre soll (wie Ritter
    Bei dem Turnier) der größeste Poet
Vorbringen seinen Anspruch und womit er,
    Was doch nur in der Phantasie besteht,
Beweisen kann; selbst ich galt hin und wieder,
    Obgleich ich sicher nie gestrebt, erhöht
Zu werden auf der Narren eitlen Thron,
Für unsres Dichterreichs Napoleon.

56.

Doch Juan ward mein Moskau, und Faliero
  Mein Leipzig, und mein Waterloo ist Kain;
La belle Alliance der Gecken unter Zero
  Mag wieder steigen nach dem Fall des Leun.
Doch fallen will ich wie ein Held nunmehro
  Und gar nicht herrschen, kann ich Schah nicht sein;
Zu öder Insel zieh' ich lieber, wo
Southey, der Wetterhahn, mein Schließer Lowe.

57.

Sir Walter herrschte vor mir, Moore und Campbell
  Vorher und nachher; doch der Musen Schrein
Hat sich verwandelt jetzt in Zions Tempel,
  Und Dichter müssen ganze Pfaffen sein;
Und Pegasus — welch trauriges Exempel —
  Geht jetzt den Psalmenpaß, seitdem sich ein
Herr Rowley auf dem edlen Tiere übt,
Dem er, ein neuer Pistol, Stelzen gibt.

58.

Doch übertrifft er jenen, welcher hart
  Im selben Weinberg schafft, obgleich statt Wein
Ihm immer Essig nur zum Lohne ward,
  Den dummen Dorus der geweihten Neun —
(Als Mann Kastrat, als Dichter kaum Bastard)
  Den Versstier, welcher jed Gedicht, wie klein,
Mühsam erschürgen muß — den schwarzen Sporus
Mit seiner schlechten Verse armem Chorus.

59.

Da ist mein lieber Procter auch — man nennt
  Ihn oft mein andres, tugendsames Ich; [12]
Doch wird's ihm schwer vielleicht, mein' ich bezent,
  Als eins von beiden zu behaupten sich.
Herr Coleridge, sagt man, führt das Regiment,
  Selbst Wordsworth einige Leser sich erschlich.
Und Landor sah sogar für einen Schwan
Den Gänserich des Schurken Southey an.

60.

John Keats, dem die Kritik das Herze brach,
    Als er just etwas Großes, wenn auch nicht
Verständiges verhieß — der Arme sprach
    Von Göttern, ganz wie ein Olympier spricht,
(Und ohne Griechisch!) aber er erlag
    Des Schicksals Ungunst. Seltsam: wie ein Licht
Läßt sich der Geist, die feurige Partikel,
Ausputzen so von einem Schmähartikel! [13])

61.

Groß wird die Zahl der Prätendenten dessen,
    Was keiner recht gewinnt; denn niemand kennt
Den Sieger, welchem, eh' ihm zugemessen
    Sein letztes Urteil an der Zeiten End',
Gras überm Hirn wächst, das verglüht, vergessen;
    Was ihnen zu erwarten ist vergönnt,
Schätz' ich gering, da viel zu groß die Zahl,
Wie Roms Tyrannen nach der Freiheit Fall.

62.

Dies ist der Litteratur Plebejerreich,
    Wo Prätorianerbanden jetzt regieren.
Ein graus Geschäft, dem Samphirsammeln gleich,
    Mit dem Gefühl, als gelte es Vampiren,
Den Unverschämten noch zu schmeicheln feig!
    Wär' ich zu Haus und noch geneigt zu führen
Die Geißel, sollten diese Janitscharen,
Was geist'ger Krieg ist und Kritik, erfahren.

63.

Ich denk', ich wüßte manches, sie zu schlagen
    In volle Flucht — doch lohnt es kaum der Müh',
Nach solchem kleinen Zeuge nur zu fragen,
    Auch fehlt die nöt'ge Galle mir für sie;
Mein Temperament ist nicht so schlimm — ein Lachen
    Selbst meiner Muse schärfste Homilie,
Die sich mit einem Knicks empfiehlt und denkt,
Sie habe dich gewiß doch nicht gekränkt.

64.

Juan, den ich bei lebenden Poeten
   Und blauen Damen in Gefahr gelassen,
Fand kleine Ernte nur auf diesem öden
   Gefilde, ward es bald auch müd, wasmaßen
Er es verließ, eh' sie noch Schlimmes reden
   Von ihm gekonnt, und fand in höhern Klassen
Der Geister bald gereiht sich ihrer Zahl —
Der Sonne Sohn, kein Dunst er, nein, ein Strahl.

65.

Der Morgen in Geschäften ihm entschwand,
   Die, weil sie all' geschäft'ger Müßiggang,
Zur Schlaffheit führen; — gift'ger dies Gewand
   Als Nessus' Hemd, das manche Stunde lang
Uns an das Sofa bannt, dumpf, abgespannt
   Und klagend, daß vor jeder Müh' uns bang,
Wenn sie nicht zu des Vaterlandes Heil,
Dem aber doch nicht wird gedient derweil.

66.

Die Mittagszeit verbracht' er mit Visiten,
   Mit Lungern, Boxen, und des Dämmerns Stunde
Mit Reiten durch die Parke, wo der Blüten
   Und Blumen kaum so viel, dem kleinen Munde
Der Biene nur ein kärglich Mahl zu bieten,
   Und die (nach Moore) gleichwohl in weiter Runde
Die einz'gen Lauben, wo die Modeschönen
Mit frischer Luft Bekanntschaft machen können.

67.

Dann geht's zur Toilette — dann erwacht
   Die Welt — die Lampen glühn, die Räder dröhnen;
Karossen jagen durch erhellte Nacht
   Wie Meteore, und Guirlanden krönen
Die Hallen, zu erhöhn den Glanz der Pracht;
   Und wenn der Thüren Messingdonner tönen,
Oeffnen den wenigen Beglückten sie
Ein irdisch Paradies von or molu.

68.

Da steht die edle Wirtin — sonder Wanken
    Verneigt sie sich dreitausendmal, indessen
Beim Walzer, der allein noch zu Gedanken
    Den Mädchen hilft, Verliebte selbst vergessen,
Daß er ein Kuppler; über Maß und Schranken
    Sind Hall' und Saal gefüllt — im Klettern messen
Muß, wer zu spät kommt, sich mit Herzoginnen
Und Lords, die Stufen zollweis zu gewinnen.

69.

Heil jedem, kann er, wenn er sich besehen
    Den Glanz, ein Pförtchen in dem Weg geschickt
Und außerm Weg ein Boudoir erspähen,
    Wo er in eine Ecke still sich drückt
Und jenes Babel, wie es will, sich drehen
    Dort innen läßt, auf das er spottend blickt,
Vielleicht auch, bloß betrachtend, unbeirrt
Ein bißchen gähnt, sobald es später wird. .

70.

Doch geht dies hin und wieder nur — und wer
    Wie Juan thätig hier sich mischet ein,
Muß sorgsam steuern durch das Strahlenmeer
    Von Seide, Perle, Gold und Edelstein
Dorthin, wo er an seinem Platz, ob er
    Zum sanften Klang sich in des Walzers Reihn
Nun auflöst oder stolzer sich salviert,
Wo Wissenschaft Quadrillen exerziert.

71.

Und tanzt er nicht und schaut von höhern Zinnen
    Nach einer Erbin oder Nachbarsbraut,
Dann hab' er acht, daß nicht sein kühn Beginnen,
    Was immer es, zu offen werd' erschaut.
Schon manchen hat zu große Hast tief innen
    Gereut; auf Vorsicht sei der Plan gebaut
Bei einem Volk, das, groß in Ueberlegung,
Den Narren spielt mit weislicher Erwägung.

72.

Geht's an, so sitzt zur Seite ihr beim Essen,
    Wo nicht genüber, und beäugelt sie.
Ambrosische Stunden, niemals zu vergessen!
    Gefühlskobolde, welche spät und früh
In der Erinnrung spuken — Geister dessen,
    Was einst entzückt und jetzt dahin; o, wie
Könnt' eine zarte Seele künden all'
Die Furcht und Hoffnung, die ihr weckt ein Ball?

73.

Doch solche Winke gelten nur der Herde,
    Der großen, die sich wahren muß, daß nicht
Ein Wort zu wenig oder viel gefährde
    Den ganzen Plan — und haben kein Gewicht
Für jene, denen Haltung und Gebärde,
    (Zumal wenn neu sie) Ruhm, ein schön Gesicht
Und Ruf durch Krieg, Witz, Ver= und Unverstand
In ihrem Treiben lassen freie Hand.

74.

Doch unser Held, jung, reich und als ein Held
    Berühmt und edel und ein Fremder gar,
Muß andren Sklaven gleich sein Lösegeld
    Bezahlen, zu entgehen der Gefahr,
Von der solch ein Gefeierter umstellt.
    So mancher spricht von Leid und Krankheit zwar,
Von Müh' und Not; o hielten sie daneben
Doch einmal solcher jungen Edlen Leben!

75.

Jung, doch der Jugend bar: vorweggenommen
    Ist sie; schön, doch entnervt — reich ohne Sous;
Die Glut in tausend Armen längst verglommen,
    Von Juden kommt ihr Gold, und Juden zu,
Fließt ihre Habe; nur zu stimmen kommen
    Ins Parlament sie — müßig ohne Ruh',
Und wenn gezecht, gespielt, geh.rt sie haben,
Wird in der Väter Gruft ein Lord begraben.

76.

Wo ist die Welt (ruft Young mit achtzig), wo
    Die Welt, in der man einst geboren? — Was
Ist jetzt die Welt von vor acht Jahren? o!
    Ich such' umsonst sie; eine Welt von Glas,
Zerschellt, dahin — eh' recht erschaut, entfloh
    Sie schon, zerflossen wie ein flüchtig Gas;
Staatsmänner, Könige, Patrioten gingen
Nebst Gecken all' dahin auf Windes Schwingen.

77.

Wo ist der große Bonaparte? Gott weiß;
    Der kleine Castlereagh, sag', Teufel, an?
Wo all' sie, die in ihren Zauberkreis
    Gebannt uns — Grattan, Curran, Sheridan?
Wo die unsel'ge Königin? [14] wo die heiß
    Geliebte Tochter? [15] Sage, wer es kann,
Wo sind die Märtyrer, die fünf Prozente,
Und wo, ja wo zum Teufel ist die Rente?

78.

Wo Brummel? Wellesley? sie sind all' nicht mehr;
    Wo Whitbread? Romilly? [16] George, diese Zierde?
Wo sein Vermächtnis? [17] dies errät sich schwer;
    Wo unser „Königsvogel Jum [18] der Vierte"?
Gen Schottland, wo von Sawneys Geige er
    Sich jetzt ansiedeln läßt, der hochfetierte —
Sechs Monde dauern schon die dummen Fratzen
Fürstlichen Juckens mit loyalem Kratzen.

79.

Wo ist Lord Dieser? und Mylady Jene?
    Die ehrenwerten Mistresse und Misse?
Gleich Hüten abgetragen manche Schöne,
    Vermählt, geschieden, neuvermählt, denn diese
Manier ist Mode; wo die Beifallstöne
    Dublins? wo Londons Zischen und gewisse
Granvilles? wie immer, abgefallen! — wo
Die Whigs? wo sonst sie waren und so so.

80.

Wo sind die Ladys Anne und Annette?
     Geschieden, oder nächst so; ihr Annalen,
So glänzend — wo die Listen der Bankette?
     O Morgenpost, [19] o Index du von allen
Zerbrochnen Kutschenscheiben, welches Bette
     Füllt jetzt dein Strom? Die, die nicht tot, durchwallen
Den Kontinent, im Sparen sich zu üben,
Weil ihnen kaum ein Pächter noch geblieben.

81.

Die einst nach Herzögen gefahndet, ließen
     Genügen sich zuletzt mit jüngern Brüdern; [20]
Und Erbinnen in Schwindlerangeln bissen —
     Zu Weibern wurden Jungfraun, wohl zu Müttern
Auch bloß; den Jugendschmelz verlor, den süßen,
     Manch andre — nirgends ist Bestand zu wittern;
Nicht seltsam dies — nur, daß so ungemein
Geschwind der Wechsel, dürfte seltsam sein.

82.

Sprecht nicht von siebzig Jahren, denn in sieben
     Sah ich des Wechsels mehr vom Fürsten bis
Zum Niedrigsten, daß kaum zu kurz geblieben
     Selbst ein Jahrhundert wäre — nein; und dies
Erkannt' ich: Nichts besteht, wie dies geschrieben
     Schon steht — der Wechsel selbst ist jetzt gewiß
Zu wechselnd; nichts ist dauernd hier auf Erden,
Als bloß die Whigs, die nicht Minister werden.

83.

Ich sah Napoleon, der ein Zeus erst schien,
     Einschrumpfen zum Saturn; ich sah stupider,
Als seine Schöpsenmiene selber ihn
     Darthat, den Herzog N; doch hiss' ich wieder
Mein Segel auf, um frisch hinaus zu ziehn
     Nach neuen Thematen — ich sah (wie bitter!)
Den König hochgelobt und dann gemieden
Doch was das Beßre war, ist nicht entschieden.

84.

Ich sah am Hungertuch die Gutsherrn nagen,
    Ich sah Johanna Southcote,[21]) sah sodann
Das Unterhaus zur Steuerfalle machen,
    Sah den Prozeß der Königin mit an;
Sah Kronen, statt der Narrenkappen, tragen —
    Sah den Kongreß,[22]) der, was nur schlecht, gethan,
Sah Völker, die, wie Esel überladen,
Die Last abwarfen, ihre Potentaten.

85.

Sah kleine Dichter, mächtige Salbader,
    Unendliche, nicht ew'ge Redner — sah
Die Fonds mit Land und Parlament im Hader,
    Landjunker sah ich Redner werden, ja —
Sah manchen Wicht zu Roß, wie ohne Gnad' er
    Das Volk frech überritt — ich staunte, da
John Bull gar dünn Getränk statt starkem wählte[23])
Und kaum sich selbst, daß er ein Narr, verhehlte.

86.

Doch carpe diem, Don! Der nächste Tag
    Sieht schon ein neu Geschlecht — und gleichem Ziel
Jagt es gleich sorglos und vergänglich nach.
    „Ein armes Spiel das Leben; spielt das Spiel
Drum aus, ihr Schurken" — stets das Auge wach,
    Mehr für das Wort als für die That; hübsch kühl,
Stets überlegt, seid Heuchler stets und seid
Nicht, was ihr scheint, nein, was ihr seht, allzeit.

87.

Doch wie soll ich in fernren Cantos melden,
    Was unser Held erlebt in jenem Reiche,
Das nach dem allgemeinen Lug sich schelten
    Jetzt ein moralisches noch läßt? Ich schweige;
Für keinen Atalantis=Dichter[24]) gelten
    Möcht' ich — auch sieht man, ohne daß ich's zeige,
Daß kein moralisch Volk ihr — wozu müßt' es
Ein Dichter sagen euch? ihr selber wißt es.

88.

Was Juan all gesehn, erlebt allhier,
 Das ist mein Thema, doch mit schuld'ger Sichtung,
Wie Höflichkeit sie fordert; aber ihr
 Bedenkt auch, daß mein Werk doch bloße Dichtung;
Nicht von den Meinen sing' ich, noch von mir,
 Riecht auch in seiner Dichternot=Verrichtung
So mancher Stichelein; — nun, merkt es euch,
Ich stichle nie, ich sag's heraus sogleich.

89.

Ob eine Gräfin, auf der Männer Fährte,
 Für ihre vierte Tochter ihn erjagt —
Ob eine Jungfrau gar von größrem Werte
 (Der Mitgift, mein' ich) mehr ihm zugesagt,
Um zu bevölkern regelrecht die Erde
 Mit ihr — (wozu der Ehstand doch gemacht)
Ob gar ihm Schadengeld ward abgenommen,
Weil er beim Huldigen zu weit gekommen:

90.

Dies liegt noch in der Zeiten dunklem Schoß.
 So weit zieh' hin mein Lied! verwettet sei's
Hier gegen jedes andre, das gleich groß,
 Daß grad' so sehr es jedem Angriff preis,
Wie je dies eines edlen Werkes Los
 Bei denen war, die sagen, schwarz sei weiß;
Nun, desto besser; steh' allein ich schon,
Mehr gilt mein freies Wort mir als ein Thron.

Zwölfter Gesang.[1]

1.

Kein schlimmres Mittelalter kann es geben,
  Als das (und was es ist, dies freilich kann
Ich selbst nicht sagen) in des Menschen Leben;
  Denn wenn wir, selbst nicht wissend fast, woran
Wir sind, so zwischen Klug= und Thorheit schweben:
  Gleicht diese Zeit gedruckter Seite dann
Nicht fast? halb schwarz, halb weiß, derweil das Haar
Schon grau wird, man nicht mehr ist, was man war?

2.

Zu alt mit dreiunddreißig für das Treiben
  Der Jugend, und zu jung, um mit den Alten
Zu sparen schon: wozu am Leben bleiben?
  Langweilig ist's — zu spät, will auch erkalten
Die Liebe noch nicht ganz, sich zu beweiben,
  Wenn ihre Zauberklänge schon verhallten;
Und Gold, die reichste, beste der Ideeen,
Glimmt dämmernd erst und schwach noch im Entstehen.[2]

3.

O Gold! warum den Geiz'gen elend heißen,
  Da eine Lust, die nie erblaßt, doch sein?
Ein Anker, dessen Ketten nimmer reißen,
  Der andre Freuden festhält, groß und klein?
Ihr seht den Sparsamen so mäßig speisen
  Und spottet solches schlechten Mahls; allein,
Die ihr euch wundert, wenn die Reichen sparen,
Ihr habt des Sparens Wonne nie erfahren.

4.

Krank macht die Liebe, Wein noch kränker gar,
   Ehrgeiz zerstört, und Spielen bringt Verlust;
Geld machen aber, anfangs langsam zwar,
   Weil du bestehn so manches Hemmnis mußt,
Doch rascher bald, gibt reinre Lust, fürwahr!
   Als Liebe, Ruhm, Wein, Spiel verleihn der Brust.
O Gold! dich zieh' ich vor dem Wertpapier —
Bankaktien dünken Nebelschiffe mir.

5.

Wer hält der Erde Wage? wer regiert
   Kongresse, fürstliche wie liberale?
Wer ist's, der Spaniens Patrioten führt
   Zum Kampf und winseln läßt all' die Journale
Europas? Wer beherrscht und reguliert
   Die Politik auf weitem Erdenballe?
Napoleons kühner Thaten Schatten? Nein!
Baring und Rothschild thun es ganz allein.

6.

Sie und der wahrhaft freie Mann Lafitte
   Sind jetzt Europas Herrn — Spekulation
Sind nicht die Anlehn bloß: man hebt damit
   Hier jetzt ein Volk, stürzt dorten einen Thron;
Auch Republiken brauchen, wie man sieht,
   Das Ding: Kolumbia hat Aktien schon
Auf unsren Börsen — Perus Gold selbst wird
Von einem Juden jetzo diskontiert.

7.

Warum den Geiz'gen elend nennen? sagte
   Vorher ich schon — sein Leben ist so mäßig,
Wie man's bei Cynikern ruhmwürdig dachte
   Zu jeder Zeit, und wie es zuverlässig
Manch einen Siedler schon zum Heil'gen machte;
   Warum nun schmähn, befleißt auch Reichtum des sich?
Weil nichts ihn zwingt, Entbehrungen zu tragen?
Nur mehr Verdienst ist dann noch im Entsagen!

8.

Er ist der wahre Dichter: schimmernd rein
 Zeigt Leidenschaft sich ihm in dem Metall,
Das er besitzt und das, gehofft allein,
 Uns über Meere lockt; es leuchten all
Die Barren ihm mit tageshellem Schein
 Aus dunklem Schacht, des Demants Glanz zumal,
Und milderer Smaragd dämpft ihre Glut,
Damit sie weh nicht seinem Auge thut.

9.

Sein ist die Welt, die er erschlossen sieht,
 Weil ihm von Ceylon und Cathay daher
Das Schiff mit duft'gen Spezereien zieht —
 Der Ceres Wagen ächzt für ihn so schwer;
Für ihn der Wein wie Eos' Wange glüht,
 Sein Keller trotzt dem Königssaal; und er,
Den ihr als geist'gen Herrn von allem seht,
Beherrscht's, weil er den Sinnenreiz verschmäht.

10.

Wer weiß, ob er nicht große Pläne hegt,
 Spitäler, Schulen bauen will, vielleicht
Mit einer Kirche Gründung nicht sich trägt,
 Wo man dereinst sein hagres Antlitz zeigt;
Ob er mit selb'gem Gold nicht, das so schlecht
 Die Menschen macht, sie zu befrein geneigt?
Vielleicht will er als Reichster imponieren,
Vielleicht auch nur sich freun am Kalkulieren!

11.

Doch ob dies all, ob eins, ob keins davon
 Des Sammlers Thun bestimmt: Krankheit genannt
Wird diese Sucht von kluger Narren Hohn —
 Was ist die ihre denn? Ist mehr Verstand
Bei Krieg und Schmaus? verleihn sie schönren Lohn
 Als Sparen? dienen besser sie dem Land?
Dem Erben des Verschwenders mag der deine
Es sagen, Geiz'ger, wer am klügsten scheine!

12.

Wie schön sind Rollen — wie bezaubernd Kisten
 Voll Barren, Säcke Goldes, Münzen — nicht
Von alten Siegern, die, wie sie sich brüsten,
 Nicht wert das dünne Silber am Gesicht —
Nein, unbeschnittnen Golds, auf welchem Büsten
 Umkränzt von vollem Rande, schimmernd licht,
Von neuem, echtem, herrschend=dummem Schlage —
Bar Geld ist Aladdins Lampe heutzutage.

13.

„Die Lieb' beherrscht Hain, Lager, Hof, denn Liebe
 Ist Himmel, und der Liebe" — singt der Dichter,
Wenn er nur den Beweis nicht schuldig bliebe —
 In Poesie ist schwer oft selbst ein schlichter;
Vielleicht kann's mit dem Hain noch gehn, weil Triebe
 Auf Liebe reimt, sofern der Reim hier Richter;
Doch zweifl' ich wie die Gutsherrn an den Renten,
Ob Lager und Hof empfindsam werden könnten.

14.

Doch herrscht die Liebe nicht, so thut's das Geld:
 Kein Hof wär' ohne Geld, das Lager leer;
Geld nur beherrscht den Hain, wie Geld ihn fällt —
 Kein Weib nehmt ohne Geld, rät Malthus sehr; [3]
Geld drum beherrscht den Herrscher aller Welt
 Auf eignem Grund, wie Cynthia das Meer.
Ist „Liebe Himmel"? Honig Wachs? Gestehe
Drum nur: sie ist nicht Himmel, sie ist Ehe.

15.

Gilt Liebe nicht für Sünde und noch schlimmer,
 Wenn sie nicht Ehe, die in ihrer Art
Auch Liebe, ob die Menschen gleich wohl nimmer
 Mit beiden Worten gleichen Sinn gepaart?
Der Ehstand kann mit Liebe (sollt' es immer),
 Sie ohne ihn bestehn; doch wie so zart
Sie immer: Liebe ohne Eh' ist Schande,
Und unrecht ist's, daß man sie so benannte.

16.

Nun — wenn Hof, Lager, Hain nicht rekrutiert
　Mit treuen Ehherrn werden, die noch nie
Ein andres als das eigne Weib berührt,
　Dann ist ein Fehler die Sentenz, durch die
Mein buon camerado Scott verführt,
　Obgleich so keusch doch seine Poesie,
Wie Jeffrey sagt, der ihn zum Muster mir
Empfiehlt — seht der Moral ein Pröbchen hier!

17.

Gut; hab' ich nicht Erfolg, doch hatt' ich ihn
　(Was schon genug) in meiner Jugendzeit,
Der einz'gen, da er wert noch — und verliehn
　Ward er mir damals, wo es mich gefreut
Am meisten; zu beschreiben brauch' ich ihn
　Hier nicht — doch hatt' ich ihn, und nie gereut
Hat er bis jetzt mich, hab' ich gleich noch büßen
All den Erfolg in spätren Jahren müssen.

18.

Die Anwartschaft, die manche wohl erheben,
　Bei den noch Ungebornen und bei denen,
Die diese zeugen werden (grad' wie eben)
　Und also in der Nachwelt, wie sie wähnen
In ihrer Eitelkeit, noch fort zu leben,
　Scheint nur ein schwaches Rohr, sich drauf zu lehnen,
Da jene mehr nicht wird von ihnen wissen,
Als sie von ihr — doch wer wird sie vermissen?

19.

Ich selbst bin Nachwelt — seid auch ihr es nicht?
　Und wer gedenkt uns? kaum daß hundert blieben;
Und stünd' auch in der Chronik jeder Wicht,
　Der zehnte Name wäre falsch geschrieben,
Derweil Plutarch nur von so wenigen spricht,
　Und Kritiker zu donnern doch belieben
Selbst gegen die: den guten alten Griechen
Heißt Mitford jetzt (mit Griechenwahrheit) lügen.[1])

20.

Ihr guten Leute jedes Stands und mein
   Geehrter Leser und mein ungeehrter
Mann der Kritik! ich will jetzt ernsthaft sein,
   Als wär' ein Wilberforce und ein gelehrter
Malthus mein Richter; jener zu befrein
   Die Neger strebte — wert dies tausend Schwerter —
Da Wellington zu Sklaven Weiße machte,
Und Malthus thut, was andren er versagte.

21.

Ernst bin wie jeder ich auf dem Papier;
   Soll ich mein Lichtchen halten nicht zur Sonnen?
Warum Betrachtungen nicht bilden mir?
   Die Menschheit ist in Spekulationen
Vertieft selbst über Dampf, auch sehen wir
   Sie sich befassen mit Konstitutionen
Und Zeugung, die verdammt, falls nicht der Mann
Die Brut, wenn sie entwöhnt, ernähren kann.

22.

Dies ist romantisch! Ich für mein Teil bin
   Gemeint, daß Philogenitivität —
(Da habt ihr so ein Wort nach meinem Sinn,
   Obgleich es ein viel kürzres gibt — doch steht
Der Anstand dem entgegen, und hierin
   Nehm' ich mich sehr zusammen, wie ihr seht —)
Mich dünket, sag' ich, daß genannte Gabe
Vielleicht auf Nachsicht einigen Anspruch habe.

23.

Jetzt zum Geschäft. Du bist, mein lieber Don,
   In London, jenem prächt'gen Platz, gemacht
Für jede Art von Unheil, wie es von
   Der wilden Jugend jemals ward erdacht.
Wahr! neu ist dir die Laufbahn nicht — denn schon
   Bist du erfahren in der wilden Jagd
Des jungen Lebens; doch ein neues Land
Ist dies, das nie ein Fremder recht verstand.

24.

Mit einem bißchen Rücksicht auf Klimate,
　　Auf heiß und kalt, auf ernst und locker könnten
Wir leicht, gleich einem Primas, die Mandate
　　An aller Welt Gesellschaftszustand senden;
Doch Albion, du machst dies am schwersten grade --
　　Wie mag's, o Muse, wohl hiermit bewenden?
Jed' Land hat seine „Löwen" — aber sieh!
Du bist nur eine große Menagerie.

25.

Doch müd bin ich der Politik — beginne
　　Paulo majora. Juan, unentschieden,
War auf den Pfaden all, wo Herz und Sinne
　　Umgarnt, wie über Eis dahin geglitten
Und frönte, abgespannt, jetzt leichtrer Minne
　　Mit einigen Holden, welche grade bieten
So viel, um wässern dir den Mund zu lassen,
Und Sünde oder ihren Ruf doch hassen.

26.

Doch wenige sind es ihrer, und wir sehen
　　Zuletzt sie einen Fehltritt thun; dies zeigt:
Nie auf der Tugend Schneepfad irr zu gehen,
　　Sei für die Reinsten selbst nicht ganz so leicht.
Und dann, als red' ein neuer Esel, stehen
　　Die Leute gaffend, und ein Flüstern fleucht
Von Mund zu Ohr — und seine Runde macht es
Mit seinem Heuchler-Amen: Ei — wer dacht' es!

27.

Die kleine Leila mit des Ostens Blicken
　　Und asiatisch-schweigsam-sanftem Wesen,
Die sich von nichts im Westen ließ berücken,
　　Zum Staunen aller, die den Wert ermessen
Nur nach der Dinge Neuheit, die zu pflücken
　　Gleich flücht'gen Blüten nur und zu vergessen,
Sie, mit dem Feenwuchs, ihrem Schicksal unter
Don Juans Schutz, ward bald ein Modewunder.

28.

Die Frauen teilten sich, wie dies der Fall
    Für sie bei allen Dingen, groß und klein;
Denkt, Holde! nicht, ich wolle schmähn diesmal —
    Ich lieb' euch mehr, als ich gesteh' — allein
Seit ich moralisch ward, muß ich euch all'
    Der Neigung, allzuviel zu schwatzen, zeihn;
Und jetzo sah man alle heiß erglühen
Vor Eifer, unsre Leila zu erziehen,

29.

Wobei sie nur in einem einig waren:
    Es sei das holde Kind, so fleckenlos,
Das schön wie seine Heimat, unerfahren,
    Und fremd und seines Stammes letzter Sproß,
Am besten wohl — (ob in den nächsten Jahren
    Der Don sich auch beherrsche, was ein bloß
Vielleicht) — bewahrt in einer Dame Haus,
Die über allen Kitzel schon hinaus.

30.

Ein edler Wettstreit war's zuerst, und dann
    Ein allgemein Bewerben um der Waisen
Erziehung; unser Juan war ein Mann
    Von Rang, und Kränkung hätt' es drum geheißen,
An Subskription zu denken nur; ich kann
    Nur sagen, daß sich gleich aus allen Kreisen
Zehn Witwen nebst elf klugen Unvermählten,
Die schon zu Hallams Mittelalter zählten,

31.

Und zwei geschiedne Weiber, welchen blühen
    Nicht Frucht noch Knospe wollt' am welken Zweige,
Erboten, diese Kleine zu erziehen
    Und „einzuführen" — die bedeutungsreiche
Bezeichnung meint der Schönen erst Erglühen
    Beim Ball, wo sie die Vollblutbildung zeige —
Und süß wie Jungfernhonig schmeckt, zumal
Wenn reich sie, ihnen so ein erster Ball.

32.

Denn all' die so bedürft'gen werten Herrn,
　　Verlumpte Peers und aufgebrannte Dandys,
Die Mütter auch und Schwestern, die (sofern
　　Sie klug sind) Ehen besser, als imstand dies
Die Männer, schmieden, wo des Goldes Stern
　　Hell blinkt, umschwirren, wie die Fliegen Kandis,
Die Erbin, mit den Batterien von Blicken,
Mit Tanz und Schmeichelei sie zu berücken.

33.

Die Vettern und die Basen spekulieren —
　　Glaubt mir, daß ich selbst Weiber hie und da
Uneigennützig Erbinnen flattieren
　　Für ihren Freund in reiner Freundschaft sah.
Tantaene? dies die Tugenden, die zieren
　　Im edlen Albion selbst die Höchsten, ja!
Und manche arme Reiche, müd' dies Werben,
Wünscht: hätt' ihr Vater doch nur Manneserben.

34.

Gefischt ist manche bald — doch manche Holde
　　Teilt viele Körbe aus; hübsch ist's zu sehen,
Wie dann, als ob vor Grimm es bersten sollte,
　　Das Heer der Basen frisch beginnt zu schmähen;
So etwa: Wenn Miß Blanc nicht nehmen wollte
　　Den armen Fritz, warum dann mit ihm gehen
Zum Ball? und Briefchen nehmen obendrein?
Warum blickt sie erst Ja und sagt dann Nein?

35.

Warum? Fritz war doch wirklich attachiert —
　　Nicht an ihr Geld — dies hat er selbst genug —
Es kommt die Zeit, wo sie bereuen wird,
　　Daß sich die herrliche Partie verschlug;
Die alte Gräfin hat da intrigiert,
　　Ich sagt' es auch Auroren, die mich frug;
Doch ist für Fritz es besser so gewesen —
Sagt — habt ihr ihre Antwort nicht gelesen? —

36.

Selbst Krönchen, nette Uniförmchen speist
   Sie ab der Reihe nach, bis auch die Reihe
An sie kommt, wenn viel Herzen erst verschleißt,
   Nebst Wetten, wer die reiche Erbin freie.
Und wenn das Dämchen einem, der gereist
   Und fährt und reitet, endlich ihre Treue
Verspricht, dann tröstet der Verschmähten Zahl
Sich damit, wie so schlecht doch ihre Wahl.

37.

Gar manche wählen aus Verdruß auch noch
   Den früheren Verehrer oder werden,
In selteneren Fällen bloß jedoch,
   Zu teil auch jenen, die sie nie verehrten.
Ein Witwer, in den Vierzigen schon hoch,
   (Wie der Exempel viele uns belehrten)
Zieht sicher einen hohen Preis; doch wie?
Warum? es ist nun eben Lotterie.

38.

Auch ich sogar — dies ist ein Beispiel mehr —
   Wahr — es ist schade — schade, daß es wahr —
Ward einst erwählt aus einem Freierheer,
   Obgleich ich ziemlich noch der Weisheit bar.
Doch ob ich mich gebessert noch so sehr
   Vorher, wie's einem ziemt, der bald ein Paar:
Ich leugne nicht, was liebreich dazumal
Gesagt ward: schrecklich war der Dame Wahl.

39.

Verzeiht den Absprung, wollt ihr ihn nicht lesen,
   Denn ein Moralzweck ist damit vereint,
Wie etwa mit dem Beten vor dem Essen:
   Gleich alter Tante, langweiligem Freund
Und strengem Vormund ist — (nicht zu vergessen!)
   Zu bessern meine Muse nur gemeint,
Und zwar jedweden und zu allen Zeiten,
Was meinen Pegasus so ernst läßt schreiten.

40.

Doch unmoralisch werd' ich jetzt: ich suche
　　Zu zeigen alles, wie es wirklich ist,
Nicht wie es sollte sein. So lang dem Truge
　　Sich unser Blick noch ernstlich nicht verschließt,
Sind wir der Beßrung mit der Tugend Pfluge
　　Noch fern: die Oberfläche, welche wüst
Von Unkraut, ritzt er nur, die dann, gedüngt
Mit Lastern, auch hervor nur Laster bringt.

41.

Von Leila sei zu reden mir vergönnt
　　Zuerst; jung sie und rein wie Morgenschein,
Wie Schnee (ein altes Bild, das jeder nennt),
　　Der reiner manchmal mag als lieblich sein,
Gleich manchen Leuten, welche jeder kennt.
　　Don Juan war erfreut, das Kind, so rein,
In guter Obhut jetzt zu sehn, was gar
Nicht schädlich für die junge Waise war.

42.

Auch fand er, daß ihm die Erziehergaben
　　Abgingen — (thäten's andre ihm doch nach!)
Drum wollt' er nichts zu thun mit derlei haben —
　　Ein schlechter Vormund bringt dem Mündel Schmach),
Und drum, als sich so viele Mühe gaben,
　　Zu zähmen seine kleine Türkin, sprach
Den Laster=Unterdrückungs=Klub er an
Um Rat und wählte Lady Pinchbeck dann.

43.

Alt war sie, doch sie war einst jung gewesen —
　　Recht tugendhaft — doch dies auch wohl zuvor,
Obgleich die Welt, allzeit geneigt zum Bösen,
　　Behauptet — doch in mein so keusches Ohr
Soll sie nicht eines Wortes Echo flößen,
　　Das unrecht — krank macht stets mich solch ein Chor
Von häßlich ekelhaften Klatschereien,
Die stets das Menschenvieh muß wiederkäuen.

44.

Zudem bemerkt' ich — (und ich war vor Jahren
   Auch ein Beobachter, obgleich bescheiden)
Und jeder, wer kein Pinsel, kann's gewahren,
   Daß Damen, die sich ihrer Jugend freuten,
Die mit der Welt bekannt drum und erfahren,
   Was die Verirrungen in ihr bedeuten,
Viel weisre Warner sind vor allen Wehen,
Die leidenschaftslos Kluge nie verstehen.

45.

Wenn sich für ihre Tugend schadlos hält
   Der Spröden Neid, die dir verdächtig macht
Die Liebe, dir zu schaden vor der Welt,
   Nicht, dich zu warnen, wie vielleicht sie sagt,
Mahnt die Veteranin ruhig dich und stellt
   Dir vor, was folgt, wenn du zu unbedacht;
Der Liebe Anfang, Mitte und ihr Ende
Zeigt besser sie, als jemand sonst es könnte.

46.

Ob deshalb nun, ob, weil sie strenger sind
   Und auch, warum es nötig, wohl verstehen:
Man findet immer, daß ein holdes Kind
   Von solcher Mutter, die die Welt gesehen,
Nicht sie aus Büchern kennt, sehr viel gewinnt
   Bei Smithfield=Jungfernschau, wohin sie gehen
Zum Ehstandsmarkt — vorab vor allen jenen
Von Prüden ohne Herz erzognen Schönen.

47.

Beklatscht ward einst auch Dame Pinchbeck zwar,
   Was jedes Weib, das jung und schön, erfährt;
Doch der Skandal verstummte ganz und gar,
   Sie galt jetzt nur für witzig und gelehrt,
Und ihre bons mots zogen wunderbar.
   Sie war barmherzig, fromm und ward verehrt
Zum wenigsten in ihres Lebens Neige
Drum als ein Weib, dem kaum ein andres gleiche.

48.

In hehren Kreisen hehr, im eignen mild,
   War sie der Jugend milde Tadlerin,
Wenn diese je (was täglich heißt) gewillt
   Zu weichen von dem rechten Pfade schien.
Wie viel sie Gutes that, ward nie enthüllt,
   Was drum zu künden außer stand ich bin;
Und für des Ostens kleine Waise fühlte
Sie ein Intresse, das sich nicht verkühlte.

49.

Auch Juan stand in Gunst bei ihr, weil er
   Ihr gut im Grund des Herzens schien — vielleicht
Etwas verdorben, doch nicht allzusehr;
   Kein Wunder, denkt man nur, wer ihn gezeugt,
Und was erfahren er zu Land und Meer —
   Zum Untergang hätt's manchem wohl gereicht,
Ihm nicht, er hatte schon zu viel gesehen
Als Jüngling, um nicht alles zu bestehen.

50.

Die Jugend solcher Wechselfälle lacht;
   Doch kommen sie, wenn reifer wir an Jahren,
Dann werden alle Parzen gleich verklagt,
   Dann staunen wir, daß sie nicht weiser waren.
Zum Licht der Wahrheit führt der Weg durch Nacht,
   Und wer Krieg, Sturm und Frauengroll erfahren,
Ob achtzehn oder achtzig alt, der hat
Erfahrung, die höchst wichtig, in der That;

51.

Ob fruchtbar? ist ein andres. Unser Held
   War froh, als er der Dame zu bewachen
Jetzt seinen Schützling gab; denn da vermählt
   Die jüngste Tochter, konnte sie vermachen,
Was an Vollkommenheiten dieser Welt
   Ihr blieb, nun dieser Kleinen, gleich dem Nachen
Des Lord=Mayors[5]) — falls musenhafter diese
Figur nicht Cythereens Muschel hieße.

52.

Vermachen, sagt' ich, weil es ganz gewiß
Ein flüssiger Saldo von Vollkommenheiten,
Der immer sich vererbt von Miß zu Miß
Gemäß des Geists, der Hände Fähigkeiten.
Die malt, die walzt — in Metaphysicis
Versucht sich jene, andere bescheiden
Sich mit Musik und mit des Witzes Gaben,
Derweil Talent zu Krämpfen manche haben.

53.

Doch ob nun Witz, ob Krämpfe, Harfenschlagen,
Ob schöne Kunst und schönere Korsette
Für Herrn und Grafen hier in unsren Tagen
Die Köder, wird der Saldo doch, der nette,
Von einem Jahr ins andre übertragen —
Und jede neue holde Jungfrau hätte
Auch gern ihr Teil am Tageslob; so einzig
Zwar alle, säh'n sie lieber doch zu zwei'n sich.

54.

Doch jetzt will ich beginnen mein Gedicht;
Seltsam ist dies vielleicht, wenn nicht ganz neu,
Daß ich bis hierher noch begonnen nicht,
Obgleich zu singen hier so mancherlei.
Die ersten zwölf Gesänge sind ein schlicht
Und einfach Vorspiel nur, damit dabei
Die Saiten meiner Leier ich probiere
Und stimme — hierauf kommt die Ouvertüre,

55.

Da meine Musen keinen Deut sich kehren
An das, was man Erfolg nennt — allzuweit
Ist's unter ihrer Würde, denn sie lehren
Morallektionen nur für jede Zeit.
Zwei Dutzend Cantos, dacht' ich anfangs, wären
Genug; doch da Apollo mir gebeut,
Wird wohlgemach durch hundert fort trottiert,
Sofern mein Pegasus nur müd' nicht wird.

56.

Den Mikrokosm auf Stelzen, der verkehrt
   Die große Welt heißt und die kleine ist,
Sah Juan hier; und wie der Griff am Schwert,
   Durch den dem Streich ihr Nachdruck geben müßt,
Wenn ihr im Kampf zu schwingen es begehrt,
   So muß die niedre Welt, wie ihr es wißt,
Der hohen folgen, die ihr Griff allein,
Ihr Sonn= und Mond=, Gas= und Laternenschein.

57.

Er hatte Freunde, welche Weiber hatten,
   Und stand bei beiden gut bis zu dem Maße
Der Freundschaft, die nicht nutzen kann, noch schaden,
   Und die die Räder nur der höhern Klasse
Im Gang zu halten dient bei Maskeraden
   Und Festen — und allnächtlich zwar; ich spaße
Gewiß nicht — denn solang noch neu es eben,
Wird man nur selten satt ein solches Leben.

58.

Ein junger, lediger Mann, zumal mit viel
   Vermögen, hat ein närrisch Spiel zu wagen,
Dieweil die haute volée ein bloßes Spiel,
   Das „königliche Gansspiel", so zu sagen;
Hat jedermann doch sein besondres Ziel
   Und seinen eignen Zwecken nachzujagen;
Die ledigen Damen wünschen sich zu paaren,
Und die vermählten jenen Müh' zu sparen.

59.

Ich mein' es allgemein nicht, doch wir sehen
   Gar viele der Exempel; mag auch grade
Und aufrecht gleich der Pappel manche stehen,
   Die gute Grundsätze zu Wurzeln hatte,
Sieht man zu Werk doch andre netzweis gehen
   Als Männerfischerinnen am Gestade
Der Ehe; sprich nur sechsmal mit solch einer,
Und fertig harrt gewiß das Brautkleid deiner.

60.

Bald schreibt die Mutter dir, um dir zu sagen,
　Du habest ihrer Tochter Herz umspannt;
Und bald besucht der Bruder dich, zu fragen —
　(Ganz Bart und Schnürleib) — wie es denn bewandt
Mit deiner Absicht sei; was ist zu machen?
　Der Jungfrau Herz erwartet deine Hand,
Und zwischen Mitleid so für sie und dich
Wählst du die Eh' als Mittel sicherlich.

61.

So sah ein Dutzend Heiraten ich schmieden
　Im höchsten Stand; manch jungen Mann desgleichen,
Den man, weil er zu sprechen stets gemieden
　Von dem, was er noch nie geträumt zu zeigen,
Doch endlich und recht klüglich ließ in Frieden —
　Kein Schnurrbart konnt', kein Seufzer ihn erweichen;
Und gleich der herzgebrochnen Schönen war
Er glücklicher, denn's möglich wär' als Paar.

62.

Allnächtlich gibt's für den Uneingeweihten
　Noch eine Klippe, nicht als Ehe, nein,
Doch darum noch nicht weniger zu meiden;
　Es ist — (und hier gedenk' ich nicht den Schein
Der Tugend selbst dem Laster abzuschneiden,
　Der oft den äußern Anstand muß verleihn)
Wo jene Zwitterart von Vetteln droht,
Couleur de rose — die weder weiß noch rot;

63.

So die Kokette, die nicht „Nein" kann sprechen
　Und „Ja" nicht sagen will, und so dich hält
Auf schwanker Flut, bis wild es stürmt, und brechen
　Dein Herz sie höhnisch sieht; welch eine Welt
Von Seufzern schafft dies und von Thränenbächen,
　Für neue Werther welch ein reiches Feld!
Doch ist's ein harmlos Liebeln nur vielleicht —
Nicht Unzucht, ob es ihr aufs Haar auch gleicht.

64.

Ein Schwätzer werd', ihr Götter, ich. Nur weiter:
　　Zunächst kommt die Gefahr (setz' ich zufernst
Auch hier sie) wenn dich — ohne Rücksicht leider
　　Auf Kirch' und Staat — ein Ehweib liebt im Ernst.
Sonstwo ist man in diesem Punkt gescheiter,
　　Wie, junger Wandrer, du im Ausland lernst;
Doch in Alt=England, irrt ein junges Weib,
Ist Evas Fall dagegen Zeitvertreib.

65.

Ein frommes Humbug=Zeitungs=Pinselland
　　Ist's, wo ein junges Paar dem Zeterschrei
Der Welt verfällt durch solch ein Freundschaftsband;
　　Dann kommt des Schadengeldes Prellerei,
Wenn ein Verdikt den Grad und Preis erkannt
　　Solch einer zartromant'schen Liebelei, [6]
Wozu die Anwaltreden und Beweise
Noch kommen, diese edle Zeitungsspeise.

66.

Doch die so straucheln, sind nur Stümperinnen;
　　Da etwas geniale Heuchelei
Den Ruf von tausend edlen Sünderinnen
　　Bewahrt, die, routiniert in Buhlerei,
So fein und züchtig ihre Netze spinnen,
　　Die stolzesten der Adelsklerisei,
So keusch, bezaubernd, edel sie — und bloß,
Weil ihr Geschmack und Takt dabei gleich groß.

67.

Kein Neuling war der Don, und eine Wehr
　　Drum hatt' er, da so weh ihm manchmal ward;
Nicht wörtlich mein' ich's — doch da er vorher
　　So oft geliebt schon, war er nicht so zart
Von Herzen mehr — dies mein' ich nur, nichts mehr,
　　Und ohne daß in irgend welcher Art
Ich über blaue Augen, blaue Strümpfe
Und weiße Hälse hier die Nase rümpfe.

68.

Doch jung, aus Ländern kommend, so romantisch,
　Wo Leben, nicht Prozesse bloß, zu wagen
Für Liebe, welche selbst dort wild, bacchantisch,
　Erschien sie eine nur der Modesachen
Ihm hier, so kaufmännisch und so pedantisch,
　Mocht' ihm auch das Moralvolk sonst behagen;
Zudem — (verzeiht, daß sein Geschmack so schlecht)
Gefielen ihm die Fraun zuerst nicht recht.

69.

Ich sage bloß: zuerst; er fand zuletzt,
　Zwar mählich nur, daß sie viel schöner seien
Als jene Damen, welche, ausgesetzt
　Oestlicher Sonne, heißrer Glut sich freuen.
Ergo: nicht rasch geurteilt: aber jetzt
　Ließ er sich beßre Prüfung nicht gereuen.
Die Wahrheit ist, daß immer in der Welt
Das Neue überrascht, eh' es gefällt.

70.

Gereist wohl bin ich, doch gekommen nie
　Bis zu den „Negerschuften" und dem Niger,
Noch nach Timbuctu, wo Geographie
　Noch keinen fand, der auf der Karte sicher
Und zuverlässig es vermerkt für sie —
　Europa pflüget dort als ein bos piger;
Doch hätt' ich jene Länder all' gesehn,
Dann hätt' ich wohl gehört auch, schwarz sei schön.

71.

Es ist's. Ob schwarz auch weiß, beschwör' ich nicht;
　Doch weiß ist schwarz — vermutlich (und die Sache
Liegt demnach wohl allein an dem Gesicht)
　Der Blinde kann entscheiden diese Frage.
Greift diesen neuen Satz nur an, doch kriegt
　Ihr mich nicht unter; Nächte nicht, noch Tage
Gibt's für den Blinden — Dunkel hüllt ihn ein —
Und was seht ihr? Höchst zweifelhaften Schein!

72.

Doch halt! eh' in Metaphyſik ich falle,
　Ein Labyrinth, in dem man ewig irrt,
Wie eure Mittel gegen Schwindſucht alle —
　Ein Mottenſchwarm. der um die Flamme ſchwirrt,
Die ſtirbt. Dies bringt mich nun mit einemmale
　Darauf, wie andrer Frauen Schönheit wird
Beſtehn vor unſren Perlen, die, ich weiß,
Polſommern gleich: ganz Sonne und viel Eis —

73.

Ja — oder ſagt Meerjungfern, die beginnen
　Mit ſchönem Antlitz und als Fiſche enden;
Nicht, daß nicht manche auch, die ihren Sinnen
　Gehörig Rechnung trügen, hier ſich fänden.
Aus heißem Bad ins Kalte ſpringend, innen
　So tugendhaft, ſelbſt wo ſie ſchwach ſich wenden
Zur Sünde, ſtürzen ſie ſich ſtets aufs neue,
Wenn ſie einmal erglüht, ins Eis der Reue. [7])

74.

Doch dies iſt alles fremd den Außenſeiten;
　Der Don fand ſie zuerſt nicht ſchön, dieweil
Die ſchöne Britin immer ganz beſcheiden
　(Aus Mitleid!) ihrer Reize beßren Teil
Verbirgt, um lieber ſanft ins Herz zu gleiten,
　Als es zu ſtürmen; aber wenn, o Heil!
Sie erſt darin (probiert es nur!) — dann würde
Nicht feſter ſtehn der treuſte Alliierte.

75.

Sie ſchreitet ſtolz nicht wie ein Berberpferd,
　Gleicht der Franzöſin nicht, ſo leicht, gewandt,
Nicht Spaniens Maid, die aus der Meſſe kehrt,
　Auſoniens Glut iſt nicht in Blick entbrannt,
Die Stimme, in Bravuras nicht gelehrt,
　Woran ich niemals noch Gefallen fand,
Obgleich ich in Italien manches Jahr
Verbracht und des Gehörs nicht völlig bar.

76.

All dies und manches andre sie nicht kann
　In der gewandten Art, die uns, zu geben
Dem Teufel seinen Zoll, so oft gewann;
　Auch lächelt sie zuerst mit Widerstreben,
So daß so rasch nicht alles abgethan,
　Wie Zeit ersparen dies und überheben
Der Müh' uns könnt'; und doch sie nicht zu schonen
Ist rätlich, denn es wird sich zwiefach lohnen.

77.

Und faßt sie wirklich eine grande passion,
　Dann wird die Sache ernst; neunmal von zehn
Ist es Kaprice, oder weil's bon ton,
　Koketterie, ein Wunsch, voran zu stehn,
Der Damen Neid zu sein in dem Salon
　Und bluten einer andern Herz zu sehn;
Doch in dem zehnten Fall ein Sturmwind: dann
Weiß niemand, was sie thun wird oder kann.

78.

Der Grund ist klar, denn kommt es zum Eklat,
　Verliert sie ihre Klasse, wie die Parias,
Und wenn erst jede Zeitung fern und nah
　Den Fall erzählt mit allen seinen variis:
Verbannt die Heuchlerin Gesellschaft ja
　Sie flugs, zu sitzen wie der große Marius
Auf ihrer Schuld Ruinen; schwer ist, traun,
Dies ihres Rufs Karthago aufzubaun.

79.

Vielleicht ist's recht — ein Kommentar gewiß
　Zur Bibelstelle: Sündige nicht mehr,
Dann ist vergeben dir! — doch mögen dies
　Die Heiligen selber schlichten. Viel und schwer
Wird anderwärts gesündigt, doch man ließ
　Verirrten stets die Thür der Wiederkehr
Zur Tugend offen, wie das Weib geheißen,
Das keinen sollte von der Schwelle weisen.

80.

Doch ob nicht weiter noch vom rechten Pfad
　　Abseits solch unbequeme Tugend führt,
Dies weiß ich nicht, da jemals kaum die That
　　So sehr gescheut als die Entdeckung wird.
Und Keuschheit? welch Gesetz, wie streng auch, hat
　　Sie je gefesselt? neue Schuld gebiert
Es einzig, treibt man die, die sonst bereut
Noch hätten, zur Verzweiflung ungescheut.

81.

Nie hatte über Lehren der Moral
　　Juan gegrübelt, hatte zudem in
Der schönen Damen ungezählter Zahl
　　Gesehn nicht eine ganz nach seinem Sinn.
Etwas blasé, war's seltsam nicht einmal,
　　Daß seines Herzens Rinde nicht so dünn,
Da er durch frühres Glück nicht eitler zwar,
Doch weniger empfänglich worden war.

82.

Auch war er sonst sich umzusehn bedacht
　　Im Parlament und in manch andrem Haus,
Und lauschte den Debatten jede Nacht,
　　Die sonst die Welt gemahnt (elapsa laus!)
Zu schaun das Meteor, das hier entfacht,
　　Zu strahlen bis zum fernsten Pol hinaus;
Stand oft auch hinterm Thron, als Grey noch dort
Nicht angekommen war, und Chattam fort.

83.

Auch sah er hier am Schlusse der Session
　　Den edlen Anblick, wenn in Wahrheit frei
Ein Volk ist und der Fürst auf seinem Thron,
　　Der dann des reinsten Stolzes Sitz — (denn sei
Dies auch Despoten fremd: doch wird sie schon
　　Die Freiheit noch belehren) — und dabei
Ist's nicht der Glanz, was, o, so hehr zu schauen
Für Herz und Auge — nein, des Volks Vertrauen.

84.

Dort sah er — (wie er jetzt sich immer zeigen
 Auch mag) — den ersten Prinzen jener Zeit;
Bezaubernd war er, ja, schon im Verneigen,
 Und viel versprechend, wie wenn frisch es mait;
Auf seiner Stirn stand: König; aber eigen
 War ihm die Anmut, welche weit und breit
So selten: ganz ein Gentleman und rein
Von jedem Stutzerbeigeschmack zu sein.

85.

Und in die besten Kreise eingeführt
 Ward Juan, wie gesagt — und hier geschah,
Was sonst auch manchmal, fürcht' ich fast, passiert,
 Wie fein der Ton auch, den er dorten sah.
Sein heitres Wesen, frei und ungeniert,
 Dazu sein schönes Aeußre, wie dies ja
Natürlich, setzten der Versuchung ihn
Oft aus, obgleich er sie zu meiden schien.

86.

Doch wie? durch wen? und wo und wann? all das
 Fügt nicht so rasch zusammen mein Gedicht;
Und da Moralität mein Thema, was
 Die Welt auch sagen mag, so weiß ich nicht,
Ob ich nicht jeden Lesers Auge naß
 Noch werden lasse, bis das Herz ihm bricht,
Ein Riesendenkmal hauend aus dem Pathos,
Wie Philipps Sohn es vorschlug mit Berg Athos. [8])

87.

Des Eingangs zwölfter Canto hier sich schließt,
 Und wenn des Buches Text zuerst begann,
Dann findet ihr, daß andrer Art es ist,
 Als mancher es verschreit; noch ist der Plan
Im Werden — wer darum nicht weiter liest,
 Den zwing' ich nicht — den Leser geht es an,
Nur ihn, nicht mich; dieweil ein großer Geist
Nicht Beifall sucht, noch auch ihn von sich weist.

88.

Und rollt nicht stets mein Donner, der verzog,
      Bedenkt, daß ich zu schauen euch vergönnte
Den schlimmsten Sturm, der Schlachten beste doch,
      Wie Blut sie je gebraut und Elemente,
Zudem das Hehrste von Gott weiß was noch,
      Was einem Wuchrer selbst genügen könnte;
Der beste Canto aber, bis auf d e n
Vom Monde, wird um Staatshaushalt sich drehn.

89.

Ein populäres Thema in der That!
      Und Patriotismus ist's, dem Volk zu sagen
Jetzt, da kaum einen Pfahl der Zaun am Staat
      Noch hat, den besten Weg, Bankrott zu machen.
Mein Plan — (ich halt' aus Laune meinen Rat
      Zurück) — kann nicht verfehlen anzuschlagen;
Vertraut indes der Staatsschuld großen Lenkern
Und sagt mir, was ihr denkt von unsren Denkern.

Dreizehnter Gesang.

1.

Jetzt will ich ernst sein — Zeit ist's, wie ich finde:
    Man nimmt zu ernst das Lachen heutzutag;
Des Lasters spotten, heißt der Tugend Sünde
    Und gilt für schädlich Kritikern von Fach.
Auch ist der Ernst des Hehren Quell — und münde
    Er gleich ins Meer der Langweil' nach und nach;
Drum schwebe hehr und ernst mein Sang anitzt,
Dem Tempel gleich, der sich zum Turme spitzt.

2.

Die Dame Adeline Amundeville
    (Ein alter Normann=Name, noch zu sehn
In Stammregistern, wenn man nur sich will
    In jenen letzten Goten=Aun ergehn)
War hochgeboren, reich durch Kodizill,
    Verehrt und schön selbst dort, wo alles schön,
In Albion, das dem echten Landesfreund
Der beste Grund für Leib und Seele scheint.

3.

Ich widersprech' dem nicht, noch kehrt's mich, traun!
    Noch ihr Geschmack, der beste in der Welt;
Denn Aug' ist Aug' — ob blau es oder braun,
    Ist einerlei, sofern es nur gefällt.
Zu was der Streit? schön sind, die freundlich schaun,
    Und daß man stets für schön die Schönen hält,
Ist billig — und kein Mann vor dreißig sollte
Ansehn als bloßes Weib solch eine Holde.

4.

Und kommt zuletzt der dumpfen Ruhe Zeit
   Im Hafen stiller Tage, da wir spüren,
Daß sich des Lebens Vollmond nie erneut,
   Dann mag erlaubt es sein zu kritisieren,
Weil einzulullen die Gleichgültigkeit
   Die Leidenschaft beginnt, und Weisheit führen
Uns will — Gestalt und Antlitz auch uns sagen,
Es sei jetzt Zeit, den Jüngren Platz zu machen.

5.

Zurück gern schöbe mancher diese Aera,
   Wie keiner, der im Amt, es gern verliert;
Doch ist dies eine trügliche Chimära,
   Derweil die Mittagslinie schon passiert.
Was bleibt dann noch, als Rheinwein und Madeira,
   Womit genetzt des Rückgangs Dürre wird?
Und Grafschaft=Meetings, Schulden, Parlament
Sind noch die einz'gen Tröstungen am End'.

6.

Und gibt es nicht Reform und Religion?
   Das Ringen nicht, im Sturm Pilot zu sein?
Nicht Frieden, Steuern, Krieg, Spekulation
   Und was man Volk nennt? kann man sich nicht freun
Am Haß, der warm das Herz noch hält, wenn schon
   Die Liebe kalt, weil Täuschung sie allein?
Haß ist die dauerndste Freude, da stets fast
Der Mensch schnell liebt, doch ganz gemächlich haßt.

7.

Johnson, der große Moralist, gestand
   Ganz offen: einen offnen Hasser lieb'-er;
Die einz'ge Wahrheit, die ein Mensch bekannt
   Seit an die tausend Jahre und darüber.
Scherz war's vielleicht, daß er es also fand;
   Doch ich bin bloß Beobachter, und über
Palast und Hütte lass' ich drum im Kreise
Die Blicke schweifen in Mephistos Weise.

8.

Doch haff' und lieb' ich nicht im Uebermaß,
    War einst es anders gleich. Spott' ich zuzeiten,
Ist's, weil ich weniger nicht kann, und daß
    Mir so manchmal die Verse besser gleiten.
Gern macht' ich Unrecht gut und lehrte, was
    Ich manchmal tadeln muß, euch alle meiden,
Hätt' uns Cervantes nicht zu wahr und treu
Gezeigt an Quichotte, wie umsonst es sei.

9.

Die traurigste der Mären dies, zumal
    Da sie uns lachen macht; der Held hat recht
Und folgt dem Rechten nur — sein Streben all:
    Ungleichen Kampfs zu steuern dem, was schlecht.
Sein Lohn ist Narrheit — traurig ist der Fall,
    Daß nutzlos all sein Mühn, wie kühn er fecht',
Und trauriger noch die Moral für den,
Der denkt, die aus dem Buche zu ersehn.

10.

Gut machen Unrecht und Beleid'gung rächen,
    Schutz leihn den Frauen, Schurken niedertreten,
Den Mächt'gen all sich stemmen kühn entgegen,
    Von fremdem Joch des Landes Söhne retten —
Solch edles Ziel, so menschlich allerwegen,
    Wär' nur ein Traum der Phantasie? Wir hätten
Zum Spaß es nur erstrebt durch Kampf und Not?
Sokrates wär' ein Wahrheits-Don Quichotte?

11.

Cervantes lachte Spaniens Rittertum
    Hinweg — des eignen Landes rechten Arm
Hat er gelähmt — kaum kannt' es Heldenruhm
    Je nachher noch; so lang Romantik warm
Es noch durchglühte, war es stark — und drum
    War auch sein Buch so schädlich, weil es arm
An Ruhm sein Land gemacht hat, und als Dichtung
Berühmt nur ward durch jenes Ruhms Vernichtung.

12.

Ich schweife wieder ab, vergesse gar
   Die Dame Adeline Amundeville,
Die die gefährlichste der Schönen, zwar
   Ganz ohne Harm, für Juan; doch ein Spiel
Der Leidenschaft, des Schicksals war's, fürwahr,
   (Dies soll entschuld'gen stets, was jene will)
Und fing im Netz sie — was nicht all schon fing's?
Doch bin kein Oedipus ich für solche Sphinx.

13.

Die Mär' erzähl' ich, wie erzählt sie ward,
   Und wage keine Lösung — Davus sum. ¹)
Jetzt komm' ich zu dem Paar. Adeline, zart
   Und hold, die Bienenkön'gin im Gesumm
Der muntren Welt — ein Spiegel jeder Art
   Von Schönheit, machte alle Weiber stumm
Und alle Männer schwatzen; jenes galt
Als Wunder und erneut sich nicht so bald.

14.

Keusch, zur Verzweiflung fast der Schmähsucht — grade
   Vermählt an einen, dem ihr Herz gehörte;
Ein Mann, bekannt in seines Volkes Rate,
   Kühl, englisch, dessen Fassung gar nichts störte,
Obgleich auch feurig, wo er's nötig hatte,
   Stolz auf sich selbst und sie: die Welt empörte
Es fast, daß nichts zu häkeln hier — es schien,
Die Tugend schütze sie, und Hochmut ihn.

15.

Es traf indes sich, daß durch Diplomaten=
   Bezüge in Berührung mußten kommen
Er und der Don, und sie sich also nahten.
   Rückhaltend war er und nicht eingenommen
Durch äußren Schein; Talent und Jugend thaten
   Jedoch beim Don das Ihre, bis entglommen
So ein Gefühl der Achtung, das am End'
Zu dem wird, was man höfisch Freundschaft nennt.

16.

So war Lord Henry, welcher so vorsichtig,
　　Als Stolz und Kälte machen — stets bedacht
In seinem Urteil; doch wenn er's für richtig
　　Zuerst erkannt, so starr, als Stolz nur macht,
Des Strom nicht ebbt und, ob auch noch so wichtig
　　Es wäre, nie nach Recht und Unrecht fragt
Und nur nach seines Gutdünkens Entscheidung
Haßt oder liebt, verschmähend jede Leitung.

17.

Sein Wohl= und Uebelwollen, welches gut
　　Begründet oft — (bestärkend so noch mehr
Sein Vorurteil) — nahm nie — und also thut
　　Der Perser recht — zurück, was ging vorher.
Nicht wechselnd sein Gefühl wie Fieberglut
　　Und Frost, nein, fest — und drum beweinte er
Nicht was zum Lachen, wie es jene thun,
Die jetzt in Frost und in der Hitze nun.

18.

Der Sterbliche kann nie Erfolg erzwingen —
　　Thu mehr, Sempronius: verdien' ihn nicht, [2)]
Und weniger wirst du deshalb nicht erringen;
　　Sei klug — die Stunde nütz', eh' sie verfliegt —
Weich aus, wo es zu schwer ist durchzudringen,
　　Und stähle dein Gewissen, wenn's zu schlicht:
Dann, einem Renner gleich durch das Trainieren,
Wirst ohne Mühe Großes du vollführen.

19.

Lord Henry stand auch gerne obenan,
　　Wie fast die meisten, Große so wie Kleine;
Der Niedre findet selbst noch niedrern Mann,
　　(Glaubt's wenigstens) an ihm zu üben seine
Gewalt; nichts drückt so schwer, als — (denkt daran!)
　　Des Stolzes Wucht zu tragen ganz alleine,
Die jeder gern großmütig teilt: indem
Er andre ziehn läßt, fährt er selbst bequem.

20.

Gleich an Geburt, Vermögen, Rang zumal,
　　So daß er hier dem Don voran nicht stand,
Wenn auch an Jahren durch die größre Zahl,
　　Desgleichen, wie er dachte, durch sein Land,
Weil Wort und Kiel der Briten ohne Wahl
　　Ganz frei, die allwärts sonst noch stets in Band
Und Fessel — auch ein Mann gewalt'ger Rede
War er, und niemand sprach im Haus so späte.

21.

Vorzüge dies; auch dacht' er, was nicht grad'
　　Unrichtig war, daß niemand aufgelesen
So viel Mysterien von Hof und Staat
　　Als er, da selbst Minister er gewesen.
Er lehrte gern, was er gelernt — und that
　　Sich gern hervor, wo nur ein Anlaß dessen,
In sich vereinend, was des Mannes Zierde:
Stets Patriot und oft in Amt und Würde.

22.

Den Spanier mocht' er ob des Ernstes leiden,
　　Verehrte fast ob seines Anstands ihn;
Denn widersprach er, that er's nur bescheiden,
　　Derweil sein Beifall stets so herzlich schien.
Weltkenntnis ließ ihn nicht zum Bösen deuten
　　Die Fehler, die, so lang die Jugend grün,
Oft Zeugnis für des Bodens Güte geben,
Sofern sie eine Schur nicht überleben.

23.

Und dann auch sprach er mit ihm von Madrid,
　　Konstantinopel oder andern Städten,
Wo jeder thut, was man ihn heißt und mit
　　Des Auslands Anstand manches sonst; vom Wetten
Und Rennen sprachen sie — Lord Henry ritt
　　(Als ob's nicht alle fast in England thäten!)
Und Juan, der ein Andalusier war,
So gut, als seine Russen je ein Zar.

24.

Und die Bekanntschaft wuchs bei edlen Mahlen
    Und diplomatischen Diners; als guter
Politiker hielt Don Juan sich mit allen,
    Wie in der Maurerei ein höhrer Bruder;
Und sein Talent ließ allwärts ihn gefallen,
    Sein Anstand zeigte wert ihn edler Mutter;
Auch sind gern alle gastlich gegen den,
Des Stand und Sitten sie gleich edel sehn.

25.

Im Blanc=Blanc=Viertel — doch wir übergehen
    Der Straße Namen, denn die Tadler freuen
Sich, Unkraut in des Dichters Korn zu säen,
    Und wittern nie gemeinte Sticheleien
Auf Liebeshändel allwärts, die bestehen,
    Bestanden oder im Entstehen seien;
Vorsorglich drum erklär' ich hier voraus,
Im Blanc=Blanc=Viertel stand Lord Henrys Haus.

26.

Noch eine andere Bewandtnis hat es,
    Die, Straßen hier zu nennen, mir verbittert:
Weil nicht ein Jahr vergeht, daß ohne Gnad' es
    Nicht dies und jenes edle Haus erschüttert
Mit einem Herzbruch häuslichen Verrates —
    Ein Thema, wie Verleumdung stets es wittert,
Und so was könnt' ich zufällig berühren,
Bekannt nicht mit den keuschesten Quartieren.

27.

Wahr — Piccadilly hätte mögen passen,
    Denn dort sind unbekannt die kleinen Sünden; [3])
Und doch geschieht's, wenn ich beiseite lassen
    Dies reine Heiligtum jetzt will, aus Gründen.
Und darum nenn' ich Straßen nicht noch Gassen,
    Bis eine wir, worin nichts faul ist, finden;
Ein Jungfernschrein von Unschuld muß es sein,
Als da — der Name fällt nicht gleich mir ein.

28.

In Henrys Haus im Blanc=Blanc=Viertel war
    Juan ein stets willkommner Gast, wie noch
Manch andrer edle Sproß, und mancher zwar,
    Des Wappen für Talent und Bildung zog,
Wie Andrer Reichtum, welcher immerdar
    Ein Passepartout — wie Mode, welche doch
Die sicherste Empfehlung; schöne Kleider
Genügen oft — und gar nichts braucht es weiter.

29.

Und da man sicher geht, wo viele raten,
    Wie Salomo, der Weise, schon gesagt,
Sofern es andre nicht statt seiner thaten —
    (Die Probe sehn alltäglich wir gemacht
Im Wortstreit vor Gericht und in Senaten,
    Wo nur Kollegienweisheit prahlend tagt,
Was auch der einz'ge Grund ist ohne Frage
Für Englands Glück und Reichtum heutzutage)

30.

Und wie, wo viele raten, Sicherheit
    Für Männer: also eine große Zahl
Von Freunden Sicherheit dem Weibe leiht;
    Denn schwankt die Tugend je, bringt schon die Wahl
In Zweifel sie und in Verlegenheit;
    Inmitt der Klippen ist man hundertmal
Vorsicht'ger: so beim Weib — ihm gibt die Menge
Der Stutzer Sicherheit in dem Gedränge.

31.

Doch solchen Schild Adeline nicht begehrte,
    Der kaum noch ein Verdienst der Tugend wie
Erziehung läßt; ihr Geist, der aufgeklärte
    Und hehre, brauchte solchen Schutzes nie.
Die Menschen schätzte nach dem wahren Werte
    Sie einzig und verschmähte Koketterie,
Da ihr Bewundrung, der in jeder Weise
Sie sicher, nur wie eine Alltagsspeise.

32.

Und jedem war sie höflich, ohne Schein,
    Aufmerksam manchmal, doch in einer Art,
Die schmeichelt, ohne drum zu schließen ein
    Das Kleinste nur, was als nicht völlig zart
Unwürdig eines Weibes möchte sein —
    Voll sanfter Freundlichkeit, mit Huld gepaart,
Für jene, die berühmt, halb oder ganz,
Zum Trost für ihres Ruhmes öden Glanz,

33.

Der meistenteils — und nur höchst selten nicht —
    Ein unfruchtbar Geschenk. Sieh auf die Schatten
Berühmter Männer, die im eitlen Licht
    Des Ruhms geprangt und Ruh' und Rast nicht hatten,
Von ihm verfolgt — sieh hin, und wo sich flicht
    Im Sonnenhingangsglanz ruhmvoller Thaten
Der Lorbeer um die Stirn: was kannst erschauen
Du dorten? Ein vergoldet Wolkengrauen!

34.

Auch hatte Adeline, wie ihr leicht
    Euch denkt, die vornehm ruhige Manier,
Die niemals von der Mittellinie weicht,
    Und welche stets der einz'ge Leitstern ihr,
So, wie ein Mandarine nie es zeigt,
    Er schätze irgend etwas nach Gebühr,
Erfreut er auch im Innern sehr sich dessen —
Vielleicht entliehn wir dies von den Chinesen;

35.

Vielleicht auch von Horaz, der sein famos
    Nil admirari jenes Einz'ge nennt,
Was glücklich macht; doch wer, ob klein, ob groß,
    Der Künstler, der genau dies Einz'ge kennt?
Gleichwohl ist Vorsicht gut, und teilnahmlos,
    Gleichgültig mußt du scheinen; denn entbrennt
Dein Enthusiasmus jäh, wo guter Ton,
Verfällt die geist'ge Trunkenheit dem Hohn.

36.

Doch kalt war Adeline nicht, so daß ich
　　Sie dem Vulkan vergleiche, deffen Feuer
Tief unterm Schnee im Innern lobert, was ich
　　Noch weiter führen könnte, wäre neuer
Das Gleichnis; doch es tot zu hetzen haff' ich
　　Und laff' Vulkan drum sein Vulkan, der heuer
So oft durchstöbert wird — von uns und auch
Von andern, bis die Glut erstickt im Rauch.

37.

Doch flugs ein andres Gleichnis ich jetzt weiß:
　　Paßt eine Flasch' Champagner hier nicht — was?
Gefroren ganz zu wenig edlem Eis
　　Mit wenigen Tropfen von dem Götternaß
Im Mittelpunkt, die über allen Preis;
　　Ein Gläschen voll ist kaum noch flüffig, das
Viel stärker ist, als je ein Rebensaft
Ward ausgepreßt, voll Glut und edler Kraft,

38.

In ein Extrakt gebracht des Geiftes Fülle;
　　Und solch ein kaltes Aeußere umschloß
Geheimen Nektar unter eis'ger Hülle
　　Gar manchmal schon; doch mein' ich sie jetzt bloß,
Von der ich die Moral, die feurig=fühle,
　　Entlehnt — denn auf Moral nur steur' ich los;
Doch diese Kalten sind der Frauen Preis,
Brachst du zuerst nur dies verdammte Eis.

39.

Drum sind sie der Nordwestpassage gleich,
　　Die zu der Seele heißem Indien führt;
Doch wie kein Schiff noch in des Pols Bereich
　　Gelangt, wie sehr es auch im Eis laviert —
(Sei's nur für Parrys Fahrt kein Fingerzeig!) —
　　So scheitern Männer auch, wie mancher spürt;
Denn ist der Pol, statt offen, zugefroren,
Dann ist die Fahrt, wenn nicht das Schiff, verloren.

40.

Der Neuling mag wohl schon damit beginnen,
    Daß er den Ozean Weib furchtlos befährt;
Doch wer kein Neuling, suche zu gewinnen
    Den Port hübsch klüglich, eh' die Zeit ihm wehrt
Mit grauer Flagge, die ihn sich besinnen
    Auf jedes irdische fuimus dann lehrt,
Wenn zwischen Gicht und harrenden Erben sich
Ausspinnt der Lebensfaden kümmerlich.

41.

Der Himmel aber will sich divertieren,
    Obgleich ein wenig grausam — einerlei;
Drum darf man, um den Trost nicht zu verlieren,
    Auch sagen, daß zum Besten alles sei;
Der Perser Teufelslehre selbst mit ihren
    Zwei mächtigen Prinzipien läßt dabei
So viele Zweifel, als nur eine noch
Verwirrt den Glauben und gebeugt ins Joch.

42.

Der Winter Albions, der im Juli schließt
    Und im August beginnt aufs neue schon,
War jetzt vorbei. Der Postillion begrüßt
    Die Zeit, wenn alles eilig jagt davon.
Kein Postpferd, das noch Mitleid jetzt genießt —
    Der Mensch hat's nur für sich und seinen Sohn,
Falls als Student der Herr nicht ungeniert
Der Schulden mehr als Weisheit kontrahiert.

43.

Der Winter Londons geht erst recht zu Ende
    Im Juli, auch vielleicht noch etwas später;
Hier irr' ich nicht — falls sich ein Schnitzer fände
    Auch sonstwo, so versteht sich auf das Wetter
Doch meine Muse aus dem Fundamente;
    Das Parlament ist unser Barometer —
Schmäh' alle seine Akte, wer es mag:
Die Sitzungen sind unser Almanach.

44.

Fällt bis auf Null sein Quecksilber, dann, oh!
　　Welch Treiben, Rennen mit Gepäck und Wagen!
Fort geht's von Carlton-Platz jetzt gen Soho,
　　Und glücklich, wer noch Pferde kann erjagen.
Die Straßen glühn von Staub, und Rotten Row [*)]
　　Hat sich des Adelsglanzes jetzt entschlagen,
Und Gläubiger, deren Rechnung und Gesicht
Gleich lang sind, seufzen, doch es fruchtet nicht.

45.

Sie und die Rechnungen — Arkadier beide —
　　Verschiebt man auf die griechischen Kalenden;
Und welche Hoffnung bleibt für ihre Kreide?
　　Nun, alle Hoffnung, aber zu verwenden
Ist sie nur schwer — ein Wechsel, sehr ins Weite
　　Gestellt — großmüt'ge Gabe dieses! könnten
Sie ihn nur diskontieren! — oder gar
Der Trost, daß übersetzt die Rechnung war.

46.

Doch Kleinigkeiten dies! Hin fliegt der Lord
　　Und nickt im Wagen zu Myladys Seite.
Fort! — Frische Pferde! heißt das Losungswort,
　　Und schnell gewechselt sind sie wie der Leute
Gefühle nach der Hochzeit. Seht nur dort
　　Des Wirtes Eifer und des Postknechts Freude
Ob jedes Trinkgelds — selbst der Stallbub' hält
Die Hand auf, eh' es fortgeht durch die Welt.

47.

Umsonst nicht! Auf den Bock springt der Lakai,
　　Der Gentlemen und Grafen Gentleman;
Myladys Zofe auch, geputzt, dabei
　　Jedoch bescheidner, als man's sagen kann.
Ja — cosi fan i Ricchi — doch verzeih
　　Die fremden Brocken, Leser, dann und wann;
Ich reiste — und zu was soll Reisen führen,
Lernt man dabei nicht tadeln und citieren?

48.

Der Winter in der Stadt, und auf dem Land
　　Der Sommer waren schon vorbei; — wie schade,
In schwüler Stadt, derweil ihr schönst Gewand
　　Die Flur doch trägt, die holdsten Tage grade
Zu töten, harrend, bis der Herbst verbannt
　　Die Nachtigall, bei thörichter Debatte,
Bevor des wahren Landes wird gedacht;
Doch vor September gibt es keine Jagd.

49.

Nun gut. Ausflog die Welt (will sagen jene
　　Viertausende, für die gemacht die Erde)
Zur Einsamkeit, das heißt, so weit ich's kenne,
　　Mit dreißig Dienern und mit einer Herde
Von Gästen, daß, was nur das Herz ersehne,
　　Die Tafel täglich biete, die bewährte.
Auf Englands Gastlichkeit drum nicht geschmäht,
Die Qualität ist gleich der Quantität.

50.

Abreiste jetzt mit Lady Abelinen
　　Lord Henry, wie so manches andre Paar
Der Peerschaft, nach dem Stammsitz, einem kühnen
　　Gotischen Bau, alt schon eintausend Jahr,
Und niemand glich an altem Stamme ihnen,
　　Der reich an Schönen und an Helden war;
Und Eichen, jünger als ihr Stammbaum kaum,
Gemahnten dran — ein Denkmal jeder Baum.

51.

Ein Absatz that in jeder Zeitung bald
　　Die Abfahrt kund — für Ruhm gilt dieses jetzt;
Nur schade, daß er grad' so schnell verhallt,
　　Wie jed Aviso, das dichtan gesetzt:
Noch eh' der Druck recht trocken, ist er kalt.
　　Die Morgenpost kam sicher nicht zuletzt:
Abfahrt nach ihrem Landsitz da und da
Von Lord Amundeville und Lady A.

52.

Der edle Wirt empfängt jetzt, wie wir hören,
　　Dort einen großen, auserwählten Kreis
Von edlen Freunden; ein wird dorten kehren,
　　Wie man aus ganz genauer Quelle weiß,
Auch Herzog D. nebst andern, reich an Ehren
　　Und Rang, der Jagd zu frönen dort mit Fleiß;
Ein Fremder auch von hohem Rang und Stand,
Als Botschafter von Rußland hergesandt.

53.

So sehn wir — (kann die Morgenpost denn lügen,
　　Deren Artikel wie die neunundderißig,
Worauf die Gläubigen schwören, niemals trügen?)
　　Den Russo=Spanier in dem Strahlenkreis sich
Der Edlen sonnen, welche sich vergnügen
　　Mit mächtig=stolzem Mahl. Und sicher weiß ich —
Wie seltsam! — daß im letzten Krieg man mehr
Von solchen Festen las als von dem Heer.

54.

So etwa: Beim Diner am Mittwoch war
　　Der Lord — der Graf — die Namen all' genannt
Der Reihe nach, mit einem Pomp sogar,
　　Als wären's Sieger. Dicht darunter stand:
Falmouth. — Bedeutend die Verluste zwar
　　Des N. N. Regiments, des Ruhm bekannt
Im letzten Treffen; doch sind wieder jetzt
Die offnen Stellen (sieh Bericht) besetzt.

55.

Fort ging's nach der normännischen Abtei [5]) —
　　Ein Kloster einst und jetzt ein Herrenhaus,
Als beides alt; reich war der Stil, dabei
　　Halb gotisch — kaum hält die Vergleichung aus
Ein anderer im Land, wo auch es sei;
　　Wohl etwas niedrig liegt der Grund des Baus,
Um durch den nahen Berg zu schützen vor
Dem Wind, so denk' ich mir, der Mönche Chor.

56.

Sie lag in einem heitren Grunde, der
 Umkränzt von Hainen, wo die Drudeneiche,
Wie einst Caractacus mit kühnem Speer,
 Die mächt'gen Arme reckt, des Wetters Streiche
Abwehrend so; es spielte ringsumher
 Das Wild im Frühlicht unter dem Gezweige;
Der stolze Hirsch mit seinem Rudel sprang
Vorbei zum Bach, der wie ein Vöglein sang.

57.

Ein klarer See vor dem Gebäude lag,
 Durchsichtig, breit und tief und frisch genährt
Von einem Fluß, der sanft die Bahn sich brach
 Durchs ruhigere Wasser, licht verklärt
Ringsum; Wildvögel nisteten im Hag
 Und Schilf im feuchten Bett; herabgekehrt
Zum Strande zog der Hain sich sanft und schaute
Sein grünes Bild im See, der unten blaute.

58.

Sein Ausfluß stürzte als Kaskade wild
 Schaumsprühend, bis er wieder ruhig, nieder;
Sein lautes Echo ward — (der Klage Bild) —
 Zu sanftem Murmeln mählich — weiter glitt er
Als Bächlein durch die Auen sanft und mild;
 Jetzt schimmernd, seine Windungen dann wieder
Im Haine bergend — dunkel jetzt, dann helle,
Je nach des Himmels Tinten auf der Welle.

59.

Ein edles Bruchstück, gotisch das Gebäude,
 Wenn auch der Stil der Kirche römisch, stand
Als mächtig hehrer Bogen halb zur Seite,
 Obgleich die Pracht der Chöre längst entschwand;
Der erstre aber ragt so stolz, daß heute
 Die rauhste Brust der Zeiten rauhe Hand
Und ihres Sturmes Macht noch bang beklagt,
Sieht sie, wie hehr und ernst der Bogen ragt.

60.

In einer Nische nächst der Zinne standen
   Zwei Heilige einst in Stein, die lange schon
Gefallen jetzt — nicht, als die Priester schwanden,
   Vielmehr im Krieg, der Karln gestürzt vom Thron,
Als ihren Untergang so viele fanden
   Der edlen Stämme; ward umsonst doch von
Den Tapfren manche Schlacht für die geschlagen,
Die weder herrschen konnten noch entsagen.

61.

Allein, in einer höhern Nische stund
   Die Jungfrau mit dem Kinde, gottgeboren,
Im Arm und schaute segensmilde rund
   Umher, verschont durch Zufall, ob verloren
Auch alles sonst. So wird zu heil'gem Grund
   Die Erde hier — — ein Wahn vielleicht der Thoren;
Doch selbst ein Bruchstück nur von einem Schrein
Der Andacht stimmt das Herz schon hehr und rein.

62.

Ein mächtig Fenster, das schon lange wohl
   Beraubt des bunten Glases, wo man bringen
Hindurch in tiefren Gluten, reich und voll,
   Der Sonne Strahlen sah wie Seraphschwingen,
Gähnt öde jetzt — bald schrill, bald dumpf und hohl
   Saust nun der Wind hindurch, und Eulen singen
Ihr Nachtlied, wo verstummt der Orgelklang
Zusamt dem feierlichen Gottessang.

63.

Doch wenn der Mond erst voll, und in der Nacht
   Der Wind aus einem Himmelsstrich beschwingt,
Dann ein nicht ird'scher Ton höchst seltsam klagt,
   Der musikalisch und hinsterbend bringt
Durch das Gewölb, bald leise, bald mit Macht —
   Ein Echo scheint es, das im Nachtwind klingt
Vom Wasserfall daher, sich düster stimmt
Am alten Chor und leise dann verschwimmt,

64.

Sofern besondre Form, hervorgebracht
    Durch den Verfall, nicht dem Gemach gegeben
(So wie die Memnonsäule, wenn erwacht
    Der erste Sonnenstrahl, ertönt noch eben)
Des zaubrischen Getöns geheime Macht,
    Süß schmerzlich hier um Turm und Baum zu weben; °)
Ich weiß den Grund nicht, kann ihn auch nicht deuten,
Doch hört' ich es — zu oft vielleicht vor Zeiten!

65.

Ein gotischer Springquell spielt' im Hofe licht;
    Figuren waren nett in Stein gehauen —
Manch larvengleiches, seltsames Gesicht,
    Ein Heil'ger hier, ein Drache dort zu schauen;
Aus grimmen Mäulern sprang der Strudel dicht
    Und schimmernd in Bassins, den kleinen blauen
Strom dort in tausend Blasen zu zersprühen,
Gleich eitlem Menschenruhm und eitlerm Mühen.

66.

Ehrwürdig war das Herrnhaus selbst und groß
    Und ließ noch viel vom frühern Kloster sehn;
Nicht Kreuzgang, Zellen, Refektorium bloß,
    Auch ein Kapellchen, welches wunderschön
Als würd'ger Schmuck das Bild des Ganzen schloß,
    Sah man noch unverletzt inmitten stehn;
Der Rest, zerfallen, umgebaut, versetzt,
Mahnt mehr an Ritter als an Mönche jetzt.

67.

Die hohen Hall'n, mit Galerien darin,
    Und große Zimmer, nicht verbunden zwar
In echter Eh' der Künste, einten in
    Ein Ganzes sich, das, ob der Regel bar
In seinen Teilen auch, auf Herz und Sinn
    Vom tiefsten Eindruck, wenn das Auge klar
Und Herz in ihm; man staunt, doch fraget nie
Bei einem Riesen nach der Symmetrie.

68.

Stahlritter, mit der nächsten Generation
   Geschrumpft zu seidnen Earls im Hosenband,
Und schottische Marien, umwoben von
   Den langen Locken, sahn von jeder Wand
Noch unversehrt herab — manch ein Baron
   Und manche Gräfin auch im Putz sich fand,
Nebst Schönen aus Sir Peter Lelys Zeit —
Keck zu beschaun sie, mahnt das knappe Kleid.

69.

Und Richter in furchtbarem Hermelin
   Gab's da, mit Mienen, die den Angeklagten
Kaum auf die Meinung, daß sie, richtend ihn,
   Nur Recht, nicht Macht auch üben würden, brachten;
Bischöfe, deren Reden all' dahin,
   Auch Staatsanwälte, welche denken machten
Durch ihren Blick ans peinliche Gericht,
Doch an das habeas corpus sicher nicht.

70.

Gemälde dann in Rüstung aus der alten
   Und ehernen Zeit, eh' Blei noch stand voran;
Perücken auch in Marlboroughs grimmen Falten,
   So groß als zwölf der heut'gen; Lordlings dann,
Die weiße Stäbe, goldne Schlüssel halten,
   Und Nimrods — fast zu eng für Roß und Mann
Der Rahmen — manch ein Patriot desgleichen,
Der nicht sein Ziel vermochte zu erreichen.

71.

Zum Trost jedoch des Auges, das sich an
   Den Ahnenherrlichkeiten müd gesehn,
Sah man auch einen Dolce, Tizian
   Und von Salvator eine wildre Szen',
Albanos Knaben auch, den Ozean
   In Vernets Meereslichtern hehr und schön,
Mit Spagnolettos Heiligenlegenden
Hier freundlich untermischt an allen Enden.

72.

Hier eine süße Landschaft von Lorrain,
Ein Rembrandt dort, sein Dunkel lichterfüllt;
Auch ließ der düstre Caravaggio sehn
Den hagren Siedler, ernst und braun — und mild
Winkt dort ein Teniers deinem Blick, zu spähn
Nach einem lebhaft freundlicheren Bild;
Sein voller Becher läßt mich dänisch fühlen
Vor Durst⁷) — ho, Rheinwein her, um ihn zu kühlen!

73.

O Leser, falls du lesen kannst — zu wissen,
Daß Buchstabieren, ja selbst Lesen nicht
Zum Leser hinreicht, der so manches wissen
Auch sonst noch muß, was mehr noch von Gewicht:
Erstlich beginn am Anfang — mag's verdrießen
Dich gleich — sodann ist Weiterlesen Pflicht,
Zuletzt: fang nicht am End' an; thust du's doch,
Dann lies zum Schluß den Anfang mindstens noch.

74.

Doch warst geduldig, Leser, du bisher,
Als ohne Versscheu ich gelegt den Grund
In solcher Art, so breit, als ob ich wär'
Ein Auktionator (denkt Herr Phöbus) — und
Daß dies das Rechte, thut uns schon Homer
In seinem Katalog der Schiffe kund;
Doch ein Moderner mäßige sich — und hier
Drum spar' ich all' die Nebensachen dir.

75.

Des Herbstes Reife kam — mit ihm die Schar
Der Gäste, sich zu freuen seiner Pracht;
Das Korn geschnitten, voll von Wildbret war
Die Halle; lustig, luchsgleich blickend jagt
Der Jäger jetzt — und o wie wunderbar
Die Thaten alle, die er hat vollbracht!
Ha, nußbraun Feldhuhn, schillernder Fasan!
Ha — Wilddieb! Bauern geht der Spaß nichts an.

76.

Ein Herbst in England, fehlen auch die Reben,
   Die in bacchant'schem Kranz den Weg entlang
Erglühn und sich um rote Trauben weben
   In jenem Land voll Sonne und Gesang,
Hat doch erkaufte Wahl an Wein, der eben
   So edel; Albion, sei deshalb nicht bang,
Bist du auch sonnig nicht: der Keller ist
Der beste Weinberg, wie ihr alle wißt.

77.

Fehlt auch des Jahres mählich heitres Neigen,
   Das uns des Südens Herbsttag läßt erscheinen,
Als wollt' er einem zweiten Lenze weichen
   Und nicht dem öden Winter, hat es seinen
Genuß im Haus doch, manchen schönen, reichen,
   Wenn am Kamin die Freunde sich vereinen;
Selbst außen ist es schön, da, was es jetzt
An Grün verliert, das Gelbe ihm ersetzt.

78.

Und statt der weichlichen Villeggiatura,
   Mit Hörnern mehr als Hunden, gibt es hier
So muntre Jagd, daß seine Seelen-cura
   Ein Heil'ger selbst vergäße, um sich ihr
Zu einen, Nimrod von den Au'n am Dura
   Zur Fuchsjagd käme; und entbehren wir
Auch wilde Eber: zahme Esel wüßte
Dafür genug ich, die man hetzen müßte.

79.

Die Gäste der Abtei — der Vortritt sei
   Verliehn den Damen — waren Gräfin Crabby,
Die Herzogin Fitz Fulke, die Damen Fry
   Und Busey — dann die Fräuleins Smith, O'Tabby,
Eclat und Bombazeen; auch war dabei
   Des reichen Bankiers Frau, die Mistreß Rabbi;
Und die verehrungswerte Mistreß Schlaf
Schien fast ein Lämmchen, aber war ein Schaf.

80.

Nebst andern Gräfinnen von nichts als Rang,
    Die Lüge und Elite solcher Kreise;
Gleich schlechtem Wasser, das zu beßrem Trank
    Filtriert wird, gelten sie für gut und weise,
Gleichwie Papier, das Geld wird in der Bank —
    Wie? und warum? ist eins — der Rang deckt leise
All das Vergangne zu; denn hierin fand
Gute Gesellschaft stets sich tolerant;

81.

Das heißt, bis zu gewissem Punkt: er ist
    Der schwerste aller Punkte in der That!
Schein ist die Angel, drauf er, wie ihr wißt,
    Im höhern Stand sich dreht so akkurat,
Daß man das „Pack' dich, Hexe" ganz vergißt,
    Wo jede Medea ihren Jason hat;
Doch puncto puncti sagt Horaz wie Pulci:
Omne tulit punctum, quae miscuit utile dulci

82.

Ihr Rechtsprinzip ich nirgends finden kann,
    Doch scheint's zu neigen sich zur Lotterie;
Ich sah manch braves Weib oft ausgethan
    Bloß durch Intrigen einer Koterie,
Und manch So=So=Matrönchen wieder dann
    Dort eingeführt durch die Bigotterie;
Auch manche kam mit etwas mattem Hohn
Klar wie der Sphären Siria davon.

83.

Mehr sah ich, als ich sagen mag. Laßt sehn,
    Wie die Villeggiatura geht. Von ihnen
(Aus dreiunddreißig mochten sie bestehn,
    Der höchsten Kaste, guten Tons Brahminen)
Nannt' ich schon einige, ohne hier zu gehn
    Dem Rang nach, einzig um dem Reim zu dienen;
Auch waren der vermehrten Buntheit wegen
Zwei Iren, die auf Reisen jetzt, zugegen.

84.

Parolles, der legale Raufbold, dann,
    Der seine Schlachten schlägt in den Senaten
Und besser essen noch als fechten kann
    Ganz sicher, wenn er irgendwo geladen;
Der junge Dichter Schmiedreim — er begann
    Zu schimmern als Sechswochenstern; in Gnaden
Lord Pyrrho auch, der kühne, freie Sprecher,
Und Herr John Krugtief, der gewalt'ge Zecher.

85.

Da war der Herzog Dash, ein Herzog er,
    Ja „jeder Zoll ein" Herzog; mancher Peer,
(Ein Dutzend, jenen Karls gleich) — und so sehr
    Von Ansehn und von Einsicht dies, daß für
Gemeine zu versehn sie nimmermehr;
    Sechs Fräulein Grünlings auch — ihr Holden, ihr!
Ganz Sang sie und Gefühl — nach einem Krönchen
Stand mehr ihr Sinn gewiß als nach dem Nönnchen.

86.

Vier ehrenwerte Herrn auch, deren Ehre
    Vor ihrem Namen mehr als nach ihm kam;
Auch ein preux chevalier de la Ruse vom Heere,
    Den Glück und Frankreich hergesandt — ein zahm
Talent gewißlich nur, obgleich zur Lehre
    So mancher Klub sich seine Witze nahm,
Die solchen Zauber übten, daß sogar
Der Würfel ganz davon befangen war.

87.

Der Metaphysiker Hans Zweifeler,
    Der gern philosophierte und gern praßte,
Und Winkelmann, der Mathematiker,
    Und Silberbecher aus der Wettrennkaste;
Der ehrenwerte Rodomont Schnatterer,
    Der mehr den Sünder als die Sünde haßte,
Lord Fitz Plantagenet sodann — wer hätte
Jemals mit ihm gewettet um die Wette?

88.

Jack Jargon, der Guardist — und das ein echter,
   Und General Feuerblick, berühmt genug
Als großer Taktiker und großer Fechter,
   Der mehr der Yankees fraß, als er erschlug;
Ein närrischer welscher Richter auch, ein rechter
   Bekenner seines ernsten Amts: dem Spruch,
Womit des Schuld'gen Strafe er bemaß,
Ward stets als Trost hinzugefügt ein Spaß.

89.

Gute Gesellschaft gleicht dem Schach: da hat
   Man Springer, Bauern, Könige; — ein Spiel
Ist diese Welt, nur daß am eignen Draht
   Sich alle Puppen drehn — doch ist's gleichviel.
Meine Muse ist ein Schmetterling, die grad'
   So stachellos umher und ohne Ziel
Auch flattert; — wäre sie ein Hornißlein:
Die Laster sollten's fühlen groß und klein.

90.

Vergessen hab' ich einen Redner — doch
   Vergessen bleib' er nicht, der in der letzten
Session zum erstenmal zu Felde zog
   Mit einer Rede, einer wohlgesetzten.
Von dem Debüt jetzt widerhallten noch
   Die Blätter, die sie gleich mit jenen schätzten,
Von denen man alltäglich hören mag:
„Die beste Jungfernred' in Jahr und Tag".

91.

Stolz auf sein „Hört" und stolz auf sein Votieren,
   Die Rednerjungfernschaft, die er verloren,
Und auf sein Wissen, grade zum Citieren
   Genug, dacht' er zum Cicero sich geboren,
Dazu Gedächtnis, gut zum Memorieren,
   Und Witz genug, ein Wortspiel bei den Ohren
Herbeizuziehn — verdient nicht, arrogant
Jedoch, kam er, des Landes Stolz, aufs Land.

92.

Zwei Witzlinge sodann, die man belachte,
  Langpfeil aus Irland, Scharfpfeil von dem Tweed,
Belesne Advokaten sie; doch jagte
  Des Scharfpfeil Witz auf edlerem Gebiet.
Langpfeil war reich an Phantasie und wagte
  Manch wilden Sprung, dem Roß gleich, nimmer müd;
Doch strauchelt' er zuweilen über eine
Kartoffel, was kein Unglück, wie ich meine.

93.

Herr Scharfpfeil war ein frisch gestimmt Klavier,
  Doch Langpfeil einer Aeolsharfe gleich,
Wenn lieblich jetzt und dann so dumpf auf ihr
  Der Wind des Himmels spielt — höchst floskelreich
Die Rede, ließ sie nichts zu ändern dir;
  Doch die des andern matt und farblos bleich;
Des einen Mutterwitz des Herzens Sproß,
Des andern Schulwitz der des Hirnes bloß.

94.

Wenn all dies auch als eine bunte Masse
  Erscheinen muß bei einer Landsitzfete,
Thut's doch ein Exemplar von jeder Klasse
  Noch besser als ein Pinsel-Tête-à-tête
Des Lustspiels Zeit mit seinem echten Spaße
  Ist hin seit Congreves Narr und Molières bête,
Und die Gesellschaft ist so nivelliert,
Daß kaum sie noch im Aeußren differiert.

95.

Die Laffen, die im Hintergrund sich drücken,
  Sind lächerlich genug und hohl wie Schaum;
Die Stände sind nicht ständisch mehr — zu pflücken
  Bleibt wenig Frucht drum an der Thorheit Baum;
Und wie viel Narren wir auch rings erblicken,
  Unfruchtbar sind sie, wert des Rupfens kaum;
Auf der Gesellschaft eine Herde kommen
Zwei Stämme nur: die Dummen und die Frommen.

96.

Aus Pächtern werden Stoppler wir und lesen
   Die ausgedroschnen Wahrheitsähren — gut!
Und so wir, Leser, uns befleiß'gen dessen,
   Sei du der Boas, ich die arme Ruth;
Die Schrift citier' ich selten, denn vergessen
   Ward nicht, was ich gehört als junges Blut
Von Mistreß Adams: jenes, sagte sie,
Sei außerhalb der Kirche Blasphemie.

97.

Doch stoppeln wir in diesen schlechten Zeiten,
   Wo's geht, und sei es auch statt Körnern Spreu;
Weshalb Herr Schwätzer, der zu Tode reiten
   Ein Thema konnte, hier erwähnt noch sei.
In seinem Album trug er stets nach Seiten
   Des Morgens ein, was abends ein: „Ei –– ei"!
Einbringe; — „armer Geist"! wie oft vexiert
Wird der, der seine bons mots einstudiert,

98.

Da er durch manche Windungen erst leiten
   Die Unterhaltung auf sein Wortspiel muß;
Stets muß er umschaun nach Gelegenheiten,
   Bedacht auf jeden Zollbreit festen Fuß
Bei seinen Hörern — darf sich nie bescheiden
   Ganz ohne Sensation und aus dem Fluß
Nicht kommen, selbst wenn ihn ein Spötter schraubt
Und also seines Stichworts ihn beraubt.

99.

Lord Henry und Adeline beide trugen
   Als Wirte Sorge für genannte Gäste;
Die Tafel hätte Geister selbst versuchen
   Gekonnt, vom Styx zu nahn dem derbren Feste;
Nicht red' ich von Ragouts, von Braten, Kuchen,
   Beweist auch die Geschichte uns aufs beste:
Des Menschen, dieses hungernden Sünders, Glück
Führ' auf sein Mahl seit Eva sich zurück.

100.

Bezeugen mag's das Land voll Milch und Honig,
　Das einst den hungernden Juden ward gezeigt;
Die Lust am Golde nannt' ich schön, die wonnig
　Und ganz allein noch wahrhaft lohnt; es bleicht
Die Jugend, bis das Leben nimmer sonnig,
　Die Schätzchen wird man müde selbst vielleicht;
Du, edles Gold, nur bleibest wert noch dann,
Wenn man mißbrauchen selbst dich nimmer kann.

101.

Die Herrn erhoben zu der Jagd sich früh —
　Die jungen, weil die Jugend liebt zu jagen,
(Die nächste Lust nach Obst und Spiel ist sie)
　Die ältren bloß, um tot die Zeit zu schlagen.
Ein englisches Gewächs ist Ennui,
　Fehlt auch das Wort dafür — zur That drum machen
Wir's gleich; doch Frankreich mag den Namen leihn
Dem Gähnen, das kein Schlaf selbst schläfert ein.

102.

Die Aeltlichen die Bibliothek durchschritten,
　Durchstöbernd Bücher, Bilder kritisierend,
Und schlenderten im Garten unzufrieden
　Und tadelten das Treibhaus, wie gebührend;
Noch andre ein sanft trabend Rößlein ritten
　Und lasen Zeitung, Politik dozierend;
Auch sah man an der Uhr manch Auge hangen
Und jetzt mit sechzigen nach Sechs 8) verlangen.

103.

Doch niemand war gêné, wo das Geläut'
　Zu Tisch nur der Verein'gung Stunde klang;
Bis dahin konnte jeder seine Zeit,
　Ob einsam, ob gemeinsam, ganz nach Hang
Verbringen, welche recht zu nutzen seit
　Der Welt Beginn noch wenigen gelang;
Aufstehen, Frühstücken, wie, wo und wann,
Stand im Belieben hier für jedermann.

104.

Die Damen — ein'ge blühend, andre blaß,
　　Sie ritten, wenn der Morgen schön, und gingen,
Wenn häßlich er; dann schwatzte man und las,
　　Auch sah man manche tanzen oder singen.
Die neuste Mode und ob Haube saß
　　Und Hut, dies waren Stoffe, die verfingen;
Ein Briefchen, zwölf der Bogen lang und länger,
Schrieb jene, zu verpflichten die Empfänger.

105.

Dem Liebsten ward's, der Freundin auch entsendet;
　　Nichts einem Frauenbrief auf Erden gleicht,
Selbst nichts im Himmel, weil er nimmer endet;
　　Und solch Mysterium lieb' ich — denn es zeigt
Nie alles, was es meint, und dreht und wendet
　　Sich wie ein Dogma, das mit List beschleicht,
Wie des Ulysses Pfeife Dolon; prüfe
Drum wohl, was zu erwidern solchem Briefe.

106.

Auch Billards, Karten, Würfel nicht dagegen
　　Gab's hier — in Klubs nur spielt der Mann von Ehre;
Im Sommer Kähne — Schlitten, wenn in Bächen
　　Das Eis, am Rain nicht Blüte mehr noch Beere.
Auch Angeln, dieses einsame Verbrechen,
　　(Was Isaak Walton singe auch und lehre);
Ein Haken, dran ein Hecht zerrt, müßte stecken
Im Hals des unbarmherz'gen alten Gecken. [9])

107.

Der Abend brachte stets Bankett und Wein,
　　Conversazione nebst Duett sodann,
Von Stimmen ausgeführt, so himmlisch rein,
　　Herz oder Kopf schmerzt jetzt noch, denk' ich dran;
Vier Fräulein Grünlings fielen prächtig ein,
　　Doch die zwei jüngern saßen lieber an
Der Harfe, einend so dem Reiz der Töne
Des Nackens Fülle und der Arme Schöne.

108.

Oft ließ — (doch kaum, wenn tags sich müd gehetzt
    Die Herrn) — ein Tanz in vielverschlungnen Weisen
Sylphidische Gestalten sehn; ergötzt
    Auch ward am Plaudern sich in engern Kreisen;
Geliebelt ward, doch ehrbar, weil's zuletzt
    Bewundrung nur von Reizen, die zu preisen:
Die Jäger aber jagten über Höhn
Und Thäler nochmals, nüchtern bis um Zehn.

109.

Politiker in einer Eck' allein
    Die Welt besprachen und in Ordnung brachten;
Witzköpfe jede Ritze, wo hinein
    Ein bon mot nur zu schieben, scharf bewachten;
Denn manche gibt es, ist die Zahl auch klein,
    Die jahrelang nach einem Witze jagten,
Und kommt der Augenblick, ihn anzubringen,
Läßt eines Pinsels Einwurf es mißlingen.

110.

Doch alles war ganz echt aristokratisch
    In unsrem Kreis: poliert, gemäßigt, kalt,
Wie Phidias' Marmorbilder fein und attisch;
    Squire Westerns gibt's nicht mehr — das Ding ist alt;
Unsre Sophieen sind nicht mehr emphatisch,
    Doch noch gleich schön von Miene und Gestalt;
Nicht Gauner wie Tom Jones gibt's mehr — allein
Noch Schnürleib=Herrn, so steif wie Holz und Stein.

111.

Sie trennten früh sich — dieses will bedeuten
    Vor Mitternacht, die Londons Mittag ist,
Da auf dem Land vor Lunas bleichem Scheiden
    Die Fraun ihr Lager suchen, wie ihr wißt.
Sanft schlummre jede Blüte auf der Heiden,
    Bis Morgenschein die Rose röter küßt.
Ein sanfter Schlummer malet holde Wangen
So schön, daß sie nach Schminke nicht verlangen.

Vierzehnter Gesang.

1.

Wär's möglich je, dem Abgrund der Ideen
  Und der Natur Gewißheit zu entringen,
Wir fänden wohl den Pfad, statt irr zu gehen,
  Ob viel' Systeme auch zu Grunde gingen;
Eins frißt das andre, wie wir einst gesehen
  Saturn die eignen Kinder auch verschlingen,
Der, als ihm seine Gattin einen Stein
Gegeben, ihn verschlang für Fleisch und Bein.

2.

Doch kehret das System des Alten Mahl
  Jetzt um und frißt die Eltern, zu verdauen
Zwar schwer! Sag', kannst du nach der reifsten Wahl
  Auf ein System nur zweifellos vertrauen?
Schau' weit zurück, eh' fest du an den Pfahl
  Dich schnürst und auf das beste meinst zu bauen;
Nichts ist so wahr als: traue nicht den Sinnen!
Doch wie willst sonst Gewißheit du gewinnen?

3.

Ich selbst weiß — nichts, bejahe und verneine
  Drum nichts. Und was weißt du denn, als vielleicht,
Daß du erzeugt, zu sterben, falls das eine
  Nicht gar so falsch sich wie das andre zeigt?
Ist's möglich nicht, daß eine Zeit erscheine,
  Da gar nichts alt noch neu? Was Tod uns deucht,
Ist etwas, was uns weinen macht — doch geben
Dem Bruder Schlaf ein Drittel wir vom Leben.

4.

Schlaf ohne Traum nach Tages Müh' und Last
    Ist, was so sehr man wünscht; und dennoch wie
Erschreckt den Staub des Staubes tiefste Rast!
    Selbstmörder selbst, bezahlen plötzlich sie
Die Schuld und ohne Zinsen (eine Hast,
    Die Gläubigern nicht gefällt) beeilen nie
Den letzten Hauch, weil sie des Lebens Not
Anekelt, nein, weil bang sie vor dem Tod.

5.

Ringsum, hier, dort ist er, und alle Tage,
    Und so entkeimt ein Mut des Grausens Beben
Verzweifelt fast, daß er das Schlimmste wage,
    Um es sogleich zu schaun. Wenn sich erheben
Die Berge unter dir, der tausendfache
    Schlund wilder Felsen gähnet unten, neben,
Ringsum, dann fühlst hinabschaund du mitunter
Dich graus versucht, zu stürzen dich hinunter.

6.

Du thust's zwar nicht und weichst im schreckensbleichen
    Entsetzen dann zurück; doch blick' in jenen
Bezwungnen dunkeln Drang: dort wird sich zeigen
    (Ob dann auch der Gedanken Selbsterkennen
Mit Schauder dich erfüllt) ein heimlich Neigen
    Zum Unbekannten, ein verborgnes Sehnen,
Zu stürzen dich — wohin? ja — hierin liegt's,
Ob du es thust, ob nicht — und sonst an nichts.

7.

Doch was soll dieses hier? so wirst du fragen,
    Mein Leser! Nichts — Spekulation allein;
Und zur Entschuld'gung hab' ich nichts zu sagen,
    Als: meine Art ist's; fällt mir etwas ein,
Gleich schreib' ich's, ohne Skrupel mir zu machen;
    Auch kein Roman soll dieses Epos sein,
Nur ein phantastisch Grundwerk, um darauf
Planlos zu bauen nach der Dinge Lauf.

8.

Wißt ihr, was Bacon sagt? „Dem Wind zu geben
   Brauchst du den Halm nur, um des Windes Richtung
Zu sehn"; — und solch ein Halm ist in dem Beben
   Der Seele, je nachdem sie bebt, die Dichtung;
Ein Traum, der flattert zwischen Tod und Leben,
   Ein Schatten bald, bald eine klare Lichtung
Im Herzen; doch die meine eine Blase,
Die spielend (nicht um Ruhm) ich fliegen lasse.

9.

Die Welt ist vor mir oder hinter mir,
   Da ich ein Stück davon gesehn und grabe
Genug, daß sie mein nicht vergißt, und hier
   Auch wohl genug der Leidenschaften hatte
Für ihren Tadel, der ihr größt Pläsir;
   Ein ungetrübter Ruhm hat niemals Gnade
Vor ihr — und Ruhm: er war mir nicht versagt,
Bis ich mit Versen mich darum gebracht.

10.

Mir auf den Nacken bracht' ich diese Welt
   Und jene auch, das heißt, die Klerisei,
Die ihre Blitze auf mein Haupt geschnellt
   In frommen Schriftchen und mit viel Geschrei;
Mein Kiel jedoch die Tinte noch nicht hält,
   Ermüdend frühre Leser, keine neu
Erschreibend; — als ich jung noch, schrieb ich bloß,
Weil voll mein Herz — jetzt, weil es ruhelos.

11.

Doch warum drucken? kaum ist zu erzielen
   Ruhm oder Geld noch, wenn des überdrüssig
Die Welt. Ich frage: warum trinken, spielen?
   Nun — trübe Stunden macht es minder müßig;
Und rückwärts schau' ich, um nochmals zu fühlen,
   Was einst gefühlt, ob bitter oder süß, ich;
Und auf die Welle werf' ich, was ich schreibe —
Ich träumte doch, ob's sinke oder treibe.

12.

Ich glaube, wär' ich des Erfolgs gewiß,
    Es würde schwer zu dichten mir noch einen
Gesang; ich hab' mit jedem Hindernis
    So lang gekämpft, daß nichts mehr von den Neunen
Mich trennt. Nur schwer ist auszudrücken dies
    Gefühl, doch nicht erheuchelt, sollt' ich meinen;
Des Spieles Lust ist zwiefach, und du mußt
Dann wählen: hier Gewinn und dort Verlust.

13.

Auch liebet meine Muse nicht Erdichtung;
    Thatsachen sammelt sie, um sie zu singen,
Natürlich mit Beschränkung und mit Sichtung,
    Doch meist gewandt zu menschlich wahren Dingen;
Und Widerspruch erzeugt schon diese Richtung,
    Da zu viel Wahrheit schwer nur durchzudringen
Vermag: wär' es mein Ziel, was Ruhm geheißen,
Dann säng' ich (und wie leicht!) ganz andre Weisen.

14.

Krieg, Liebe, Sturm — für mannigfaltig gilt
    Dies wohl; ein bißchen Studium — jener Wüste
(Gesellschaft) auch ein perspektivisch Bild —
    Ein Blick auf Leute jedes Standes: müßte
Dies nicht, wie ich den Rahmen ausgefüllt,
    Genügen dem verwöhntesten Gelüste?
Nun — füttern diese Blätter auch Portmanteaus,
Hebt das Geschäft sich doch durch diese Cantos.

15.

Der Teil der Welt, den jetzo ich genommen,
    Dem folgenden Sermon zum Stoff zu dienen,
Ist letzlich etwas außer Mode kommen;
    Der Grund ist leicht erklärlich — denn erschienen
Die Dinge auch ergötzlich, euch zum Frommen:
    In ihren Perlen, ihren Hermelinen
Familienähnlich seit den fernsten Zeiten,
Sind sie entmutigend für des Dichters Saiten.

16.

Viel, was erregt, und wenig, was erhebt,
  Nichts, um zu jedem jederzeit zu sprechen,
Ein Firnis über jeden Fehl gelebt,
  Gemeinplatzmäßig selbst in den Verbrechen,
Witz=, salzlos, ohne Leidenschaft: so ebbt
  Der Strom wahrhaftiger Natur allwegen,
Der alles adelt; — monoton und glatt
Die Charaktere, wer noch einen hat.

17.

Bricht einer, Kriegern gleich nach der Parade,
  Aus Reih' und Glied auch, ledig der Beschwer,
Dann ruft die Trommel gleich zurück ihn, grade
  Zu scheinen wieder das, was er vorher.
Gewiß ist's eine feine Maskerade —
  Doch wenn vom ersten Mal man satt: wie sehr
Dann ekelt sie — ich mindstens fühlte dies
In diesem Freud= und Langweil=Paradies.

18.

Wenn man genug geliebt, gespielt, votiert,
  Geglänzt, gespeist mit Dandies, manche Nacht
Gegähnt, wo Reden wurden deklamiert,
  Die Schönen dutzendfach zu Markt gebracht
Gesehn, und wie manch lockrer Bursche wird
  Ein schlechtrer Gatte: was ist übrig, sagt,
Als Ekel? Seht die ci-devant jeunes hommes
Umsonst bemüht, zu halten sich im Strom.

19.

Man sagt und hört es allgemein beklagen,
  Daß niemand noch beschrieben ganz genau
Die monde, so wie man's sollte; manche sagen,
  Daß durch Bestechung nur der Kammerfrau
Autoren sich bekannt mit manchem machen
  Und nun darob moralisieren schlau
Im selben Stil. — Nichts als Geschwätz Myladys,
Filtriert durch ihrer Kammerfrau Gereb' dies.

20.

Doch kann dem so nicht sein, denn längst schon galten
    Autoren als ein Teil der monde; gesehn
Hab' ich sie Fechtern selbst die Stange halten,
    Zumal (was wichtig) wenn sie jung und schön.
Warum nun glückt's den Herrn nicht, zu entfalten
    Was sie doch selbst als wichtig zugestehn,
Id est: der höchsten Stände wahres Treiben?
Der Grund ist, daß so wenig zu beschreiben.

21.

Doch haud ignara loquor: nugae, quarum
    Pars parva fui — stets ein Teil; doch heut
Könnt' ich viel leichter schildern einen Harem,
    Schlacht, Schiffbruch oder Herzens Freud' und Leid
Als diese Dinge, die zu schonen (warum?
    Verschweig' ich) manche Rücksicht mir gebeut.
Vetabo Cereris sacrum qui vulgarit
Heißt: vor dem Pöbel seien sie bewahret.

22.

Was ich loslasse jetzt, sei ideal,
    Freimaurer-Chronik ähnlich, halb zersetzt,
Die sich verhält zu allem, was real,
    Wie Jasons Fahrt zu Parrys; auch ist jetzt
Was recht real, so insipid und schal;
    Mein Sang klingt mystisch oft — gibt's doch zuletzt
So viel noch, was zu würdigen am Ende
Kaum ein Uneingeweihter je verstände.

23.

Ach — Welten fallen; — manchmal (seit die Welt
    Durchs Weib gefallen, welcher Glaube, mehr
Noch wahr als höflich, stets sich noch erhält)
    Das Weib auch selbst — ach, arm Geschöpf, so schwer
Gemißbraucht stets! Ein Opfer, wenn es fällt,
    Und oft ein Märtyrer für seine Ehr', —
Verdammt zum Kindbett, wie für seine Sünden
Den Mann verdammt wir zum Rasieren finden,

24.

Dem Alltagsleiden, das im Aggregat
  Durchschnittlich zu vergleichen dem Gebären,
Obgleich noch niemand ganz durchdrungen hat
  Des Weibes Leiden. Mag der Mann es ehren,
Selbst seine Liebe wird in gleichem Grad
  Als Selbstsucht und als Mißtraun sich bewähren;
Das Weib kann Tugend, Wissen, Schönheit, Lieben
Im Haushalt nur und Kinderzimmer üben.

25.

Gut ist es so und kann nicht besser sein —
  Doch hat, Gott weiß! auch dieses Schwierigkeiten;
Von Kind auf stürmt die Drangsal auf sie ein,
  Sie können Freund und Feind kaum unterscheiden;
So rasch verbleicht der Fesseln goldner Schein,
  Daß — doch von jedem Weib laß dich bescheiden,
Das dreißig alt, was mehr nach ihrem Sinn:
Ein Schulbub' oder eine Kaiserin!

26.

Der Unterrock-Einfluß wird verhöhnt, an den
  Selbst der, der ihm gehorcht, sich nicht zu kehren
Gern schiene; doch ist kaum ihm zu entgehn
  Nach manchen Stößen, leichten oder schweren,
In dieses Lebens Kutsche, wie wir sehn;
  Drum werd' ein Röckchen immer ich verehren —
Ein heilig-mystisches Gewand, und sei
Es Seide oder Wolle — einerlei.

27.

Ich achte, hab' als Jüngling schon verehrt
  Stets diesen keuschen Schleier, der bewacht
Solch edlen Schatz, dem Anblick neidisch wehrt
  Und, was er birgt, nur reizender noch macht,
Die goldne Scheide am Damaskerschwert,
  Eine Botschaft, die zu öffnen untersagt,
Ein Kummertrost! Nichts solchem Röckchen gleicht,
Wenn sich ein feiner Knöchel drunter zeigt.

28.

Und wenn der Tag recht schwül ist, ohne Laut,
    Im Strome matt sich windet die Forelle,
Das Meer, trotz allem Schaume, düster schaut,
    Und mürrisch gar des Baches Kräuselwelle,
Des Himmels Zelt so grämlich ringsum graut,
    Wie dies der dumpfste Gegensatz zur Helle:
Wie freut es (falls noch etwas freuen kann),
Zu haschen solchen süßen Anblick dann!

29.

Wir ließen unsre Heldinnen und Helden
    In jener Zone, die als unabhängig
Vom Klima und den Tierkreiszeichen gelten
    Wohl mag; doch nur mit Mühe sie besäng' ich,
Weil Sonne, Mond und alle Himmelswelten,
    Die strahlen, und was hehr nur stimmt, durchgängig
So trüb und niederschlagend grämlich dorten,
Wie je ein Mahner, wenn er bringlich worden.

30.

Poetisch ist das Leben kaum im Haus,
    Und draußen gibt es Nebel, Sturm und Schnee;
Zu brauen wüßt' ich kein Idyll daraus;
    Doch mutig jede Schwierigkeit besteh'
Ein Dichter, um sein Werk zu führen aus,
    Gut oder schlecht, und wirken, wie nur je
Der Geist auf Stoff gewirkt, den seinen lass' er,
Ob auch bedrängt durch Feuer oft und Wasser.

31.

Juan, in diesem Punkt vom Heiligenschlage,
    War alles jedermann von jedem Stand
Und lebte ganz gemächlich ohne Klage
    Am Hof, im Lager, oder auf dem Land;
Geschaffen, daß er leicht sich alles mache,
    So daß er leicht in Ernst und Scherz sich fand:
So konnt' er alles allen Frauen sein,
Und ohne alle faden Geckerein.

32.

Die Fuchsjagd ist dem Fremden seltsam=neu
　　Und setzt ihn aus der doppelten Gefahr,
Daß er erst stürzt, und daß man dann dabei
　　Sich über ihn noch lustig macht sogar.
Doch Juan, gleich dem Araber, wenn er frei
　　Als Rächer durch die Wüste jaget, war
Des Rossetummelns kundig, so daß Kenner
Wie Jagdroß gleich begriff, er sei ein Kenner,

33.

Und jeder ihn mit stillem Beifall sah
　　Hin über Graben, Hecken, Zäune setzen,
Nie stutzend und mit wenigen faux pas,
　　Falls er die Spur nicht etwa bei dem Hetzen
Verlor; auch mocht' er wohl zuweilen, da
　　Die Jugend rasch, das Jagdstatut verletzen,
Indem er jählings überritt die Meute,
Auch einmal einige Landedelleute.

34.

Gleichviel jedoch; denn allbewundert machten
　　Sich Roß und Mann, so daß manch Kompliment
Die Herren ihm, als Fremdem, staunend sagten;
　　Die Bauern schrien: Wer hätte, sapperment!
Gedacht es! und der Jagd Nestoren dachten
　　Der Jugendthaten all', bis sich am End'
Der Jagdbursch selbst zu grinsen ließ herbei
Und schwur, daß er ein echter Jäger sei.

35.

So ward ihm Lorbeer — nicht durch Schwert und Schild —
　　Durch Sprünge, Sätze, Füchse auch manchmal;
Doch geb' ich zu, wenn auch ein Rot umspielt
　　Des Patrioten Stirn in diesem Fall,
Daß er bei sich gedacht wie Chesterfield,
　　Der einst nach langer Jagd durch Berg und Thal,
Obgleich er unvergleichlich ritt, gefragt:
Ob denn ein Mensch schon zweimal je gejagt?

36.

Auch ward ihm eine Gabe, die für den
       Höchst selten, der schon früh nach später Jagd,
Und eh' den trüben Wintertag das Krähn
       Des Hahnes noch zur neuen weckt, erwacht,
Und die wir sehr geschätzt bei Frauen sehn,
       Wenn rasch ihr Wort entströmet, stets bedacht
Auf einen Hörer — Heil'ger oder Sünder:
Er schlief nicht gleich nach Tisch im Herbst und Winter.

37.

Nein, leicht und munter war er bei der Hand,
       So daß er Glanz der Unterhaltung lieh,
Die zu erheitern er allzeit verstand,
       Und lauschte, wenn im Gange lebhaft sie;
Nur heimlich lächelte der Schelm und fand
       Im Scherz und Ernst das Rechte stets; doch nie
Vermaß er dreist sich, einen Irrtum klarer
Zu machen — kurz, der beste Hörer war er.

38.

Und wie er tanzte! Jeder Fremde schlägt
       Den ernsten Briten in Beredsamkeit
Der Pantomime; er nun that's so recht
       Emphatisch und geschmackvoll, was allzeit
So nötig ist, wenn sich der Fuß bewegt
       Zum Tanz; er tanzte, vom Gezierten weit
Entfernt, wie der Balletheld nicht, voran
Dem Nymphenchor — nein, wie ein Gentleman.

39.

Keusch war sein Tritt, voll rechten Maßes, und
       Von Eleganz umgaukelt die Gestalt;
Er dämpfte (wie Camilla kaum den Grund
       Berührend) mehr des leichten Schwungs Gewalt,
Als daß er frei sie walten ließ — so kund
       War er des Takts bis auf den kleinsten Halt;
Wie klassisch jeder pas! kurz, unser héros
Erschien wie ein verkörperter Bolero.

40.

Gleich flücht'ger Stunde, fliehend vor Auroren,
  In Guidos Fresken — (dieses lohnet schon
Allein die Tour nach Rom, und ob verloren
  Sonst alles wäre von dem ew'gen Thron
Der Alten Welt) - - schien er zum Tanz geboren,
  Weil ideell und ganz durchdrungen von
Der ernsten Grazie das Ensemble war —
Kein Wort beschreibt es, weil's der Farbe bar.

41.

Kein Wunder, daß ein Liebling er, als ein
  Erwachsner Amor angestaunt; etwas,
Doch noch nicht ganz verhätschelt mocht' er sein:
  Hielt seine Eitelkeit doch weislich Maß!
So groß sein Takt, daß die, die keusch und rein,
  Und die es nicht, ihn liebten, ja, und daß
Ihn die Fitz Fulke, geneigt fast zur Trakasserie,
Behandelte mit einiger Agacerie.

42.

Sie, eine ziemlich voll erblühte Blonde,
  Begehrenswert, ward viel gefeiert seit
Verschiednen Wintern schon in der grand monde;
  Nicht sag' ich, was von ihr der bloße Neid
Erzählte — kitzlich wär's, mit etwas honte
  Vermischt, auch falsch vielleicht zu gleicher Zeit;
Ihr letzter Anschlag, wie die Sage geht,
Galt Lord Augustus Fitz Plantagenet,

43.

Der jetzt ein wenig schwarz zu sehn begann
  Auf diese allerneuste Liebelei;
Doch solche Kleinigkeit darf ein Galan
  Nicht scheuen, weil das Weib hierin sich frei
Bewegen will, drum tabl' es nie der Mann,
  Denn nur noch schneller führt er sonst herbei,
Was, höchst verdrießlich, dennoch oft begegnet
Dem Rechner, der zu fest auf Frauen rechnet.

44.

Man lachte, flüsterte sodann und höhnte;
  Die Fräuleins schmollten, und die Weiber sahn
Schief drein, man hoffte hier, es sei am Ende
  So schlimm nicht, glaubte dorten nicht daran;
Man staunte, ob ein Weib so handeln könnte?
  Klug sahn sich die, verblüfft die andern an;
Auch einige bedauerten — (und seht
Wie herzlich dies!) — den Lord Plantagenet.

45.

Seltsam, daß niemand an den Herzog dachte,
  Der nicht ganz unbeteiligt, dächte man;
Abwesend war er ja, und wenig fragte
  Er sonst auch nach dem Was und Wie und Wann
Im Treiben seiner Gattin; gut — und machte
  Er selbst nicht viel daraus, wen kehrt' es dann?
Die beste aller Ehen führten sie:
Ist man nicht eins, entzweit man sich auch nie.

46.

Doch o! wie dies mich zu berichten quält —
  Adeline, keusch, als ob sie Luna sei,
Und von abstrakter Tugend ganz beseelt,
  Fand der Fitz Fulke Benehmen allzu frei,
Bedauernd, daß sie solchen Pfad gewählt,
  Ward kälter sie, blickt' vorwurfsvoll dabei
Und kummerbleich ob ihrer Freundin Schwächen:
Ein Freund ist gleich bereit, den Stab zu brechen.

47.

Nichts gleicht hienieden wahrer Sympathie:
  Sie zieret Herz und Antlitz und begleitet
Harmonisch jeden Seufzer, während sie
  In Brüßler Spitzen hold die Freundschaft kleidet.
Was wäre ohne Freund der Mensch? und wie
  Sonst würden seine Fehler ausgebeutet?
Wer spräche tröstend: Hättest du bedacht —
Ja — hättest du gethan, wie ich gesagt!

48.

Zwei Freunde hatte Hiob — einer ist
    Genug, zumal wenn uns nicht wohl; sie sind
Nur schlechte Lotsen, wenn das Wetter wüst,
    Und Aerzte, die für nichts als Lohn nicht blind.
Drum murre nie, wenn dich ein Freund vergißt,
    Sie fallen ab, wie Herbstlaub in dem Wind; —
Nein, trifft es dich, dann geh zum Kaffeehaus
Und suche gleich dir einen andern aus.¹)

49.

Mein Grundsatz leider nicht; — im andren Falle
    Wie manche Leiden hätt' ich mir erspart!
Doch neid' ich nicht der Schildkröt' ihre Schale,
    Die Sturm und Flut nicht bricht, weil sie zu hart;
Viel besser ist's, du kennst die Lagen alle,
    Und was der Mensch ertragen kann: dann ward
Erfahrung dir — und kennst du erst die Welt,
Dann weißt du, daß ein Sieb kein Wasser hält.

50.

Kein Leidensklang, kein Eulenruf durch Nacht
    Und Sturm klingt schrecklicher, als jene Phrase
Der Freunde — das: ich hab' es dir gesagt.
    Rückwärts-Propheten sind's mit seiner Nase,
Die, statt zu raten, nur es längst gedacht,
    Daß sich dein Fall nicht wohl vermeiden lasse,
Und, ob des Fehls zu trösten dich inzwischen,
Bemüht, den alten Kohl neu aufzutischen.

51.

Und Adelinens strenge Blicke blieben
    Beschränkt nicht einzig auf die Freundin, deren
Zukünft'ger Ruf sich schmählich müsse trüben,
    Sofern nicht ihre Sitten zu bekehren, —
Auch Juan trafen sie, wie ich's beschrieben,
    Doch Mitleid schien der Strenge hier zu wehren;
Gerührt von seiner unerfahrnen Jugend
(Sechs Wochen jünger er!) ward ihre Tugend.

52.

Der Vierzig=Tages=Vorrang drum an Jahren,
    Besonders da die ihren noch nicht bange
Vor neidisch schadenfroher Zählung waren,
    Gab ihr ein Recht, in mütterlichem Drange
Den jungen Mann zu warnen vor Gefahren,
    Obgleich sie selber angelangt noch lange
Nicht an dem Schaltjahr war, in dessen Schalter
Das Weib manch Jährlein schiebt von seinem Alter.

53.

Etwas vor dreißig kann man setzen dies —
    Nimm siebenundzwanzig; denn ich sah noch selten
Selbst die, die in der Jugend ganz präzis,
    Vorrücken weiter, wenn für jung sie gelten
Noch konnten. — Zeit! du solltest ganz gewiß
    Die Sense schonen, niemand würde schelten;
Ja, oder langsamer und sanfter mähen,
Wär's nur, als guter Mäher zu bestehen.

54.

Doch fern noch war das Alter Adelinen,
    Des Reise besten Falles niemals süß;
Erfahrung ließ sie Weisheit nur gewinnen,
    Da sie die Welt sah und sich fest erwies,
Wie ich gesagt — (ich kann mich nicht entsinnen
    Der Strophe mehr, denn ich verschmähe dies
Verweisen) — nehmet sechs von siebenundzwanzig,
Dann zeiget ihrer Jahre holder Kranz sich.

55.

Mit sechzehn eingeführt und vorgestellt,
    Bracht' alle Grafen sie in viel Gefahr,
So daß, als sie fast siebenzehn, die Welt
    Entzückt noch von der neuen Venus war;
Mit achtzehn ward zu Füßen ihr gezählt
    Noch manche Freier=Hekatombe zwar;
Doch einen Adam jetzt zu schaffen fand
Für gut sie, der der Glücklichste genannt.

56.

So hatte sie gestrahlt drei lichte Winter
  Verehrt, bewundert, aber so korrekt,
Daß von dem scheelsüchtigsten Fehlerfinder,
  Obgleich sie harmlos schien, doch nicht entdeckt
Der kleinste Flecken ward, kein Splitter hinter
  Dem reinen Marmor irgendwo versteckt;
Auch hatte sie die Stunde wahrgenommen,
Mit einem Erben nieder just zu kommen.

57.

Die Feuerfliegen flogen in die Runde,
  Die kleinen Lichter sie in Londons Nacht,
Doch machtlos, ihr zu schlagen eine Wunde,
  An die der Gecken Flug noch nie geragt.
Sie wünschte Beßere zu solchem Bunde
  Vielleicht — doch that sie recht — und niemand fragt,
Ob Kälte, Tugend oder Stolz die Würde
Dem Weibe lieh, sofern es nur nicht irrte.

58.

Motive haß' ich, wie, wenn ungenäßt
  Mir lange bleibt der trocknen Kehle Brand,
Des Wirtes Zögern, der mich warten läßt,
  Besonders falls Politika zur Hand; —
Wie einen Viehtrupp, wenn der Ostwind bläst,
  Den Staub aufwirbelnd, wie Samums den Sand,
Ich hasse sie recht gründlich, bis zum Tode,
Fast mehr als eines Laureaten Ode.

59.

Wer mag ans Licht der Dinge Wurzel bringen?
  Sie sind so sehr verschlungen mit der Erde;
Sofern die Zweige nur mich grün umschlingen,
  Was kehrt's mich, welcher Samen sie es lehrte,
Da, jeder Handlung Quelle zu durchdringen,
  Ein trauriges Vergnügen nur gewährte?
Doch dreht dies außer meines Themas Kreis sich,
Und auf den weisen Oxenstiern verweis' ich.[2])

60.

Wohlwollend zu ersparen den Eklat
   Der Herzogin sowie dem Diplomaten,
Beschloß Adeline, als sie deutlich sah,
   Daß Juan in die Falle schon geraten —
(Denn Fremde. wissen nicht, daß ein faux pas
   In England ganz was andres als in Staaten,
Wo man mit Ehstand=Juries nicht beglückt,
Zu heilen solchen Bruch durch ihr Verdikt)

61.

Beschloß Adeline, was das Beste schien,
   Alsbald zu thun, damit zuletzt nicht gar
Der faux pas möge Folgen nach sich ziehn;
   Sie urteilte mit etwas Einfalt zwar,
Da Unschuld, an dem Pfahle selbst noch kühn,
   Einfältig ist und nie benötigt war
Des Zaunwerks, welches Damen um sich stecken,
Deren Tugend so, daß sie nicht zu entdecken.

62.

Nicht, daß das Schlimmste sie gefürchtet, da
   Der Herzog ein geduld'ger Ehemann,
Dem drum ein Ausbruch gar nicht ähnlich sah,
   Noch, daß er mehre den Klienten=Clan
Der Ehstandsrichter; [3]) doch es lag so nah
   Der Zweifel an der Lady Talisman,
Wohl auch die Furcht vor einem Streit (ihr seht,
Wie sorgsam sie!) mit Lord Plantagenet.

63.

Auch galt die Herzogin für intrigant,
   Etwas méchante in ihren Liebeskreisen —
Der schönen Plagen eine, so gewandt,
   Den Liebsten mit Kapricen stets zu speisen,
Die einen Zank, ist keiner sonst zur Hand,
   Selbst schaffen jeden Tag in tausend Weisen —
Bezaubernd, folternd, Eis jetzt, glühend dann,
Und nie doch lassend dich aus ihrem Bann.

64.

Ganz so, wie dies des Jünglings Kopf verdreht
    Und endlich einen Werther aus ihm macht;
Kein Wunder, wenn ein reines Herz, in Not
    Und Angst vor solcherlei, den Freund bewacht.
Noch besser wäre Ehstand oder Tod,
    Als, wenn ein Weib zu foltern dich bedacht,
Ein Herz zu haben. Sei auf deiner Hut,
Ob solch ein bonne fortune auch wirklich gut.

65.

Zuerst in ihres Herzens Ueberfließen,
    Das frei von Schuld zum wenigsten sich dachte,
Bat sie den Gatten, ja nicht zu verschließen
    Dem Freunde seinen Rat. Lord Henry lachte
Ob ihres Plans kunstloser List für diesen
    Klienten gegen Frauenlist und sagte
Darauf in Staatsmann= und Prophetenart
Verschiedenes, woraus sie klug nicht ward.

66.

Erstlich, so sprach er, misch' er nie sich ein
    In andrer als des Königs Sachen; weiter
Urteil' er niemals nach dem bloßen Schein —
    Zu mancher Ungerechtigkeit verleit' er;
Und drittens brauche nicht geführt zu sein
    Am Gängelband der Don, der viel gescheiter
Als bärtig sei; auch seh' er, um zu schließen,
Nur selten Gutes gutem Rat entsprießen.

67.

Drum riet er — sicher nur, um zu bewähren
    Dies letztere Axiom — der Gattin jetzt,
Sich um die beiden weiter nicht zu kehren,
    Sofern nicht die bienséance verletzt;
Die Zeit schon werde Juan Mäßigung lehren,
    Die Jugend sei nicht klösterlich gesetzt,
Und Widerstand entflamme, statt zu löschen —
Da grade kam ein Bote mit Depeschen.

68.

Und da er des Geheimenrates einer,
  So ging Lord Henry in sein Kabinett,
Um Stoff zu liefern, daß ein Livius seiner
  Dereinst gedenke; jenes Inhalt steht
Hier nicht verzeichnet, weil bis jetzt noch keiner
  Bekannt mir — doch gedenk' ich, wenn es geht,
Ihn kurz in einem Anhang nachzutragen,
Der zwischen Schluß und Index nachzuschlagen.

69.

Doch eh' er ging, gab's manche Floskel noch,
  So einige Gemeinplatzfaselei,
Bloß Unterhaltungsmünze, die jedoch
  Aus Mangel beßrer geht, obgleich nicht neu;
Und während er die Botschaft rasch durchflog,
  Zog er recht wichtig sich zurück, wobei
Er erst die Gattin küßte, aber, schau!
Mehr wie 'ne Schwester, als 'ne junge Frau.

70.

Er war ein guter, kühler Ehemann,
  Stolz auf Geburt und stolz auch sonst nicht wenig;
Ein tücht'ger Geist für einen Staatsdiwan,
  Gemacht, voranzuschreiten einem König,
Groß, stattlich, führend stolz den Hofzug an,
  Mit Stern und Band, und — dieses muß gestehn ich —
Das Muster eines Kämmerlings. Und dies
Wird er, wenn ich erst König, ganz gewiß.

71.

Doch sah man, daß am Ganzen etwas fehle,
  Ich weiß nicht was, drum sag' ich's nicht — doch Fraun,
Die süßen, holden Wesen, nennen's Seele,
  Und Leib auch war es nicht, da schlank zu schaun
Und schön der seine, wie ich nicht verhehle —
  Ein schöner Mann, dies Menschenwunder, traun!
Und war im Krieg nicht minder als im Lieben
Stets völlig perpendikulär geblieben.

72.

Und dennoch fehlte etwas, wie gesagt,
   Das unnennbare je ne sais quoi,
Was einst die Ilias vielleicht gemacht,
   Weil es die Griechen=Eva Helena
Nach Troja aus des Gatten Bett gebracht;
   Und doch stand der Dardanerknabe ja
Weit dem Atriden nach, dem schönen Griechen —
Ihr seht, wie diese Frauen uns betrügen!

73.

Ein Etwas, was man kaum erklären kann,
   Hat man nicht des Geschlechts Verschiedenheit
Erprobt erst, wie Tiresias, da man
   Nie weiß, was Weiber lieben; kurze Zeit
Nur reizt das Sinnliche, derweil auch an
   Sentimentaler Unberührbarkeit,
Kein Halt; doch wenn verschmolzen beide, machen
Sie den Centaurn, auf den sich schwer zu wagen.

74.

Ein Etwas, das dem Herzen ganz genügt,
   Das ist's, was stets das Weib erstrebt; doch ach!
Wie füllen diesen Abgrund je? da liegt
   Der Anstand, ja — und hier nur sind sie schwach.
Hilflose Schiffer ohne Karte, fliegt
   Ihr Schifflein durch den wilden Wellenschlag
Im Sturm, bis, wenn das Ufer sie erreicht
Mit Not, es oft als über Fels sich zeigt.

75.

Es gibt ein Blümchen: Lieb' in Müßigkeit —
   Sieh nur in Shakespeares immer grünem Garten;
Zu schwächen seine edle Schildrung weit
   Entfernt, erbitte ich des großen Barden
Vergebung, rühr' in Reimverlegenheit
   Ein Blatt ich an, des er nur hat zu warten;
Ein andres Blümchen ist's vielleicht — ob blanche,
Ob nicht, doch ruf' ich „voilà la pervenche!"

76.

Εὕρηκα, hab's gefunden! Was ich sage,
    Ist nicht, daß Liebe bloße Müßigkeit,
Viel mehr, daß Müßigkeit die Schuld oft trage,
    Wofür sich wohl gar manches Beispiel beut.
Daß schwere Arbeit nicht den Kuppler mache,
    Ist sicher: wer beschäftigt, hat nicht Zeit
Zur Leidenschaft, seitdem an Bord die Argo
Medeen einst gehabt als Superkargo.

77.

Beatus ille qui procul negotiis,
    So sagt Horaz — der große kleine Dichter
Irrt hier; sein Grundsatz: noscitur a sociis,
    Ist richtiger, obgleich zu strenger Richter
Auch dieser, wenn man nicht zu lang in otiis
    Verkehrt mit diesem oder dem Gelichter;
Drum sag' ich: dreimal ist in jedem Stand
Beglückt, wer tüchtige Beschäft'gung fand.

78.

Adam vertauschte für den Pflug sein Eden,
    Als Eva Putz aus Feigenblättern machte;
Der Ursprung dies des Wissens all für jeden,
    Das der Erkenntnis Baum dem Menschen brachte.
Der Grund (wer wollte dieses widerreden?)
    So manches Uebels, das den Mann oft plagte,
Und mehr das Weib noch, ist: daß sie nicht wissen
Durch Arbeit trübe Stunden zu versüßen.

79.

Weshalb das große Leben eine Leere,
    Wo auf der Freuden Folter zu erringen
Man etwas strebt, was noch das Ennui mehre,
    (Ob Dichter auch oft von „zufrieden" singen,
Wofür „gesättigt" wohl zu setzen wäre).
    Aus dem die Wehen des Gemüts entspringen:
Blaustrümpfe, Spleen, Romane, praktiziert
Und Tänzen gleich in Wahrheit ausgeführt.

80.

Und hier erklär' ich eiblich: nie gelesen
 Hab' ich Romane, wie ich sie gesehen,
Und gäb' ich auch ein Bild euch alles dessen,
 Ihr glaubtet nicht, daß solches je geschehen;
Doch ist es meine Absicht nie gewesen —
 Man läßt am besten hinterm Vorhang stehen
So manche Wahrheit, gleichet sie der Lüge;
Drum geb' ich hier nur allgemeine Züge.

81.

„Auch eine Auster fühlt der Liebe Pein" —
 Warum? weil müßig sie in ihrer Schale
Die Zeit verträumt und unten seufzt allein,
 Dem Mönch gleich in der Zelle dumpfer Halle.
Ad vocem Mönch: die Tugend, noch so rein,
 Verbleibt's beim Müßiggang in keinem Falle;
Drum scheint dies Schlingkraut auch der Katholiken
So gut zum Samentreiben sich zu schicken.

82.

O Wilberforce, des schwarzen Ruhmes Held, [4]
 Wer sänge dein Verdienst im rechten Ton?
Einen Koloß hast mutig du gefällt,
 Du, Afrikas, der Schwarzen Washington!
Doch eins, die andre Hälfte auch der Welt
 Zurechtzusetzen, bleibt noch — nimm davon
Notiz gelegentlich; die Schwarzen preisen
Dich als Befreier — jetzt sperr' ein die Weißen.

83.

Sperr' ein den Eisenfresser Alexander,
 Schiff' aus die heiligen Drei [5] am Senegale;
Lehr' sie, daß Gans und Gänserich gleich einander
 Im Recht, und frag', ob Knechtschaft denn gefalle
Den Herrn; sperr' ein die Heldensalamander,
 Die Feuer gratis fressen — aber alle,
Verschließe — nicht den König — aber doch
Den Pavillon [6] — sonst kommt es uns zu hoch.

84.

Sperr' ein die ganze Welt, laß Bedlam los,
   Und staunend wirst die Ansicht du gewinnen,
Daß alles weiter geht, so klein wie groß,
   Wie jetzt bei soi-disant gesunden Sinnen.
Und wär' ein Gran Verstand den Menschen bloß
   Geblieben, würd' ich es beweisen ihnen;
Doch bis erst dieser point d'appui sich fand,
Laß' ich die Erde noch im alten Stand.

85.

Adeline nur den einen Fehler hatte:
   Ihr Herz, welch edle Wohnung auch, stand leer;
Nicht irrend war sie stets der Tugend Pfade
   Gefolgt, da nichts sie abgelockt bisher.
Ein weiches Herze scheitert eher (grade
   Weil's schwächer) als ein starkes auf dem Meer
Des Lebens; doch wenn letztres sein Verderben
Selbst schafft, zerschellt es auch in tausend Scherben.

86.

Den Gatten liebte sie, doch nur mit Müh'
   (Ein traurig Mühn) gelang ihr dies; entgegen
Der Neigung tiefsten Herzens spät und früh
   Die innersten Gefühle zu bewegen,
Ist Sisyphusarbeit; doch sie hatte nie
   Zu klagen noch zu tadeln, denn ein Segen
War dieses Bündnis, das als Muster galt:
So heiter, ehlich, edel, aber kalt.

87.

An Jahren waren sie nicht sehr verschieden,
   Wenn auch an Sinn — doch prallten sie nicht an;
Sie zogen, Sternen gleich, in ihrem Frieden,
   Wie im Leman die Rhone; denn man kann
Den Strom, wenn er vereint dem See, inmitten
   Der heitren, glatten Tiefe doch selbst dann
Verfolgen noch, derweil ihr Stromkind diese
Wohl gern an ihrer Brust entschlummern ließe.

88.

Wenn erst sich ein Intresse geltend machte
   Bei ihr für etwas: dann, ob noch so gut
Auch ihre Absicht (wie sie selbst sich sagte,
   Obgleich die Absicht nicht allein es thut)
Dann war der Eindruck stärker, als sie dachte,
   Und strömte mächtig wie des Wassers Flut
Auf ihre Seele ein — und mächt'ger zwar
Nur noch, weil sie so rasch bestimmt nicht war.

89.

Doch wenn sie's war, dann faßte sie der Dämon
   Zwiefachen Namens, weil er stets zweideutig:
Als Festigkeit beim Helden, Fürsten, Seemann
   Gerühmt, sofern Erfolg sie krönt gleichzeitig;
Doch mehr geschmäht als Starrsinn noch, wenn je man
   Nicht siegreich; für Kasuisten drum ein leidig,
Bedenklich Ding, wie man zu regeln habe
Die wahre Grenze dieser schlimmen Gabe.

90.

Hätt' Bonaparte bei Waterloo gesiegt,
   Dann hieß' es Festigkeit — doch Starrsinn jetzt;
Der Weise sag' uns, wo das Merkmal liegt,
   Ob der Erfolg entscheiden soll zuletzt,
Und wo die Grenze, welche nimmer trügt,
   (Sofern ein Mensch dies jemals richtig schätzt)
Ich habe nur zu thun mit Adeline —
In ihrer Art auch eine Heroine.

91.

Sie kannte selber kaum ihr Herz — und wie
   Soll ich's? sie liebte wohl noch nicht — denn Mut
Sonst hätte sie gehabt und Energie,
   Zu fliehn die wilde, ihr so neue Glut.
Sie fühlte bloß gemeine Sympathie
   (Ob echt, ob falsch? dies noch im Dunkel ruht)
Für Juan, weil er jung und in Gefahr,
Ein Fremder und der Freund des Gatten war.

92.

Sie hielt für seine Freundin sich — zu wissen:
  Fern von des Plato Schwindel, der verführt
So oft schon Damen, die dann büßen müssen,
  Wenn sie in Deutschland Freundschaft nur studiert,
Wo sich die Leute o so lauter küssen!
  So nah ward Abeline nicht berührt,
Die doch der Freundschaft, wie sie Männer bindet,
So fähig, als ein Weib sich irgend findet.

93.

Der Einfluß des Geschlechtes wird gewiß
  Wie bei des Blutes Banden hier auch leise
Und unschuldvoll sich geltend machen, bis
  Gestimmt ist der Akkord zu zartrer Weise.
Wenn frei du nur von Leidenschaft — (denn dies
  Stört jede Freundschaft) — gibt's im weitsten Kreise
Des Erdballs keinen Freund gleich einem Weibe,
Sorgst du, daß Liebe fern inzwischen bleibe,

94.

Weil Liebe stets im eignen Busen nährt
  Des Wechsels Keim (wie könnt' es anders sein?)
Da, was so heftig glüht, sich schnell verzehrt —
  Dies zeigt uns die Natur, so groß wie klein;
Was Wunder, daß das Heftigste nicht währt?
  Soll stets der Himmel glühn im Wetterschein?
Der Liebe Beiwort sagt es schon: kann je
Die „zarte" Leidenschaft bestehn als zäh'?

95.

Ach — der Erfahrung nach (ich red' indessen
  Nur andren nach) sind wenige nur im Land,
Die Glut nicht zu beklagen, noch erlesen,
  Durch die zum Gaukler Salomo ward; ich fand
Auch manche Frauen wohl — (nicht zu vergessen
  Den Ehstand, welcher doch der beste Stand,
Wenn nicht der schlechtste) — die sich Muster dachten,
Und dennoch nur zwei Leben elend machten.

96.

Auch sah ich Freundinnen — seltsam, doch wahr!
　　Wie ich dienlichen Falls erweisen könnte —
Die treu durch Dick und Dünn, und treuer zwar
　　Als Liebe jemals, waren bis zu Ende —
Die, als Verfolgung auf mich trat, sogar
　　Verleumdung jeder Art nicht von mir trennte —
Die meine Schlachten schlugen treu inzwischen
Trotz der Gesellschaft lautem Schlangenzischen.

97.

Doch später meld' ich erst, ob Abeline,
　　Die keusche, und den Don der Freundschaft Band
Umfing in diesem oder andrem Sinne;
　　Jetzt bin ich froh, daß sich ein Vorwand fand,
Dies unbestimmt zu lassen — ich gewinne
　　So an Effekt, erhalt' ich hübsch gespannt
Den Leser, da der beste Weg es, traun!
Zu fesseln an das Buch so Herrn wie Fraun.

98.

Ob sie nun gingen, ritten, Spanisch trieben,
　　Zu lesen Don Quichotte im Original,
(Was gibt es Schönres, als sich so zu üben?)
　　Ob ihre Rede ernsthaft oder schal,
Dies muß zum nächsten Canto ich verschieben,
　　Allwo ich auf die Sache noch einmal
Zurück vielleicht dann komme, und desgleichen
Sich mein beträchtliches Talent wird zeigen.

99.

Doch bitt' ich alle Leser, abzustehn
　　Ganz von Vermutungen in dieser Sache;
Sie könnten irr' betreffs der Schönen gehn,
　　Und minder nicht bei Juan ohne Frage.
Auch laß' ich eine ernstre Miene sehn,
　　Als ich sie in den frühern Cantos trage.
Ob beide fallen, steht noch so dahin,
Doch wenn's geschieht, dann ist es ihr Ruin.

100.

Doch Großes kommt aus Kleinem, und gedacht
    Hätt'st du wohl kaum, daß eine Glut, die Mann
Und Weib oft an Verderbens Rand gebracht,
    Nicht selten aus dem Kleinsten sich entspann,
Wie niemand dies als Grund für solche Macht
    Der Leidenschaft sich auch nur träumen kann;
Nie denkst du dir — ich wette gleich wie viel —
Daß sie entsprang aus einem Billardspiel.

101.

Seltsam, doch wahr, da Wahrheit seltsam, mehr
    Als Dichtung jemals; könnte man sie künden,
Wie viel gewänne der Roman! wie sehr
    Verändert würde man die Welt dann finden!
Wie oft nur Laster da, wo doch vorher
    Nur Tugend! — Alles Alte würde schwinden,
Könnt' ein Kolumbus der Moral den Leuten
Nur ihrer Seelen Antipoden deuten.

102.

Wie würde mancher Wildnis öder Plan
    Entdeckt dann in des Menschen Seele wohl!
Und in der Mächt'gen Herzen sähe man
    Eisberge, Selbstsucht mitten in als Pol;
Anthropophagen neun von zehn sodann
    Bei denen, die der höchsten Macht Symbol;
Beim rechten Namen nenn' jed Ding und jeden,
Und Cäsar wird ob seines Ruhms erröten.

Fünfzehnter Gesang.[1])

1.

Ach — ich vergaß, was folgen sollte, fast;
   Doch was auch folgt, es ist so apropos
Für Hoffnung und dem Frühern angepaßt,
   Als hätt' ich überlegt es so und so.
Das ganze Leben ist in Lust und Last,
   In Freud' und Leid doch nur ein Ach und Oh,
Ein Ha, ein Bah, ein Gähnen oder Pfui —
Das letzte wohl am wahrsten noch, o oui.

2.

Doch scheint das Ganze eine Synkope,
   So ein Singultus — Zeichen der Erregung,
Im Gegensatz zu Ennuis öder See,
   Auf der gleich Blasen unsere Bewegung,
Dem wäßrigen Bild der Ewigkeit, gibt's je
   Ein Bild dafür (nach meiner Ueberlegung)
Die oft die Seele füllet mit Entzücken
Und schaun sie läßt, was nimmer zu erblicken.

3.

Doch besser ist all dies, als wenn erstickt
   Der Seufzer modert in des Herzens Höhle,
Das Antlitz in der Ruhe Maske blickt,
   Und wenn zur Kunst wird die Natur der Seele.
Fast niemand wagt zu zeigen unverrückt,
   Was jene fülle oder was ihr fehle;
Nie fehlt Verstellung ganz, und Dichtung ist
Das einz'ge fast, was Glauben noch genießt.

4.

Ach — wer kann künden, oder wer kann nicht
　　Erinnern stumm und schweigend sich an all
Der Leidenschaft Verirrung? Nichts besiegt
　　Ganz die Erinnrung, die ein Schein, ein Schall
Oft weckt; der Thor sogar und dümmste Wicht
　　Kann doch im Lethe sie nicht allzumal
Versenken; denn das Glas in seiner Hand
Zeigt trüben Bodensatz vom Zeitensand.

5.

Und Liebe — o der Liebe! doch jetzt weiter.
　　Die Dame Adeline Amundeville
(Ein Name, schöner als die meisten leider)
　　Umschwebt harmonisch meinen Sängerkiel.
Im Rohrgesäusel ist Musik — wie heiter
　　Erklingt sie in des Bächleins Wellenspiel;
Musik ist allwärts, kannst du hören nur:
Der Sphären Echo nur ist die Natur.

6.

Adeline, ehrenwert und hochgeehrt,
　　Jetzt dieses weniger zu werden wagte.
Wie selten, daß das Weib — (Erfahrung lehrt
　　Dies klar) — es je zu festem Grundsatz brachte!
Sie weichen ab, gleichwie des Weines Wert
　　Vom Zettel, wenn er abgefüllt; so dachte
Ich oft, beschwör' ich gleich es nicht — doch beiden
Droht, bis sie alt, Verfälschung wohl zuzeiten.

7.

Doch Adeline war von feinster Lese,
　　Der Traube ungemischter Saft, so rein;
Blank wie ein Goldstück in der Münze Presse,
　　Und strahlend wie des Demants klarer Schein,
Ein Blatt, auf das der Neid der Zeit vergesse
　　Zu drucken je das Alter, welches ein
Schuldgläub'ger, der, sobald er klagt, erkennt,
Daß jedermann, ach leider! hier solvent.

8.

O Tod! der Mahner schlimmster! jeden Tag
    Klopfst du an Thüren — erst bescheiden leise,
Wie der Geschäftsmann anfangs nur gemach
    Vornehme Schuldner mahnet; aber speise
Ihn öfters ab, bis die Geduld ihm brach,
    Dann kommt er, pochend in ganz andrer Weise,
Und grob besteht er dann auf barem Geld,
Thut's nicht ein Wechsel, der auf Sicht gestellt. —

9.

Was du auch nimmst: gewähr' der Schönheit Gnade —
    So selten sie! — der Beute gibt's genug,
Und weicht auch manchmal sie vom rechten Pfade,
    Mehr Grund nur ist's für dich noch zum Verzug.
Verschlingst du Völker nicht nach deinem Rate,
    Und willst dich doch bescheiden nicht nach Fug
Und Recht? auf Frauenübel sieh gelind
Und Helden nimm, so viel beliebt dir sind.

10.

Adeline, um so offner, wie besprochen,
    Wo sie Intresse fühlte — (denn sie ward
Nicht allzu rasch, wie wir vielleicht, gewogen,
    War wenigstens, in irgend welcher Art
Zu zeigen dies, zu würdevoll erzogen)
    Gab kunstlos Herz und Kopf hin, wo ein zart
Gefühl sich regte, wenn sie erst erkannt es
Als schuldlos und als wert des Gegenstandes.

11.

Sie kannte Juans Fahrten, durchs Gerücht
    (Lebend'ge Zeitung dies) etwas entstellt;
Doch richten Frauen jeden Fehltritt nicht
    So streng, als oft der Mann es damit hält;
Und überdies erschien in beßrem Licht
    Sein Wandel hier, und er als Mann der Welt,
Weil ihm gleich Alcibiades gegeben
Die Kunst, in jedem Kreis bequem zu leben.

12.

Doch ward er nur bestechender vielleicht,
	Weil niemals er besorgt war zu bestechen;
Nichts affektiert, studiert hier, was nur zeigt
	Des Gecken Sucht, ein jedes Herz zu brechen;
Nie seine Macht mißbrauchend — dieses bleicht.
	Des Reizes Tinten nur und scheint zu sprechen
Als dreister Amor: widersteh, wer kann!
Dies macht den Dandy und verpfuscht den Mann.

13.

Der rechte Weg ist dieses nicht, obschon
	Er's scheint, wie leicht auch zu beweisen dies;
Doch war Don Juan weit entfernt davon,
	Sein Wesen war sein eignes ganz gewiß.
Aufrichtig war er, seiner Stimme Ton
	So offen, daß sie nicht dran zweifeln ließ.
Des Teufels Köcher ist an Pfeilen reich,
Doch keiner trifft solch holder Stimme gleich.

14.

Sanft von Natur, hielt jeden Argwohn er
	Entfernt; sein Blick, nicht ängstlich, schien bedacht
Beinah auf seinen eignen Schutz noch mehr,
	Als je zu sagen dir: nimm dich in acht!
Kaum sicher er genug — und doch wie sehr
	Lohnt oft Bescheidenheit sich selbst! man sagt,
Daß Anspruchslosigkeit es weiter bringe,
Als nötig es, zu künden solche Dinge.

15.

Gebildet, heiter, doch nicht laut, so war
	Er stets gewinnend ohne Schmeichelei;
Die Schwächen kannt' er all der großen Schar,
	Doch nie verriet er dieses allzu frei;
Bei Stolzen stolz, der Höflichkeit nicht bar,
	Doch, daß bekannt ihm seine Stellung sei
Wie ihre, zeigend — Vorrang nie erstrebend
Noch duldend ihn, und nie sich überhebend,

16.

Das heißt bei Männern; doch bei Frauen grab',
    Zu was sie machen und wofür versehn
Sie ihn nur wollten — viel dies in der That
    Für sie, sofern der Umriß leidlich schön;
Sie füllen ihn dann aus und — verbum sat!
    Da ihre Phantasieen und Ideen,
Sobald sie ihre volle Macht bewähren,
Viel schöner noch als Raffael verklären. ²)

17.

Adeline, die nicht tief in Charaktere
    Eindrang, des eignen Tinten ihnen lieh;
So irrt der Gute liebreich — und wo wäre
    Der Weise, der nicht oft gethan wie sie?
Erfahrung lehret Klugheit — ihre Lehre
    Jedoch ist traurig — und Philosophie,
Verfolgt so oft, sieht ihre Müh' verloren,
Weil niemand glaubt, wie voll die Welt von Thoren.

18.

War's nicht so, Locke? Bacon? und, noch hehrer
    Du, Sokrates? und du, so gottgeweiht,
Des Los es, daß die Schüler nie den Lehrer
    Verstehn, sein Wort zu jeder Niedrigkeit
Mißbrauchend, bis zelotische Bekehrer
    Die Welt erfüllt mit jedem Weh und Leid?
Doch ob sich Bände hier auch füllen ließen:
Ich überlass' es jedermanns Gewissen.

19.

Ich sitze nieder auf bescheidner Höh'
    Inmitt des Lebens Mannigfaltigkeit,
Wo ich nach dem, was Ruhm genannt, nicht seh' —
    Ich prüfe nur, umschauend weit und breit,
Was passend sei für meine Epopö';
    Um Verse niemals in Verlegenheit,
Schwatz' ich nur immer zu, wie ich es würde,
Wenn ich mit dir ganz ungeniert spazierte.

20.

Ich glaube nicht, daß viel Geschick sich zeigt
    In dieser flüchtig losen Art zu singen;
Doch hilft der freie, leichte Ton vielleicht
    Dir eine Stunde hie und da verbringen.
Eins ist gewiß: nichts knechtisch Niedres schleicht
    In diesen losen Ton sich, der erklingen
Nur stets das Nächste läßt, ob alt, ob neu,
Ganz improvisatorisch frank und frei.

21.

Omnia vult *belle* Matho dicere, dic aliquando
    Et *bene,* dic *neutrum,* dic aliquando *male.*
Mehr ist als möglich ersteres cantando;
    Das zweite thut's im Ernst und Scherz; per se
Macht sich das dritte manchmal; doch parlando
    Hört man und thut so oft das letztere;
Das Ganze ist, was gern ich wohl gemischt
In diesem Gericht dir hätte aufgetischt.

22.

Bescheidner Wunsch! Bescheidenheit mein forte,
    Stolz meine Schwäche; aber weiter jetzt.
Ich dachte abzuthun mit kurzem Worte
    Dies Epos, doch wer weiß, wohin zuletzt
Es irrt; wollt' ich der Rezensentenhorde
    Und Zwingherrn schmeicheln, wär' es hübsch gesetzt
Und kürzer, bünd'ger wären Stil und Ton —
Doch ich bin durch und durch Opposition.

23.

Stets auf der schwächern Seite muß ich stehen,
    So daß ich glaube, wenn gestürzt erst wären,
Die jetzt in ihrem vollen Stolz sich blähen,
    Und endlich Hunde dann nicht mehr in Ehren: [3]
Ich würde zwar den Sturz erst lachend sehen,
    Dann aber mich zur andren Seite kehren
Voll Eifer wiederum als Royalist,
Weil jede Uebermacht verhaßt mir ist. [4]

24.

Ich war gemacht zum guten Eheherrn —
  Hätt' ich nur nie erprobt den holden Stand;
Ein Mönchsgelübde hätt' ich wohl ganz gern
  Gethan, hätt' ich den Vorteil nur erkannt;
Ich hätte wohl den Kopf mir nicht von fern
  An Vers und Reim gestoßen, das Gewand
Des Dichters, dieses bunte, nie getragen,
Hätt' es nicht mancher wollen untersagen.*)

25.

Doch laissez aller! Fraun und Ritter singe
  Ich, wie die Zeit sie gibt; es ist ein Flug,
Der nicht bedürftig der erhabnen Schwinge,
  Wie vormals sie den Stagiriten trug;
Die Schwierigkeit ist, recht zu färben Dinge,
  Die künstlich nur und eitel Trug und Lug,
Mit Farben der Natur, damit erscheine
Das erst Besondre als das Allgemeine.

26.

Der Unterschied ist, daß in alten Tagen
  Der Mensch die Sitte machte — umgekehrt
Macht diese jetzt die Menschen, denn sie wagen
  Kaum aus dem Pferch sich, drin sie eingesperrt.
Dies muß natürlich kühl den Autor machen,
  Der, will er Zeiten nicht, die mehr es wert
Und besser schon besungen sind, beschreiben,
Bei der Gemeinplatz=Jetztzeit muß verbleiben.

27.

Wir wollen unser Bestes thun — voran,
  O Muse! flattre, kannst du fliegen nicht;
Sei lose, schlägt das Hehre dir nicht an,
  Und steif, wie wenn ein Staatsmann Weisheit spricht:
Wir finden schon was Suchenswertes dann.
  In einem Kutter, der nicht allzu dicht
Und räumig, fand Kolumbus eine Welt,
Die in der Kindheit noch — so wird erzählt.

28.

Adeline, als sie recht zur Einsicht kam
    Von Don Juans Verdienst und seiner Lage
Und tieferes Intresse an ihm nahm,
    Vielleicht weil neu ihr des Gefühles Sprache,
Und Unschuld nur sein Blick (was wundersam
    Verführerisch für Unschuld ist, die schwache)
Und weil das Weib das Halbe haßt, begann
Zu denken jetzt an einen Rettungsplan.

29.

Sie schätzte guten Rat, (wie's jedem, wer
    Ihn gratis nimmt und gibt, allzeit ergeht)
Wofür ein Dank der Preis — nie gilt er mehr,
    Wie hoch im Wert auch der Artikel steht.
Sie überlegte alles hin und her,
    Und da, moralisch, für Moralität
Der beste Stand die Ehe, so entschied
Sie dahin sich, daß sie ihm hierzu riet.

30.

Juan versetzte ehrfurchtsvoll bescheiden,
    Daß er dem Rate vollen Beifall spende,
Dies aber in der Lage, die zuzeiten
    Die seine, manchen Anstand finden könnte
In seiner Neigung, oder der von seiten
    Der Dame auch), an welche er sich wende;
Er hätte die und die vielleicht erwählt,
Doch seien, leider! sie bereits vermählt. —

31.

Nächst dem, zu stiften für sich selber Ehen,
    Für Töchter, Brüder, Schwestern oder Basen,
Worauf sie all' so prächtig sich verstehen,
    Gibt's nichts, womit sich Fraun so gern befassen,
(Gleich Wechslern, die die Zinsen wuchern sehen)
    Als Ehestiftung insgemein; sie hassen
Die Sünde, weshalb sie, da dies dagegen
Ein Präventiv ist, sich darauf verlegen.

32.

Doch keine Keusche (falls nicht eine Miß,
　　Die ledig, oder etwa fromme Damen
Vielleicht geneigt, zu widersprechen dies)
　　Gab's je, die nicht zuweilen solche Dramen
Der Ehstandseinheiten (so streng gewiß
　　Gewahrt, als jemals sie zur Geltung kamen
Seit Aristoteles) in dem Kopf getragen,
Die leider oft zur Posse ausgeschlagen.

33.

Sie haben stets so einen einz'gen Sohn,
　　So eine reiche Erbin, einen Freund
Und Herzog, einen lustigen Sir John,
　　Auch einen ernsten Lord, in dem erscheint
Des Stammes letzter Sproß, in petto schon,
　　Wo eine Heirat nur zu retten meint
Den Stammbaum hier, dort die Moral — daneben
Auch wohl, der Jungfraun Aussichten zu heben.

34.

Aus diesen wird dann sorgsam ausgewählt:
　　Dem eine Erbin, jenem eine Schöne,
Dem eine Sängrin, welche nie gefehlt,
　　Dem andern eine Tugendhafte; jene
Voll reicher Bildung wird dem Lord vermählt,
　　Dem Herzog eine reizende Sirene,
Die eine, weil die Konnexionen prächtig,
Die andre, weil „nichts einzuwenden, dächt' ich".

35.

Als Rapp, der Harmonist, die Eh' verbannte
　　Aus seiner „Eintrachtskolonie" (sie währt
Selbst jetzt noch und in blühend gutem Stande,
　　Weil sie nicht mehr der Mäuler zeugt als nährt
Und niemals jenen dummen Aufwand kannte,
　　Der das, was die Natur verlangt, erschwert)
Warum nannt' er den ehelosen Staat
Wohl Harmonie? Ob er's mit Absicht that?

36.

Weil er die Ehe oder Harmonie
  Verspotten wollt' und drum geschieden beide;
Doch wo er dies gelernt auch: es gedieh
  Stets seine Sekte und gedeiht noch heute;
Fromm, gut und rein trotz der Apostasie,
  Wie unsre nie, vermehren diese Leute
Sich gleich viel stärker; deshalb tadl' ich auch
Nur die Bezeichnung hier und nicht den Brauch.

37.

Rapp ist der Widerpart all der Matronen,
  Die Zeugung, trotz Herrn Malthus, [6] unterstützen
Und, zu der keuschen Fortpflanzung Patronen
  Sich machend, diese kräftig stets beschützen.
Doch wird sie schon so stark in unsern Zonen,
  Daß Auswandrung nicht mehr vermag zu nützen:
Der Leidenschaften und Kartoffeln Frucht,
Daran ein Weiser sich umsonst versucht!

38.

Las Adeline Malthus? weiß ich's gleich?
  Ich wollt' es wohl; sein Buch, ein elft Gebot,
Besagt: Du sollst nicht freien, außer reich!
  Dies meint er, und im Ernste, nicht im Spott.
Doch zu erörtern eine Meinung euch,
  Die von so tücht'ger Hand kommt, ist nicht not;
Sie macht das Leben nur etwas asketisch
Und, andernfalls, die Ehe arithmetisch.

39.

Doch Adeline dachte wohl: zu leben
  Hab' unser Juan, und sogar mit Glanz,
Getrennt selbst, sollt' es also sich ergeben —
  (Und leicht geschieht es, ist ein Bräut'gam ganz
Erst eingethan, daß er mit Widerstreben
  Den Fuß nur heben mag im Ehetanz,
Der einem Maler Ruhm verleihen könnte,
Wie Holbeins Totentanz — 's ist eins am Ende).

40.

Doch Adeline war entschlossen, daß
　　Don Juan sich vermähle — dies genügt
Bei Frauen; doch mit wem? Miß Redewas
　　War da, Miß Rau, Miß Flau, Miß Riegerügt,
Dann die zwei Miterbinnen Goldengras;
　　Sie meinte, sein Verdienst sei von Gewicht,
Und jede jener holden Damen gehe
Gleich einem Uhrwerk fehllos in der Ehe.

41.

Miß Mühlteich auch, sanft wie ein See und klar
　　(Ein Alltagsbild), dabei das einz'ge Kind,
Des Gleichmuts Schmand, bis abgerahmt sie war
　　Und etwas Milch und Wasser blieb, gelind
Ins Bläuliche vielleicht dann spielend zwar,
　　Doch was verschlägt's? liebt Liebe auch, die blind,
Die Ruhe nicht, soll doch die Eh' sie haben
Und, da sie angreift, sich an Milchkost laben.

42.

Da war auch Miß Audacia Knöchelband,
　　Ein reiches Fräulein sie und zum Entzücken;
Ihr Herz nach Sternen nur und Kronen stand;
　　Doch ob jetzt Grafen seltner zu erblicken,
Ob sie die rechte Saite noch nicht fand,
　　Womit Sirenen solche Herrn berücken:
Sie nahm vorlieb mit einem jüngern Bruder,
Gleichviel woher, wenn nur zum Ehmann gut er.

43.

Da war auch — doch wozu noch weiter gehn,
　　Gehn ab die Damen nicht? — da war auch eine
So Holde, feeenhaft und lieblich schön,
　　Vom besten Stand, in dem ihr gleich fast keine;
Aurora, wie ein Stern aus Himmels Höhn,
　　Bestrahlte, irdisch kaum, in sanftem Scheine
Das Leben — sie, die holdeste der Rosen,
Und o, der süße Kelch noch fast geschlossen!

44.

Reich, edel, eine Waise, und als einzig
　　Kind eines Vormunds Obhut anvertraut;
Doch schien zu fühlen sie so ganz allein sich —
　　Blut ist nicht Wasser, und es spricht so laut
Kein jugendlich Gefühl, als das, darein sich
　　Der Tod gemischt, wenn es verlassen schaut
Umsonst nach einer Heimat in Palästen —
Im Grab die Bande all', die zartsten, besten!

45.

An Jahren jung, ganz kindlich von Gestalt,
　　Mit etwas Hehrem in dem tiefen Auge,
Das traurig schien mit himmlischer Gewalt,
　　Ganz Jugend, wie entrückt dem bleichen Hauche
Der Zeit — fast klagend, was ihr selbst nicht galt,
　　Nein so, als ob um andrer Schuld sich tauche
Ihr Blick in Mitleid und an Edens Pforten
Um jene traure, die verbannt von dorten.

46.

Katholisch war sie auch — und streng, so weit
　　Ihr sanftes Herz es zuließ; teurer deuchte
Ihr jener Glaube, weil er dieser Zeit
　　Verdrängt;⁷) der Stolz der Ahnen all erbleichte
Nicht mit der Thaten Glanz, die weit und breit
　　Berühmt einst; und der neuen Herrschaft beugte
Sich keiner je, so daß als letzter Sproß
Sie fest sich an den alten Glauben schloß.

47.

Sie sah die Welt, die sie nicht kannte, an,
　　Als wollte sie nichts kennen je davon;
Still, einsam, gleich der Blüte, in dem Bann
　　Des eignen Herzens, trieb sie sanft, obschon
Sie nur Verehrung überall gewann;
　　Zu sitzen schien ihr Geist auf einem Thron
Fern von der Welt, der eignen Kraft gewiß —
Für ihre Jugend etwas seltsam dies.

48.

Nun traf es sich, daß in dem Katalog
　　Adelinens sich Aurora nicht befand,
Stellt' auch Geburt und Reichtum sie so hoch,
　　Und ob die Reize gleich, die uns bekannt,
Nebst ihrer Huld und Schönheit sicher doch
　　Kein Hindernis, um hier als wert genannt
Der Mühe aller leb'gen Herrn zu werden,
Falls sie ent=ledigt sich zu sehn begehrten.

49.

Und diese Weglassung, gleich der der Büste
　　Des Brutus bei dem Cäsarfeste, machte
Don Juan staunen (wie es jeder müßte)
　　So daß halb scherzend dessen er gedachte,
Worauf Adeline herrisch — (milder müßte
　　Den Ton ich hier nicht zu bezeichnen) sagte:
Sie sei erstaunt, was er an diesem Kinde,
Der kalten, schweigsamen Aurora finde.

50.

Juan erwiderte, sie sei katholisch
　　Und passe, gleichen Glaubens, drum für ihn;
Denn seine Mutter werde melancholisch
　　Gewiß, auch Ablaß nimmer ihm verliehn,
Wenn er... doch Adeline, apostolisch
　　Erpicht, die eigne Meinung, wie es schien,
Auch andren einzuimpfen, machte scheltend
Dieselben Gründe wie vorher schon geltend.

51.

Und warum nicht? Ein Grund, sofern er gut,
　　Wird sicher schlechter nicht durchs Repetieren,
Das, wenn er schlecht selbst, oft noch Wirkung thut
　　Bloß durch Ermüdung, was du all verlieren
Durch Kürze mußt; beharrt drum, nicht geruht!
　　Dies wird Politiker selbst überführen,
Ich meine: sie ermüden, was gleichviel;
Gleichgültig ist der Weg, kommt man ans Ziel

52.

Woher nun Adelinens Vorurteil —
  Denn dieses war es — gegen solch ein Wesen,
So rein, wie je von Sünde wahres Heil,
  Der Schönheit Reiz in jedem Zug zu lesen?
Zu schwierig ist die Frage mir, dieweil
  Adelinens Herz ein gutes war; indessen
Bleibt Herz doch Herz und hat oft mehr der Grillen,
Als zu zergliedern Zeit ich hab' und Willen.

53.

Sie konnte wohl die Ruhe nicht ertragen,
  Womit Aurora sah auf all' die Possen,
Die doch die meisten freun in jüngren Tagen;
  Denn nichts hat je die Menschen mehr verdrossen,
Zumal die Frauen, wenn ich so darf sagen,
  Als, wie Anton von Cäsar einst, dem großen,
Von wenigen getadelt dazustehen,
Die, und mit Recht, auf sie hernieder sehen.

54.

Nicht Mißgunst war's — Adeline hatte keine,
  Ihr Rang, ihr Geist erschien dazu zu hehr;
Nicht Uebermut: wie käm' er an die Reine,
  Die nur den Fehler hatte, allzusehr
Fehllos zu sein; nicht Scheelsucht, noch sonst eine
  Der Frauenschwächen, deren es noch mehr
Wohl gibt; — auch war es nicht... es sagt sich zwar
Viel leichter, was es nicht, als was es war.

55.

Aurora ahnte nicht, das Ziel zu sein
  Solcher Erörtrung, da sie Gast dort bloß —
Ein holdes Kräuseln, unvergleichlich fein
  Im Strom von Rang und Jugend, welcher floß
So schimmernd in dem allzu flücht'gen Schein,
  Den hier die Stunde über sie ergoß;
Sonst hätte ruhig sie gelächelt hier:
So wenig war, so viel vom Kind in ihr.

56.

Adelinens stolze Miene imponierte
    Ihr nicht; ihr Glanz erschien ihr kühl und fahl,
Wie sie des Glühwurms Leuchten sehen würde,
    Zum Himmel blickend dann um lichtren Strahl.
Den Don verstand sie nicht, denn sie studierte
    Die Welt noch nicht, weshalb sie nicht einmal
Geblendet von dem Meteore ward,
Da, auf den Schein zu baun, nicht ihre Art.

57.

Sein Ruhm auch — (war ein solcher Ruhm doch sein,
    Wie er den Teufel oft beim Weibe spielt,
Wenn halbe Tugenden es im Verein
    Mit ganzen Lastern sieht und es sich fühlt
Bestochen von der Kühnheit, weil's den Schein
    Und Gleiß für echt, vom Glanz geblendet, hielt)
Sein Ruhm selbst, sagt' ich, keinen Eindruck machte
Auf sie, die kühle und die selbstbedachte.

58.

Juan verstand nicht solche Charaktere —
    Sie war so hehr und doch nicht wie Haidie;
Gleich strahlend beide in der eignen Sphäre;
    Mehr warm als lieblich, doch gleich wahrhaft sie,
Die Inselmagd, gewiegt vom stillen Meere,
    Die ganz Natur, was doch Aurora nie
Zu sein vermochte; denn verschieden war
Wie Edelstein und Blume dieses Paar.

59.

Nun der erhabene Vergleich geschlossen,
    Denk' ich, wir fahren fort; drum werde ich
Jetzt, wie Freund Scott sagt, in mein Kriegshorn stoßen —
    Scott, des Vergleichs Superlativ für mich,
Der Ritter, Knappen schildert und die Großen
    Wie Kleinen, Herr und Knecht, so meisterlich,
Daß keiner, außer Shakespeare und Voltaire,
Ihm jemals gleichkommt, deren Erbe er.

60.

In meiner leichten Weise fahr' ich fort
   Zu spielen auf der Menschheit Oberfläche;
Die Welt beschreib' ich, ob sie meinem Wort
   Nun lausche oder nicht — und keine Schwäche
Verschon' ich. Feinde hat dies hier und dort
   Mir schon gemacht — und daß es so sich räche,
Dies dacht' auch anfangs gleich in meinem Sinn ich,
Jetzt weiß ich's — doch ein netter Dichter bin ich.

61.

Der Rat (vielmehr Kongreß, denn gleich Kongressen
   Der neuern Zeit verlief er) unsres Don
Mit Adeline, welche ganz versessen
   Auf ihren Plan, war sauer=süß; doch schon,
Eh' etwas noch erreicht, rief — nicht zum Essen —
   Die Silberglocke mit dem Friedenston,
Nein, zur Toiletten=Halbstund', ob auch leider
Für kürzre Frist schon knapp der Damen Kleider.

62.

Bei Tafel war jetzt Großes zu vollbringen
   Mit Silberzeug als Wehr, und Gabeln, Messern
Als Waffen; doch wer kann Homer gleich singen
   (Und seine Mahle zählen zu dem Bessern)
Nur ein modernes Mahl, wo man verschlingen
   In Saucen und Ragouts von all den Essern
Mehr der Mysterien sieht, als jemals, traun!
Nur Hexen, H..en oder Aerzte braun?

63.

Erst eine gute Soupe à la bonne femme —
   Des Namens Ursprung ich nicht recht versteh' —
Worauf ein Lachs für Leckermäuler kam,
   Sowie auch Dindon à la Périgueux —
Sodann — (o daß ich Sünder unternahm
   Die Gourmand=Strophe, denn wie soll ich je
Durchführen sie?) — Soupe à la Beauveau dann,
Wildschwein=Ragout schloß sich, o Ruhm! daran.

64.

Doch muß ich mein Gericht en masse auftragen,
  Da meine Muse, ließe sie sich ein
In das Detail, zu weit sich möchte wagen,
  Die alle Prüden ohnedies verschrein
Als eine bonne vivante — doch ist ihr Magen
  Nicht grad' ihr sündig schwacher Teil; allein
Wie dem auch sei, soll es erschlaffen nicht,
So braucht Erfrischung jetzo mein Gedicht.

65.

Geflügel à la Condé, Wildpasteten
  Und Salmen dann mit Sauces Génevoises —
Und Weine! einen jungen Ammon[8]) hätten
  Sie selbst bewält'gen können; ferner aß
Westfälischen Schinken man — ich wollte wetten,
  Apicius würd' ihn preisen selbst; und daß
Champagner floß, ist klar — mit Perlen, ja,
Wie die geschmolznen der Kleopatra.

66.

Dann gab's Gott weiß was all à l'Allemande,
  A l'Espagnole, timbale und salpicon,
Nebst manchem, was ich niemals recht verstand,
  Wird es mit viel Appetit verschlungen schon.
Und entremets, zu knuspern unterhand,
  Den Geist ganz einzulullen, so davon
Noch etwas wach; im Lorbeerkranz hierauf
Trug man Luculls[9]) Feldhuhn=Rouladen auf.

67.

Was ist des Siegers Kranz hiergegen? Staub!
  Wo ist der Siegesbogen, welcher kühn
Geblickt herab einst auf der Völker Raub?
  Wo des Triumphkarrn stolzer Zug? Dahin,
Wo Sieg und Mahl hingehn! — drum mit Verlaub
  Nichts mehr hiervon; — doch ihr in Lorbeers Grün,
Moderne Helden der Kanonen! wann
Macht ihr Feldhühner selbst berühmt, sagt an?

68.

Die Trüffeln auch sind zu verachten nicht,
　Mit petits puits d'amour — was eine Speise,
Darob die Kochkunst noch im Zweifel liegt;
　Bereite jeder drum in seiner Weise
Sie nach dem Kochbuch, das jedes Gericht,
　So Fleisch wie Fisch, in seiner Weisheit Kreise
Umschließt; doch selbst sans confitures sind sie
Was Leckres sicher, diese petits puits.

69.

Der Geist versenkt sich tief in der Beschauung
　Der Weisheit, auf zwei Gänge hier verwandt;
Es braucht Arithmetik, um die Verdauung
　Zu hemmen, mehr, als jemals ich verstand.
Wer denkt, daß Kochkunst — (herrliche Erbauung!)
　Seit Adams simplem Mahl die Mittel fand
Zu einer Wissenschaft in dem, was nur
Das einfachste Bedürfnis der Natur?

70.

Die Gaumen kitzelten, die Gläser klirrten,
　Und herrlich schmausten all' die hohen Gäste;
Die Damen zwar sich etwas moderierten,
　Und auch die Jünglinge beim Tafelfeste,
Da diese kaum sich je so weit verirrten,
　Des Gaumens Lust zu halten für die beste;
Viel mehr als nach der Speise steht ihr Sinn
Nach dem Geflüster holder Nachbarin.

71.

Auch ungenannt muß lassen ich das Süße,
　Die salmi, das consommé, das purée,
Gebraucht nur, daß der Reim mir glatter fließe,
　Als Roastbeef oder Beefsteak mir es je
Erlaubten; alle Rippen deshalb schließe
　Ich aus — sie wären in der glatten See
Des Reims gleich Felsen; ungeschildert lasse
Ich ferner eine duftende bécasse.

72.

Eis, Früchte und was sonst die Kunst gemacht
  Aus der Natur, zu frönen deinem goût —
Goût oder goutte — drum lies, wie dir es sagt
  Dein Magen: vor dem Mahl trifft jenes zu,
Doch nach ihm manches Zeichen manchmal fragt,
  Ob dies die richt'ge Lesart nicht. Hast du
Die goutte gehabt? ich nicht; doch, Leser, könnte
Sie uns vielleicht beschert noch sein am Ende!

73.

Und die Oliven, die so gut zum Wein
  Sich schicken, muß auch sie ich übergehn?
Ja, mochten sie mein Leibgericht auch sein
  In Spanien und in Lucca und Athen;
Das Gras mein Tischtuch, waren sie dort mein
  Sorgloses Mahl im freien Himmelswehn
Auf Sunium und Hymettus, wie dem Weisen
Vormals, des Schüler ich mich halb darf heißen.

74.

Fleisch, Fisch, Gevögel brachten ihren Zoll
  Hier reichlich, nebst Gemüsen, all' maskiert;
Die Gäste waren nach dem Range wohl,
  Doch bunt den bunten Schüsseln gleich placiert;
Don Juan nahe der à l'Espagnole,
  Nicht Dame, sondern Schüssel — doch verziert
So schön von außen, innerlich so süß,
Daß dies sie einer Dame gleichen ließ.

75.

Durch bösen Zufall saß er ferner zwischen
  Aurora und Adeline — bei dem Essen
Ein schlimmer Platz für jeden, der den Fischen
  Nicht gleich von Blut ist; ferner zu vergessen
Die Konferenz nicht, welche zu erfrischen
  Den Geist ihm nicht geeignet war, indessen
Adeline, wendend sich ganz kurz an ihn,
Mit scharfem Blick ihn zu durchbohren schien.

76.

Oft scheint's, als ob die Augen Ohren wären
   Zugleich, da manche unhörbare Dinge
Erlauscht von Frauen werden; zu erklären
   Ist's kaum, woher wohl sonst für sie entspringe
Die Wissenschaft — gleich der Musik der Sphären,
   Die niemand hört, wie laut sie auch erklinge;
Erstaunlich ist's, wie oft von Fraun erlauscht
Gespräche werden, wo kein Wort getauscht.

77.

Aurora saß so gleichgültig daneben,
   Wie einen preux chevalier es wohl empört;
Denn keine schlimmre Kränkung kann es geben,
   Als dir zu zeigen, daß beachtenswert
Du kaum; der Don, obgleich kein Stutzer eben,
   Fand doch, also gepackt, sich nicht geehrt,
Da er ganz wie ein Schiff im Eis und nach
So vielem guten Rat jetzt fest hier lag.

78.

Auf seine muntren Nichts gab sie zurück
   Nichts oder was gleich nichts, wie dies gebeut
Die Höflichkeit; sie gönnte keinen Blick,
   Kein Lächeln ihm, genug für Eitelkeit.
Der Teufel war in ihr — ob Ungeschick,
   Zerstreuung, Stolz es, ob Bescheidenheit?
Wer weiß — doch Adelinens Augen sprühten
Boshaft, daß sie so richtig ihn beschieden,

79.

Und blickten ein „Hab' ich es nicht gesagt?"
   Dies ein Triumph, der zu empfehlen nicht,
Weil er, wie ich's gesehn, oft boshaft macht
   Liebhaber oder Freunde, die erpicht
Auf eigenen Kredit, bis Groll entfacht,
   Und Ernst wird, was erst Scherz; denn jeder spricht
Von manchem gern prophetenhaft — und hassen
Wird er drum den, der's nicht geschehn will lassen.

80.

In einigen gewählten Artigkeiten
   Erging sich Juan jetzt, hinreichend grade,
Um Fraun von raschem Blicke anzudeuten,
   Man wandle weiter gern auf diesem Pfade,
Bis — also lautet der Bericht — bescheiden
   Erlöst Aurora die Gedanken hatte
So weit aus ihrem süßen Kerker, um
Zweimal zu lächeln, ja zu lauschen stumm.

81.

Dann gab sie Antwort — fragte dann — (bei ihr
   Was Seltnes) — und Adeline, die bis jetzt
Bewährt zu sehn die Prophezeiung hier
   Gedacht, begann zu fürchten, daß zuletzt
Kokett sie werde, da so schwer es für
   Extreme, wenn sie erst in Gang gesetzt,
Nicht zu berühren sich; sie schloß hierin
Zu sein, denn so war nicht Auroras Sinn.

82.

Doch höchst gewinnend war Don Juans Art,
   Demütig=stolz (falls möglich dies), wobei
Er auf der Frauen Wort so höflich zart
   Zu lauschen schien, als ob's Gesetz ihm sei;
Und ob er ernst, ob heiter, immer ward
   Vom feinsten Takt gelehrt er, wo es frei,
Wo's vorsichtig zu sein galt, denn er konnte
An jeden legen unbemerkt die Sonde.

83.

Auroras Teilnahmlosigkeit, die ihn
   Mit all der Gecken Schar vorher vermengt,
Obgleich er klüger als die Thoren schien,
   Die flüsternd, witzelnd sie so oft umdrängt,
Begann — (klein ist das Große im Beginn)
   Die Schmeichelei zu fühlen, die befängt
Die Stolzen selbst durch Ehrerbietigkeit
Und zartem Widerspruch selbst Reiz verleiht.

84.

Und dann sein edler Blick! durchdiskutiert
    War bei den Frauen dieser Punkt, der leider
Bei den Vermählten oft zum Argen führt —
    Doch ist der Jury Sache dies — drum weiter,
Da wir zu viel und lang schon abgeirrt;
    Obgleich ein Blick, ob er nun ernst, ob heiter,
Noch jetzt wie sonst oft trügt, da tief genug
Der Eindruck doch, zu trotzen jedem Buch.

85.

Auf Bücher mehr als Mienen schauend, weihte
    Aurora sich, so jung und doch so weise,
Weit mehr (besonders auf gedruckter Seite)
    Minerven, als der Grazien holdem Kreise.
Doch Tugend, selbst im sittsam-dichtsten Kleide,
    Hat nicht des Alters steif gestärkte Weise;
Und Sokrates, dies Muster jeder Pflicht,
Entzog sich doch der Macht der Schönheit nicht!

86.

Und junge Mädchen sind so weit sokratisch,
    Doch unschuldvoll zugleich, wie Sokrates;
Und freute dieser Weise, hehr und attisch,
    Mit siebzig noch in Wirklichkeit sich des,
Was Platons Dialog uns zeigt dramatisch,
    So weiß ich nicht, warum für Jungfraun es
Nicht passen soll; — nur hübsch bescheiden, ja,
Sei es allzeit — dies ist ein sine qua. [10]

87.

Bemerkt, daß, wo ich wie Lord Coke gegeben
    Zwei Meinungen, die anfangs etwa beide
Sich gegenseitig schienen aufzuheben,
    Die beste dieser jedesmal die zweite.
Vielleicht hab' eine dritte ich daneben,
    Gar keine auch vielleicht — mir selbst zum Leide;
Wer aber, wenn er konsequent soll bleiben,
Kann je die Dinge, wie sie sind, beschreiben?

88.

Seh' ich die ganze Welt im Widerspruch,
   Soll ich nicht widersprechen jedermann?
Mir selbst vielleicht? doch dieses ist ein Lug —
   Wer selbst an allem zweifelt, dieser kann
Nichts widersprechen. — Ob auch klar genug
   Der Wahrheit Quellen: trüb doch immer rann
Ihr Strom, durchkreuzt von Widerspruchs-Kanälen,
So daß man Dichtung muß zur Brücke wählen.

89.

Obgleich oft trüglich Fabel und Parabel,
   So werden sie doch leicht oft wahr gemacht,
Sät man sie nur in urbar Land; 'ne Fabel
   Hat manchmal Wunderbares schon vollbracht,
Erleichtert oft die Wirklichkeit, dies Babel —
   Doch, was ist Wirklichkeit? wer, der es sagt?
Weltweisheit, die so vieles nicht entdeckte?
Nein! — Religion? nun ja — doch welche Sekte?

90.

Klar ist es, daß Millionen irren müssen,
   Wenn alle recht nicht haben — helf' uns Gott!
Doch da in dieses Lebens Finsternissen
   Die heilige Lampe klar zu halten not,
So wär' es Zeit, daß ein Prophet uns wissen
   Aufs neue ließe, was des Lebens Brot.
In tausend Jahren tragen Glaubenslehren
Sich ab, wenn die Erfrischung fehlt der Sphären.

91.

Doch warum soll ich in Metaphysik
   Verwickeln wieder mich? Haßt doch den Streit
Niemand so sehr als ich; doch mein Geschick
   Ist's also, oder meine Albernheit,
Den Kopf zu stoßen jeden Augenblick
   An Balken so der Zeit wie Ewigkeit;
Den Tyrier lieb' ich wie auch den Trojaner,
Da ich ein mäßiger Presbyterianer.

92.

Doch ob als Theolog und wohl desgleichen
   Als Metaphysiker ich duldsam schon
Und unparteiisch, Armen so wie Reichen,
   Wie Scott [11]) in einer Wahnsinn=Kommission:
In Politik ist's meine Pflicht, zu zeigen
   Etwas vom niedren Weltlauf unsrem John —
Denn kochen macht's mein Blut gleich Lavabächen,
Wenn Herrscher schurkisch die Gesetze brechen.

93.

Moral und Politik will ich mit nichten
   Drum übergehn in meinem Sang — wer kann's?
Nicht bloß zur Abwechslung, nein, allen Schichten
   Des Volks zum Nutzen in dem wirren Tanz
Des Lebens, die Gesellschaft zuzurichten,
   Mit Weisheit [12]) stopfend diese dumme Gans:
Dies mein Geschäft — und zu genügen allen,
Wend' ich mich jetzt zum Supernaturalen.

94.

Doch jegliche Betrachtung geb' ich auf
   Nunmehr, und nichts soll sicher mich fortan
Zu solcher „Narrheit schrauben noch hinauf";
   Ich will durchaus mich bessern, wenn ich kann.
Ich konnte nie besinnen mich darauf,
   Wie's möglich sei, daß meine Muse man
Gefährlich nennt, so harmlos sie trotz allen,
Die mehr sich mühn und minder doch gefallen.

95.

Hast, Leser, je du einen Geist gesehen?
   Nein; doch gehört, versteh' ich recht dich — stille!
Bedaur' es nicht, wenn so es ist geschehen,
   Da du durchschaut dann hast der Zukunft Hülle;
Auch mußt du nicht mein Wort derart verstehen,
   Als ob es zu verspotten hier mein Wille
Solch eine Quelle des Geheimnishehren —
Ich selbst kann mich des Glaubens kaum erwehren.

96.

Des Glaubens? lache nur! ich nicht — denn immer
　Aufrichtig sei mein Lächeln, lächle ich.
Ich glaube, sag' ich, daß es Geisterzimmer
　Noch gibt — doch wo? Ich wollt', es senkte sich
Ganz in Vergessenheit — drum sag' ich's nimmer;
　Denn „Schatten schreckten Richard" — so auch mich!
Kurz — dieser Gegenstand mich manchmal quält,
Wie man's vom Weisen Malmesburys [13]) erzählt.

97.

Die Nacht — (ich singe nachts als Nachtigall,
　Doch oft als Eule auch) — ist trüb, und im
Gemäuer tönt des Rufes Widerhall,
　Erhebt Minervens Vogel seine Stimm',
Und nieder schaun die alten Bilder all'
　Fast grollend — blickten sie doch nicht so grimm!
Verglimmt ist im Kamin der Funken Schein —
Ich saß zu spät wohl in die Nacht hinein.

98.

Und drum, obgleich ich sonst nicht reimen mag
　Des Mittags, wenn ich mich mit andern Dingen
Befassen muß — (auch fühl' ich nach und nach
　Ein nächtig Schaudern durch die Glieder dringen) —
Verschieb' ich jetzt wohlweislich bis Mittag
　Mein Thema, das nur Schatten hat zu bringen;
Doch müßtet ihr mein Innerstes erkennen,
Bevor ihr dies dürft Aberglauben nennen.

99.

Inmitten zweier Welten schwebt das Sein,
　Wie 'n Sternlein zwischen Nacht und Morgen schwebt
Am Rand des Horizonts. Was sind wir? nein —
　Was werden wir? Es flutet und es ebbt
Der Zeiten Woge, und sie schlingt uns ein
　Gleich Blasen stets — die eine platzt, da hebt
Die andre aus dem Schaum sich; es zerschellen
Der Erde Reiche gleich den flücht'gen Wellen.

－－－－－－

Sechzehnter Gesang.

1.

Der Perser einst drei gute Dinge lehrte:
  Den Bogen spannen — reiten — Wahrheit reden;
So that auch Cyrus, der als Fürst verehrte.
  Die Jugend scheint in seine Spur zu treten:
Zweisehnige Bogen hat sie, tummelt Pferde
  Erbarmungslos, doch scheint sie sich zu blöden
Beim Wahrheitreden fast, weit mehr gewandt
In Heuchelei, als man es sonst gekannt.

2.

Dieses Effekts — wenn nicht Defektes — Grund
  (Denn Grund hat dieser Defektiv=Effekt)
Ist — nein, ich halte lieber reinen Mund.
  Von allen Musen, die ich je entdeckt,
Ist aber — (sei's zum eignen Lobe kund)
  Die meine, wenn sie auch zuweilen schmeckt
Nach Thorheit, die wahrhaftigste gewiß,
Die jemals noch der Dichtung sich befliß.

3.

Weil sie von allem spricht, zurück nicht weicht,
  Vor nichts — dies ist der Grund, daß dies Gedicht
Gehäuft die seltsamsten der Dinge zeigt,
  Die anderswo gewiß zu finden nicht.
Mischt sie ins Süße Bittres auch vielleicht,
  Geschieht's so fein, daß es an Grund gebricht
Zur Klage — nun, ich rede talis, qualis
De cunctis rebus et quibusdam aliis.

4.

Doch keine Wahrheit, die ich sang vorher,
   Ist wahr wie jene, die nun folgt; ihr wißt:
Von einem Geist soll handeln nun die Mär' —
   Wie so? Wer weiß — genug, daß so es ist!
Wer kennt den dunklen Strand nur ungefähr,
   Der alle Erdenwohner einst umschließt?
Verstummen soll des Zweifels kleinster Laut
Gleich dem, der dem Kolumbus einst mißtraut.

5.

Groß thut jetzt mancher mit Autorität,
   Mit des Turpin und Geoffrey Chroniken —
(Besonders, wo es sich um Wunder dreht,
   Sieht man, daß sie die überlegenen)
Doch voran steht noch Augustin: er rät
   Uns an, zu glauben dem Unmöglichen,
Weil so es ist; wie sehr darob man grübele,
Er thut es ab mit: quia impossibile.

6.

Was hilft's, wenn ihr an allem kritteln wollt —
   Glaubt! ist es unwahrscheinlich, weil ihr müßt,
Und ist's unmöglich gar, dann, weil ihr sollt,
   Da blinder Glaube stets das Beste ist.
Auch werde hier profan nicht wiederholt
   Manch heiliges Mysterium, das der Christ
Als Evangelium nennt, und das wie jede
Wahrheit befestigt wird durch Widerrede.

7.

Ich sage nur, wie dies schon Johnson that,
   Daß im Verlauf von vielen tausend Jahren
Jed' Volk geglaubt, daß aus dem Grab genaht
   Zuweilen ein Besucher — und verwahren
Mag die Vernunft (und dies ist in der That
   Das Seltsamste bei diesem Wunderbaren)
Sich stets dagegen: etwas Stärkres spricht
Gleichwohl dafür — zu leugnen ist es nicht.

8.

Diner war jetzt und Soiree verstrichen,
　　Das Souper diskutiert auch, und die Frauen
Bewundert — fort die Zecher, und verblichen
　　Der Glanz — stumm der Gesang, kein Tanz zu schauen
Jetzt mehr — das letzte Röckchen weggeschlichen,
　　Wie leichte Wolken in des Aethers Blauen,
Und nichts mehr licht im Saal, als mattes Flimmern
Der Kerzen und des Mondes bleiches Schimmern.

9.

Das Ende eines heitren Tags ist, was
　　Das letzte Glas Champagner ohne Schaum,
Der so lebendig war im Jungfernglas —
　　Ist dem Erwachen gleich aus holdem Traum,
Und dem System, wie schön es auch, an das
　　Sich Zweifel schlingt — der Woge gleich, wenn kaum
Der Sturm vorüberfuhr, der sie erregt,
Und sie so matt jetzt an das Ufer schlägt —

10.

Wie ein Opiat, das dumpfe oder keine
　　Ruh' gibt, und gleich . . . gleich nichts, das mir bekannt,
Als nur es selbst — und wie das Herz, da eine
　　Vergleichung hiermit nie die Prob' bestand;
Wie jenes alte und so wunderfeine
　　Purpurgefärbte tyrische Gewand:
Kein Mensch versteht mehr, wie gefärbt; — so werde
Vergessen jed' Tyrannenkleid der Erde!

11.

Nächst dem Ankleiden für Gelag und Ball
　　Ist peinlich das Entkleiden tausendfach;
Das Hauskleid wird ein Nessushemd, und Qual
　　Manch ein Gedanke sein; denn: einen Tag
Hab' ich verloren! — Titus sprach's; von all
　　Den Tagen, deren ihr gedenkt — (und ach,
Auch ich vergesse manche, die zerronnen,
Wohl nie!) gebt Kunde, wie ihr sie gewonnen?

12.

Und Juan, für die Nacht zurück sich ziehend,
   War ruhelos, beängstigt und verwirrt;
Auroras Augen dünkten ihm so sprühend,
   Von Adelinens Rat ganz unbeirrt;
Sich selber zu verstehn umsonst sich mühend,
   Hätt' er vielleicht sonst gar philosophiert,
Ein Trost, der nie versagt, für Klein und Groß,
Bis man ihn braucht — drum seufzte Juan bloß!

13.

Er seufzte; nächstdem kommt als Trost der Mond:
   Ihm fliegen alle Liebesseufzer zu;
Ein Glück, daß dieser grade licht gethront
   Am Himmel damals und in keuscher Ruh';
Der Don war in der Stimmung, die gewohnt
   Ihn schwärmerisch zu grüßen mit: „O du!"
Was, wie ihr seht, der prächtigste Tuismus
Zum allgemeinen Liebes=Egoismus.

14.

Doch Dichter, Astronom und Liebender
   Und Schäfer, und wer immer nach ihm schaut,
Fühlt träumerisch umwebt sich — höherer
   Gedanken Quell schöpft dort man, tief erbaut,
Auch einen Schnupfen nicht viel seltener —
   Manch tief Geheimnis wird dem Mond vertraut,
Der wie die Flut des Menschen Hirn regiert,
Und auch sein Herz, wenn manch ein Lied nicht irrt.

15.

Der Don stand sinnend, mehr jetzt zur Betrachtung
   Geneigt, als daß zur Ruh' er sich bereite;
Hatt' auf des Seees leises Plätschern Achtung,
   Das ins Gemach drang; zu des Fensters Seite
Leis flüsterte mit allen der Umnachtung
   So eignen Schauern das Gezweig der Weide,
Und vor ihm lag der Wasserfall, jetzt blinkend
Und schäumend, und in Schatten dann versinkend.

16.

Auf seinem Nachttisch oder Tisch — bekannt
    Ist mir nicht recht, ob dieses oder das,
Wie gern ich, wo ein Faktum wird genannt,
    Auch ganz genau bin — brannte matt und blaß
Die Lampe, und in einer Nische stand
    Er selbst, wo mancher Zierat hier in Glas
Gemalt. und dort in Stein gehaun, gleich allen,
Die von der Zeit verschont, in alten Hallen.

17

Denn da die Nacht zwar kalt, doch hell wie nie,
    That er die Thür weit auf und trat allein
In eine düster-alte Galerie,
    Versehn mit alter Bilder langen Reihn
Von Fraun und Rittern, keusch und tapfer sie,
    (Wer hochgeboren, sollt' es immer sein;)
Doch bei dem Dämmerlichte nehmen graus
Gespenstig sich der Toten Bilder aus.

18.

Die Bilder Heiliger und grimmer Ritter
    Beleben sich im Mond, dem bleichen, schwachen,
Und deine Tritte hallen leise wider,
    Und Stimmen scheinen ringsum zu erwachen,
Und Schatten steigen aus den Rahmen nieder,
    Von Ansehn ernst und streng, wie um zu fragen,
Wer hier wohl seine Wache halten wolle,
Wo alles, außerm Tode, schlafen solle?

19.

Begrabner Schönheit Lächeln, sanft und bleich,
    Der Zauber alter Zeit im Sternenlicht,
Winkt dir, wo auf der Leinwand sich noch weich
    Die längst verweste Locke wallend wiegt;
Das Auge ruht im unsren traumesgleich,
    Doch Tod aus seinem Schattenblicke spricht;
Ein Bild ist die Vergangenheit — und wer
Gemalt erst, ist er selber schon nicht mehr.

20.

An allen Unbestand Don Juan dachte —
   Wohl an sein Liebchen auch — auf eins hinaus
Kommt dies — kein Ton, als wenn das Echo klagte
   Zu seinem Seufzer, drang durchs alte Haus,
Als plötzlich sich ganz nah bemerkbar machte
   Ein Geist entweder oder eine Maus,
Dieweil ihr Rascheln in der stillen Nacht
Die meisten Menschen leise schaudern macht.

21.

Doch keine Maus, nein — sieh! ein Mönch erschien
   In düstrer Kutte mit dem Rosenkranz
Im Mondlicht jetzt, dann hüllten Schatten ihn;
   Schwer schien sein Tritt und doch unhörbar ganz,
Sein Kleid nur rauschte schwach — er schritt dahin
   So schattenhaft gleichwie der Toten Tanz,
Doch langsam, und als er vorüberzog,
Hing an dem Don sein Auge leuchtend noch.

22.

Versteinert stand der Don: er hatte zwar
   Gehört, daß solch ein Geist hier wandeln sollte,
Allein gedacht, es sei des Grundes bar,
   Sofern man das Gerücht nicht prägen wollte
In Aberglaubens-Münze, die fürwahr
   Auch Geister läßt kursieren gleich dem Golde,
Nur seltner stets, wie dies auch; doch was schaute
Er hier, so daß er kaum den Augen traute?

23.

Ein-, zwei-, ja dreimal schritt vorbei das Ding
   Der Luft, des Himmels, wenn nicht gar der Hölle,
Als Juans Auge starr jetzt an ihm hing,
   Doch sprechen konnt' er nicht — gebannt zur Stelle
Stand er und fühlte, daß sein Haar umfing
   Sein Antlitz schlangengleich mit eis'ger Welle;
Nach Worten rang er, doch das Grausen wehrte
Der Frage, was der würd'ge Herr begehrte.

24.

Beim drittenmal nach langer Pause dann
   Hinschwand der Schatten — doch wohin? Die Halle
War lang, so daß wohl nichts Besondres an
   Derartigem Verschwinden war; durch alle
Die Thüren rechts und links konnt' Weib und Mann
   Gehn oder kommen, breite sowie schmale,
Und ganz natürlich; doch Don Juan fand
Nicht aus, durch welche das Gespenst entschwand.

25.

Er stand — wie lange wußt' er nicht, doch deuchte
   Sehr lang es ihm — erwartend, ohne Kraft,
Der Blick noch haftend, wo der Geist sich zeigte;
   Und als er nun, da er sich aufgerafft,
Als bösen Traum das Ganze von sich scheuchte,
   Entrang er doch nicht recht sich jenes Haft,
Obgleich er wach sich dünkte, bis er matt
Zurück jetzt wieder in sein Zimmer trat.

26.

Hier war noch alles wie vorher; das Licht
   Selbst brannte noch, und auch (wie Kerzen doch
Sonst thun in Geisternähe) bläulich nicht;
   Er rieb die Augen sich — sie thaten noch
Den Dienst; dann nahm er eine Zeitung, schlicht
   Prosaisch war der Inhalt, und durchflog
Rasch einen Aufsatz, der den König schmähte,
Und eine langweilige Meetingsrede.

27.

Dies schmeckte sehr nach dieser Welt — gleichviel,
   Ihm zitterte die Hand; als er gelesen
Ein wenig noch, ging er, durchschauert kühl
   Und wirr, zu Bett allmählich, und indessen
Er sich vergrub in seinen warmen Pfühl,
   Sann er noch immer, was es wohl gewesen:
Und war's kein Schlaftrunk auch, beschlich ein tiefer
Gesunder Schlaf ihn doch — und ruhig schlief er.

28.

Früh ward er munter und — ihr denkt es schon
 Sann über den Besuch, der ihn erschreckt,
Und ob er wohl erzähle die Vision
 Auf die Gefahr hin, derb darob geneckt
Zu werden; doch nur wirrer ward davon
 Sein Sinn, und keine Lösung hier entdeckt;
Sein Diener pochte jetzt, der sehr präzis,
Zeit sei's zur Toilette, ihn wissen ließ.

29.

Er kleidete sich an; wie sorgsam dies
 Auch sonst geschah, verwandte er doch heute
Nur wenig Zeit darauf und achtlos stieß
 Er selbst den Spiegel gänzlich jetzt beiseite,
Derweil er wirr die Locken kräuseln ließ
 Um seine Stirn — um eines Haares Breite
Beinah zu weit nach rechts geschlungen war
Der gordische Knoten seines Tuchs sogar.

30.

Und als er zum Salon gekommen, saß er
 Zum Thee tief sinnend hin, den er genoß,
Was kaum gewußt er hätte, ohne daß er
 Ihn allzu heiß gefunden — dieses bloß
Gemahnte ihn daran — in solchem Maß er
 Zerstreut — weshalb auch die Gesellschaft schloß,
Hier sei etwas im Spiel, und Adeline
Zumeist; doch was? verriet ihr keine Miene.

31.

Sie sah ihn bleich und wurde selber blaß,
 Worauf sie, etwas murmelnd, niederschlug
Den Blick — doch kann ich euch nicht sagen, was
 Sie sprach; Lord Henry fand nicht mürb' genug
Das Backwerk — und mit scharfem Blicke maß
 Die Herzogin Fitz Fulke den Don, doch frug
Sie nicht; — Auroras dunkles Auge drückte
Fast Staunen aus, als ernst sie auf ihn blickte.

32.

Doch da er kalt und schweigsam war und scheu,
  So daß es jedermann mit Staunen sah,
Frug Adeline, ob er unwohl sei?
  Aufschreckend sprach er: Ja — nein — kaum — doch ja.
Sodann kam der Familienarzt herbei,
  Der sehr geschickt und dienstbereit; doch da
Den Puls zu fühlen er hierauf erbötig,
Sprach Juan: Er sei wohl — es sei nicht nötig.

33.

Ganz wohl — ja — nein! — Wie sollte dies sich schicken?
  Doch beides, schmeckt' es auch nach Fieberglühn,
Fand fast Bestätigung in seinen Blicken,
  Und eine innerliche Krankheit schien,
Wenn auch nicht ernst sie, nieder ihn zu drücken,
  Und da den Grund zu sagen gar nichts ihn
Vermochte, nahm für ausgemacht man an,
Ein Arzt sei hierbei nicht der rechte Mann.

34.

Lord Henry, als verzehrt die Schokolade
  Nebst jenem Backwerk, drob er sich beschwert,
Fand, daß der Don den stolzen Blick nicht hatte
  Wie sonst, obgleich das Wetter sich geklärt;
Dann frug er, wie Fitz Fulke, des Herzogs Gnade,
  Sich jetzt befinde, und er ward belehrt
Von Ihrer Gnaden, daß er gichtgeplagt,
Was adlige Gelenke rostig macht.

35.

Mit ein'gen Beileidsworten dann gekehrt
  Zu Juan sprach er: Schaut Ihr jetzt nicht, sagt,
Als ob der schwarze Mönch im Schlaf gestört
  Euch grausig habe die verwichne Nacht? —
Was — Mönch — rief Juan, als er dies gehört;
  Zwar hätt' er gern recht harmlos vorgebracht
Die wenigen Worte — doch er ward, obgleich er
Sich sehr zusammennahm, jetzt nur noch bleicher.

36.

Habt Ihr vom schwarzen Mönche, von dem Geist
    Der Mauern hier, noch nie gehört? — Ich nicht! —
Nun, das Gerücht — doch lügnerisch erweist
    Es oftmals sich — gibt noch von ihm Bericht;
Doch ob jetzt das Gespenst nicht mehr so dreist,
    Ob wohl zum Geistersehen das Gesicht
Der Ahnen mehr begabt noch war: kurzum,
Der Pater geht seit neustem seltner um;

37.

Das letzte Mal . . . — Ich bitte, sprach Adeline,
    (Die, Juans Blick bewachend, zu ersehn
Jetzt dachte aus dem Wechsel seiner Miene,
    Er wisse mehr hiervon, als zu gestehn
Ihm passend dünkte) — hast du bloß im Sinne
    Zu scherzen, wähle andern Stoff als den,
Der schon so oft gebraucht ward in der That,
Doch sich durchs Alter nicht verbessert hat. —

38.

Scherz? sprach Mylord — Adeline, wohl bekannt
    Ist dir, daß in den Flitterwochen wir . . . —
Schon gut, da diese Zeit schon lang entschwand;
    Doch komm — ich setze in Musik es dir.
Und anmutvoll, wie wenn Diana spannt
    Den Bogen, griff sie nach der Harfe hier,
Und hub hierauf in klagenden Akkorden
Die Weise an vom Mönch vom grauen Orden.

39.

Sing auch die Worte, welche du gedichtet —
    Denn Adeline ist halb Dicht'rin, sprach
Der Lord — an die Gesellschaft war gerichtet
    Das letztre; höflich that ihm jeder nach:
Sie würden all' sich fühlen sehr verpflichtet,
    Entfaltet so zu sehn mit einem Schlag
Drei der Talente. — Singen, Harfespielen
Und Dichten — so etwas gelingt nicht vielen.

40.

Nach einigem bezaubernd holden Zieren —
(’ne Reizung, deren diese Holden kund,
Die mehr durch solch Verstellen noch verführen)
Begann zuerst Adeline mit zum Grund
Geschlagnem Blick; belebter dann zu rühren
Die Saiten fuhr sie fort, und schmelzend und
Mit großer Einfachheit sang sie — gewiß
Nicht minder wertvoll, weil so selten, dies.

I.

Hab’ acht vor dem schwarzen Mönch, hab’ acht,
Der sitzet am Normannstein,
Wo murmelnd er sagt sein Gebet in der Nacht
Und die uralten Litanein.
Als vom Berge der Lord Amundeville dort
Die Kirche beraubt, da verstieß
Er die Mönche; nur einer vom heiligen Ort
Sich nimmer vertreiben ließ.

II.

Kam er auch ins Land vom König gesandt,
Das Kirchgut zu geben den Lai’n,
Mit dem Schwert in der Hand und mit Feuer und Brand,
Sofern nicht willig sie sei’n:
Ein Mönch doch blieb, und nichts ihn vertrieb,
Und er schien aus Staub nicht gemacht,
Denn man sieht ihn im Saal und an dem Portal,
Doch sieht man ihn einzig bei Nacht.

III.

Ob gut oder bös es gemeint — doch still,
Dies ich nicht künden mag;
Doch stets beim Haus Amundeville
Verharrt er Nacht und Tag.
Er schwebt unfern dem Brautbett des Herrn,
Wenn die Hochzeitskerzen bereit,
Und am Totenbett er wiederum steht,
Doch keinem thut er ein Leid.

IV.

Kommt ein Erbe an, bang klagt er dann,
    Und droht ein Unglück dem Haus,
Im Mondlicht bleich dann wandelt er gleich
    Die Hallen ein und aus;
Die Gestalt ist, doch nicht zu schaun das Gesicht,
    Die Kutte hüllet es ein;
Nur das Auge man sieht, durch die Falten es glüht,
    Und geisterhaft ist sein Schein.

V.

Hab' acht vor dem schwarzen Mönch, hab' acht —
    Er herrscht hier noch, und wer
Als Laie auch herrscht, er behält seine Macht,
    Und der Kirche Erbe ist er.
Amundeville ist der Herr bei Tag,
    Der Mönch aber Herr bei Nacht;
Trotz Gelag und Wein doch niemand, nein!
    Sein Recht zu bestreiten wagt.

VI.

Sprich nichts zu ihm auf dem nächt'gen Gang,
    Dann spricht auch er nicht — und schau':
Er schwebt in düsterer Kutte entlang,
    Wie über das Gras der Tau.
Sei Gott drum gnädig dem schwarzen Mönch,
    Mag er gut oder böse sein;
Was auch sein Gebet, das unsere fleht
    Für seine Seele allein.

41.

Die Dame schwieg, es starb der Saiten Beben
    Hin unter ihrer Hand, die ihren Ton
Beseelt; dann kam die Stille, die, wenn eben
    Ein Lied verhallt, die Lauscher füllt; doch schon
Hört man den Beifall jetzt sich rings erheben,
    Wie dies die Höflichkeit gebeut, wovon
Oft die bescheidne Sängerin wird verlegen,
    Hört sie ihr Lob von jedem Munde sprechen.

42.

Adeline ließ sich — zwar nur so, als sei
   Es bloß zum Zeitvertreib und lediglich
Aus Freude an der Kunst, die ihr nicht neu,
   Und nicht, um sich zu zeigen (zeigend sich
Gleichwohl) — zu derlei manchmal wohl herbei,
   Ein hoffärtiges Lächeln aber schlich
Um ihren Mund, andeutend, was sie könne,
Wenn sie zu solchem nur die Zeit sich gönne.

43.

Dies aber (doch ganz leise will ich reden)
   War nur — (ich führe hier ein Gleichnis an)
Mit „größrem Stolz auf Platos Stolz getreten",
   Wie solches einst Diogenes gethan,
Zu kränken und zu reizen durch den schnöden
   Mißbrauch des Teppichs jenen weisen Mann,
Wobei die attische Biene, wie bekannt,
Gerächt sich durch die scharfe Antwort fand. [1]

44.

So stellte sie in Schatten — (das gerade
   Ganz leicht vollbringend, falls sie nur geneigt,
Was Dilettanten thun mit viel Parade) —
   Das Handwerk dieser; denn, zu oft gezeigt,
Wird's dazu nur, und solchen Anstrich hatte
   Und hat es stets — dies weiß, wer je vielleicht
Miß Diese oder Jene musizieren
Gehört, der Freunde Kreis zu amüsieren.

45.

O, Abende der Duos und der Trios,
   Die oft bewundert, immer spekulierend,
Ihr Mama mias und ihr Amor mios,
   Ihr Tanti palpitis, die so verführend;
Ihr Lasciamis, trillernden Addios,
   Für unser musikalisch Volk so rührend,
Nebst Tu mi chamases der Portugiesen,
Wo uns im Stich Italiens Weisen ließen.

46.

Und in bravuras wie in heimatsüßen
   Balladen von dem lieben nebelgrauen
Hochland, die seine Berge, vielgepriesen,
   Den Wandrer ferner Meere lassen schauen,
Den Fiebern der Musik, die Träume gießen
   Ins Herz des Bergbewohners von dem Blauen
Der Berge, die er nimmer schauen soll:
In all dem war Adeline wundervoll.

47.

Auch schillerte ins Blaue fast die Dame,
   Schrieb Reime, komponierte sie sogar
Und machte hin und wieder Epigramme
   Auf Freunde — (jeder sollte dieses zwar)
Doch hatte sie nicht jenes wundersame
   Tiefblau, das Mode heutzutag, und war
So schwach, zu halten Pope für einen reichen
Und großen Dichter, und dies gar zu zeigen.

48.

Aurora — da wir den Geschmack berührt,
   Der dieser Zeit das Wetterglas, wonach
Die Charaktere man klassifiziert —
   War Shakespearisch, wenn ich so sagen mag,
Da von der Erdenwelt, die so blasiert,
   Nicht viel in ihrem ganzen Wesen lag;
So tief ihr rein Gefühl, so ohne Schranke,
Daß stumm auch, gleich dem Raume, ihr Gedanke.

49.

Nicht also Ihre Gnaden ohne Gnade,
   Fitz Fulke, die blühende Hebe, deren Geist
Im Antlitz lag, sofern sie welchen hatte;
   Doch jenes war bezaubernd — etwas dreist
Vielleicht und Bosheit kündend, doch gerade
   Nicht mehr als recht, weshalb dies wenig heißt:
Nie fehlt dem Weib solch leiser Sauerteig,
Sonst dünkten wir uns ja im Himmelreich.

50.

Ich habe nicht gehört, daß sie poetisch,
  Las sie den Badeführer gleich, vertraut
Mit Hayley, der ihr beinah zu pathetisch,
  Weil er sie, wie sie sagte, so erbaut;
Auch schein' ihr dieser Dichter fast prophetisch
  Nach dem, was sie erlebt, seitdem sie Braut.
Doch dünkte trefflicher kein Vers ihr je,
Als solche an sie selbst und bouts rimés.

51.

Adelinens Absicht hab' ich nie erkannt,
  Warum sie jenes Lied grad' vorgetragen,
Woburch berührt ward jener Gegenstand,
  Der ganz nervös den Don fast schien zu machen;
Ob sie nur deshalb diesen Plan erfand,
  Um ihn aus seiner Angst heraus zu lachen?
Vielleicht auch, um darin ihn zu bestärken —
Warum? nun — dies vermocht' ich nicht zu merken.

52.

Doch war die nächste Wirkung, ihn zu bringen
  Zur Selbstbeherrschung wieder, die allzeit
Not dem Erwählten ist vor allen Dingen,
  Will er im Tone bleiben; nie zu weit
Gehst du hierin, mag jener Ton nun klingen
  Nach Persiflage oder Frömmigkeit;
Du mußt der Mode Heuchelei dich fügen,
Sonst fürchte aller Frauen Mißvergnügen.

53.

Weshalb der Don zu sammeln sich begann
  Und ohne weitere Erklärung heiter
Zu scherzen über solche Dinge dann;
  Und Ihre Gnaden führten hierauf weiter
Das Thema — manche Glosse hing daran;
  Doch wünschte sie erzählt zu hören breiter,
Wie sich der Geistermönch benommen hätte
An diesem Braut= und jenem Totenbette.

54.

Doch wenige konnten weitren Aufschluß geben,
    Als schon geschehen; Aberglauben hieß
Bei einigen es, da mancher, weil er eben
    Befangen, halb die Sache gelten ließ.
Man hörte dies hervor und jenes heben,
    Derweil der Don, sondiert jetzt über dies
Gesicht, das ihn ergriffen, wie man dachte,
Durch seine Antwort kaum es klarer machte.

55.

Dann, da es mittags Eins geworden, trennte
    Sich die Gesellschaft; früh noch schien's dem einen,
Dem andern spät; fast jeder fand am Ende
    Noch einen Zeitvertreib, auch mancher keinen;
Da war die Meute auf Mylords Gelände
    Noch zu betrachten, wie sie an den Leinen
Dressiert ward — dort ein junger Renner, schön
Und alten Stammbaums, erst noch zu besehn.

56.

Da war ein Bilderhändler, der gebracht
    Auch einen Tizian, ein Original,
So kostbar, daß umsonst danach gefragt
    Schon mancher Prinz, der König selbst zumal
Gefeilscht drum hatte, der jedoch gedacht,
    Für den Gehalt, den er, verpflichtend all'
Die Unterthanen, gnädigst nimmt, zu teuer
Sei solch ein Stück zur Zeit so niedrer Steuer.

57.

Doch da Lord Henry ein gewalt'ger Kenner,
    Der Künstler Freund, wenn nicht der Kunst, so brachte
Der Händler jenes Bild (das er ja, wenn er
    Nur in der Lage, gern dem Lord vermachte
Als ein Geschenk für solchen hohen Gönner,
    Des Patronat er ganz unschätzbar achte)
Nicht zum Verkauf, nein, daß der Lord ihm sage
Sein Urteil, das untrüglich ohne Frage.

58.

Da war auch ein moderner Gote, so
    Ein gotischer Maurer, alias Architeft,
Der diese grauen Mauern prüfte, wo
    Sie durch die Zeit vielleicht etwas defekt;
Durchstöbernd die Abtei en bas, en haut,
    Entwarf er einen Plan, um ganz korrekt
Zu bauen neue Teile, einzureißen
Die alten, was Restauration geheißen.

59.

Die Kosten wären eine Kleinigkeit —
    (Ein altes Lied, das oft man singen hört,
Wo's Tausende gilt) — und schon in kurzer Zeit
    Gedeckt durch des Gebäudes höhern Wert,
Das stark wie edel dann, und weit und breit
    Lord Henrys Kunstsinn und Geschmack geehrt
Und leuchtend strahlen lasse durch die Welt,
Die Gotenkunst gepflegt durch englisch Geld. ²)

60.

Da waren, eine Hypothek zu machen,
    Zwei Advokaten, weil Lord Henry grade
Ein Sümmchen brauchte, auch in Lehenssachen
    So ein Prozeßchen und ein zweites hatte
Betreffs der Zehnten; Zwietracht zu entfachen
    Weiß ja die Kirche stets auf jedem Pfade;
Auch gab's Preis=Ochsen, =Schweine und dergleichen,
Denn Henry wollte sich als Landwirt zeigen.

61.

Ein Wilddieb war auch da, den man ertappt
    In einer Falle, reif jetzt fürs Gefängnis;
Ein Bauernmädchen, das Gesicht verkappt,
    In rotem Rock — (verhaßt, seit das Verhängnis
In meinen jungen Tagen ich gehabt ...
    Doch kam ich später nie in die Bedrängnis) —
Der Rock, jetzt aufgerissen mit Gewalt,
Wies das Problem der doppelten Gestalt.

62.

Ein Rad in einer Flasche   seltsam ist
    Es wohl, wie es hinein kommt und heraus;
Drum grübelt nur, die ihr Bescheid doch wißt,
    Auch jenes Stück Naturgeschichte aus.
Merkt nur, daß ihr den Lord euch denken müßt
    Als Richter jetzt, und daß gefaßt Suchaus,
Der list'ge Häscher von Gesetzes wegen,
Den Wilddieb hier in der Natur Gehegen. ³)

63.

Die Richter müssen alles dessen walten,
    Des Landes Wild und seine Sitten schützen,
Damit nicht solche hier willkürlich schalten,
    Die keinen Freibrief noch hierzu besitzen;
Doch Wild und Sitten sind im Zaum zu halten
    Am schwersten, außer Zehnten wohl, und schwitzen
Läßt nichts den Richter mehr, als wo es Wild
Und muntre Dirnen zu beschützen gilt.

64.

Der Schuldigen Wange sah man jetzt erbleichen —
    Bleich wie gemalt, ob rot auch von Natur,
Wie sie bei Damen blaß sind, wenn sie steigen
    Grad' aus dem Bett erst, und mit keiner Spur
Von Rot; sie schämte sich, sich schwach zu zeigen,
    Das arme Ding! das, auf dem Lande nur
Erzogen, blaß ward, weil sie sich vergangen —
Erröten ist für adelige Wangen.

65.

Im schwarzen Auge mit gesenktem Lid
    Stand eine große Thräne ihr, obschon
Das arme Ding zu trocknen sie bemüht,
    Da sie, so einfach, weit entfernt davon,
Gefühl zur Schau zu tragen — ihr Gemüt
    Nicht roh genug, zu geben Hohn für Hohn;
So stand sie zitternd in geduld'gem Gram
Und harrte, bis man ins Verhör sie nahm.

66.

Zerstreut die Gruppen waren, nicht zu nah
    Dem munteren Salon der Damenwelt;
Die Advokaten im Kabinett; — man sah
    Preisschwein und Wilddieb draußen aufgestellt;
Der Architekt und Händler waren da
    Und dort geschäftig, wie in seinem Zelt
Ein General Depeschen schreibt, und dachten
Schon schmunzelnd des Gewinnes, den sie machten.

67.

Das arme Mädchen in der Halle stand,
    Derweil ihr Wächter, dieser Hort der Schwachen,
Mit einem Kruge starken Biers zur Hand
    Moral trieb — schwaches haßte stets sein Magen;
Sie harrte, bis der Richter Muße fand
    Und Zeit, nach einem Namen sie zu fragen,
Der Jungfraun oft so schwer wird zu bekennen:
Sie sollte hier des Kindes Vater nennen.

68.

Ihr seht, daß es genug Beschäft'gung gab
    Für unsern Lord, nebst der mit Hunden, Rossen
Und Jagd; auch rannte man treppauf, treppab;
    Denn wer sich auf dem Lande eines großen
Besitztums freut, der hat auch je nach Hab'
    Und Rang und Stellung, will er nicht verstoßen,
Solch öffentliche Tage, die zum Schmaus
Für alle, was so halb gleich „offnem Haus".

69.

Einmal die Woche findet jedermann,
    Mag er ein Herr nun oder Ritter sein,
Und ungeladen (wie man nennen kann
    Die allgemeine Ladung) sich dort ein,
Um ganz gemütlich sich zu freuen dann
    Der vollen Tafel bei dem schönsten Wein,
Und über Wahlen, was ein Stoff für jeden
In solchem Kreis, und von sich selbst zu reden.

70.

Lord Henry war ein Kämpe bei den Wahlen,
　　Durchwühlend den Bezirk wie ein Kaninchen;
Doch mußt' er manchen Kampf recht teuer zahlen,
　　Weil auch sein nächster Nachbar, Graf Rupfhühnchen,
Viel Einfluß zeigte zu verschiednen Malen,
　　Des Sohn, der ehrenwerte Würfelfühnchen,
Gewählt fürs „andere Interesse" (zwar
Dasselbe, nur etwas verwässert) war.

71.

Vorsichtig drum und freundlich war der Lord,
　　Für jeden alles — teilte Höflichkeit
Hier aus und manche reiche Gabe dort,
　　Nebst viel Versprechungen, die mit der Zeit
Sich hoch beliefen, da er solch ein Wort
　　Niemals erwog — drum ging es oft zu weit;
Gleichviel, es galt, gebrochen wie gehalten,
Doch grad' so viel, als andrer Worte galten.

72.

Der Freiheit und der freien Bauern Freund,
　　Nicht minder der Regierung Freund jedoch,
So, dacht' er, habe er sein Amt vereint
　　Mit Patriotismus, zwar gezwungen noch
Von seinem König, was, wie er gemeint,
　　Nicht recht, wenn man die Sachen recht erwog,
Zu Aemtern, die er abgeschafft gern sähe,
Wenn so nicht dem Gesetz Gewalt geschähe.

73.

Er müsse „frei gestehn" — (woher die Phrase?
　　Ist's englisch? nein — parlamentarisch bloß),
Daß sich der Neuerung Geist jetzt fühlen lasse
　　Viel mehr als sonst; und wenn er jemals groß
Zu werden durch Parteigetrieb' auch hasse,
　　So sei sein Opfermut doch grenzenlos
Für Englands Wohl; von seinem Amte sage
Er nur: klein sei der Vorteil, groß die Plage.

74.

Der Himmel wiſſe, daß ein ruhig Leben
　　Sein einz'ger Ehrgeiz jetzt und immerdar;
Doch könn' er preis denn Land und König geben
　　Zu dieſer Zeit der äußerſten Gefahr?
Der Demagogen Meſſer harrten eben,
　　Frech zu durchſchneiden (Fluch der ſchnöden Schar!)
Den gordiſchen oder den Georgeſchen Knoten,
Das Band für König, Heer und Patrioten.

75.

Eh' trete „Amt und Würde in die Schranken,
　　Zum Schlimmſten fordernd ihn"! [4]) — eh' er erſetzt
Ganz regelmäßig, werd' er nimmer ſchwanken;
　　Nicht Vorteil ſuch' er, weder einſt noch jetzt;
Doch ſollte je des Amtes Würde wanken,
　　Würd' es das Land bereuen nicht zuletzt? [5])
Wie ſollt' es gehen? Ganz unmöglich — nein,
Sein Stolz ſei nur, ein Engländer zu ſein.

76.

Er ſei ſo unabhängig, ja noch mehr,
　　Als die, die nicht für Unabhängigkeit
Bezahlt: gleichwie das reguläre Heer
　　Und H .... ex profesſo jederzeit
Vorgingen jenen, die irregulär
　　In Schlächterei und Wolluſt. — Stets bereit
Iſt ſo ein Staatsmann, daß er Großmut übe
Am Pöbel, wie an Bettlern manchmal Diebe.

77.

All dies — die letzte Strophe nehm' ich aus —
　　Sprach unſer Lord; ich aber ſagte ſchon
Zu viel — ihr kennt ja alle aus dem „Haus"
　　Und von der Wahltribüne dieſen Ton
Der Unabhängigkeit; und wo hinaus
　　Es zielt bei dem Regierungsfreund: davon
Brauch' ich nichts mehr zu ſagen, hör's auch klingen
Zu Tiſch jetzt — und den Segen ſollt' ich ſingen.

78.

Doch bin zu spät ich — muß es deshalb lassen.
  Es war ein groß Bankett, wie man im alten
England sich dessen rühmt, als sei ein Prassen
  Und Schmausen für was Rühmliches zu halten;
Doch war es offner Tag für alle Klassen,
  Recht dumm, recht voll von heißen Gästen, kalten
Gerichten, großer Förmlichkeit und kleiner
Erholung, weil in seiner Sphäre keiner.

79.

Die Herrn vom Lande förmlich=familiär,
  Die Lords und Ladies stolz herab sich lassend,
Die Diener selbst verlegen, wie umher
  Die Schüsseln wohl zu reichen, weil es passend
Kaum ihnen schien, zu weichen allzusehr
  Vom hohen Platz am Schenktisch — doch nicht spaßend,
Nein, bang vor jeglichem Verstoß, denn jeder
Bracht' um den Platz so Herrn wie Diener später. ⁰)

80.

Da waren wackre Jäger, deren Hunde
  Die Fährte nie verloren — edle Meute!
Auch scharfe Schützen, die mit frühster Stunde
  Heraus und stets zuletzt durch Dorn und Heide
Dem Feldhuhn folgten und im Stoppelgrunde
  Dem Hasen; Kirchenherrn auch, dicke Leute,
Zehntnehmer, Zecher, gute Ehejchmieder —
Sie sangen — Psalmen? nein, doch — Zotenlieder!

81.

Da waren einige Schalke noch vom Land,
  Und einige aus der Stadt, auf grünes Gras
Statt grauen Pflasters jetzt zu schaun verbannt,
  Und aufzustehn um Neun statt Elf — und das
Ist früh! doch weiß ich nicht, wie es sich fand,
  Daß dort der mächt'ge Himmelsohn auch saß,
Der Pastor Peter Pith, recht wohl beleibt,
Der laut'ste Witzbold, der mich je betäubt.

82.

Ich kannt' in seinen lust'gen London-Tagen
     Ihn gut — ein muntrer Zecher als Vikar,
Voll Witz, der stets ihm Beifall eingetragen,
     Bis nun Beförtrung — ('s ist doch wunderbar,
Wie unvermeidlich das Geschick zu machen
     Oft seine Gaben weiß!) — auch ihm sogar
In Lincoln eine fette Landpfarrei
Verlieh und — nichts zu denken mehr dabei.

83.

Seine Witze Reden, seine Reden Witze,
     Sie wurden weggeworfen an Philister,
Da Witz für solches Volk zu gar nichts nütze;
     Kein lauschend Ohr, kein beifällig Geflüster
Empfing und lohnte dieses Witzes Blitze
     Und jedes Wortspiel; und der arme Priester,
Zur Nüchternheit verurteilt, konnte bloß
Durch derbe Späße reizen diesen Troß.

84.

Bettler und Königin sind zweierlei —
     So heißt's im Liede — oder waren's, bis
Die neuste Zeit gezeigt, die letzte sei
     Am schlimmsten dran; [7]) — und zweierlei gewiß
Sind Bischof und Dechant, der Dinge zwei
     Verschiedne Herzogin und simple Miß,
Wie englisch Rindfleisch und Spartanerbrüh' —
Doch große Helden nährten beide sie.

85.

Doch nichts ist so verschieden, in der That,
     In all der reichen Mannigfaltigkeit
Der ewigen Natur, als Land und Stadt;
     Und letzte hat den Vorzug jederzeit
Für den, der Fonds nicht in sich selber hat
     Und nur denkt, thut und fühlt, wie ihm gebeut
Sein kleinliches Intresse, das, beschränkt
Auf keinen Stand mehr, jeden hier befängt.

86.

Doch vorwärts. Lange Gasterein betrüben
  Die Amoretten jederzeit, obschon
Ein kleiner Imbiß besser nur läßt lieben,
  Da Bacchus stets und Ceres, wie uns von
Der Schule aufwärts eingedenk geblieben,
  Der Venus Freund 8) — (daher die Invention
Von Austern und Champagner) — denn sie liebt
Zwar Mäßigkeit, doch Fasten sie betrübt.

87.

Dumpf war das Mahl und ohne Würze heut,
  Und Platz nahm Juan — wo? dies war ihm gleich.
Verwirrt in der Verwirrung und zerstreut
  Saß er wie angenagelt, stumm und bleich;
Der Messer und Gabeln Klappern, stets erneut,
  Bemerkt' er kaum, bis einer, der nicht feig
Im Einhaun, wiederholt an seinem Tisch
Ihn mürrisch bat um noch ein Stückchen Fisch.

88.

Beim drittenmale fuhr empor der Don
  Und wurde rot, erblickend in der Runde
Ein Lächeln, welches jetzt ein Grinsen schon;
  Und schnell — denn nichts verwirrt im wahren Grunde
Den Weisen mehr als eines Pinsels Hohn —
  Versetzt' er dem Gericht die Todeswunde,
Befriedigend jenen, eh' er selbst sich recht
Besann, mit einem ganzen halben Hecht.

89.

Kein schlimm Versehen war's, denn zugethan
  War dem Gericht der Bittende; doch grollte
Der andern mancher, die verkürzt daran,
  Was niemand, wie ich denke, wundern sollte;
Sie staunten, daß solch albern jungen Mann
  Der Lord an seiner Tafel dulden wollte,
Was drum, und da er ein Versehen machte
Beim Kornpreis, ihn um drei der Stimmen brachte.

90.

Man wußte nicht — hätt' auch sympathisiert
   Wohl kaum damit — daß Juan einen Geist
Gesehn — ein Vorspiel, das nicht harmoniert
   Mit solcherlei Gesellschaft, die nur preist
Den Stoff, so sehr schon materialisiert,
   Daß man nicht weiß, ob's staunenswert zumeist,
Daß solche Körper ausstaffiert mit Seelen,
Oder daß Seelen solche Körper wählen.

91.

Doch was ihn mehr verwirrte als das Starren
   Der Herrn und Fraun vom Land, die sehr erstaunt
Ob seines so zerstreuten Wesens waren,
   Zumal da er sonst allzeit gut gelaunt
Und fast berühmt ob mancher wunderbaren
   Geschichte, die man hier sich zugeraunt,
Wo Kleinigkeiten selbst oft Stoff verliehen
Den Fraun zu kleinlichern Trakasserieen —

92.

War dies, daß er Auroras Blick gewandt
   Auf sich jetzt sah, sowie um ihren Mund
Ein Lächeln, das er fast beleid'gend fand,
   Da dies bei selten Lächelnden oft kund
Besondren Anlaß thut; auch ward erkannt
   In ihrem Lächeln nicht der kleinste Grund
Zum Hoffen, Lieben, oder was dergleichen
Sich manchmal soll im Frauenlächeln zeigen.

93.

Ein ruhig Lächeln war es der Betrachtung,
   In dem sich Mitleid kund und Staunen that;
Und Juan ward in seines Sinns Umnachtung
   Vor Aerger rot, was allzu klug nicht grad',
Da er zum wenigsten von ihr Beachtung
   Gewann — ein wichtig Vorwerk dies der Stadt;
Auch hätte Juan dies gewiß bedacht,
Hätt' ihn der Geist verwirrt nicht letzte Nacht.

94.

Schlimm war nur dies: sie ward nicht rot dagegen;
 Ihr Antlitz war so mild und ruhig noch
Wie stets; auch schien sie keineswegs verlegen,
 Schlug nicht zum Grund den Blick, den sie entzog,
Und ward ein wenig blässer kaum — weswegen?
 Wer weiß; doch war ihr Teint fast niemals hoch,
Ob manchmal leicht errötend auch, doch rein,
Wie nur ein tiefer See im Sonnenschein.

95.

Adeline, die, von ihrem Ruhm erfüllt,
 Bezaubernd, huldvoll gegen jeden war,
Der heute hier verzehrte Fisch und Wild,
 Vereinte Höflichkeit so wunderbar
Mit Würde, wie es die muß, der es gilt,
 (Zumal wenn schon verrinnt das sechste Jahr)
Sohn, Gatten, oder einen sonst der Ihren
Durch einer Neuwahl Klippen zu bugsieren.

96.

Obgleich im ganzen dies zweckmäßig wohl,
 Erwog doch Juan, (als er Adeline
Jetzt spielen schaute ihre große rôle
 Gerade so, als ob sie auf der Bühne,
Verratend hin und wieder, wie so hohl
 Dies all' ihr dünke, kaum durch eine Miene
Und einen Blick des Hohns) wie viel hierbei
Wohl an Adeline wahr und wirklich sei.

97.

Wie spielte sie so trefflich bis zu End'
 In all der lebhaften Geschmeidigkeit,
Die mancher Mangel an Gefühl benennt,
 Und die nur geistige Beweglichkeit, [9)]
Die keine Kunst ist, sondern Temperament
 (Scheint's oft auch anders ob der Leichtigkeit)
Und Wahrheit; denn wes Herz wahrhaftig schlägt,
Der ist vom Nächsten mächtig stets erregt.

98.

Dies ist's, was Künstler, Dichter, Redner macht,
　Manchmal auch Helden, aber nie den Weisen
Und Staatsmann; dies verleiht dem Worte Macht,
　Zeugt viel, was groß, doch nichts, was klug zu heißen;
Ist beim Finanzmann drum nicht angebracht,
　Wie sehr Schatzkanzler auch sich jetzt befleißen,
Sich Cockers scharfen Urteils zu entschlagen
Und alles nur mit Floskeln abzumachen.

99.

Der Rechenkunst Poeten sie, bewiesen
　Sie gleich uns nicht, fünf sei gleich zweimal zwei,
Was eine Kleinigkeit für sie, so ließen
　Sie uns doch klar erkennen, vier sei drei,
Wie aus dem Soll und Haben leicht zu schließen;
　Doch läßt der Staatsschatz leider stets dabei
Die Staatsschuld ungetilgt, die alles bald
Vertilgen wird, verschlingen ohne Halt.

100.

Und wie Adeline die Honneurs jetzt machte,
　Schien der Fitz Fulke von Herzen wohl; sie neckte
Zwar niemand offen, doch ihr Lächeln sagte,
　Daß sie das Lächerliche oft entdeckte
Mit einem Blick, wo es hervor sich wagte;
　Und dieses sammelte sie hübsch und heckte
Es dann zu einer Bosheit aus — und dies
War's jetzt auch, des sie freundlichst sich befliß.

101.

Zur Neige ging der Tag, wie jeder neigen
　Sich muß — der Abend schwand, und Kaffee kam,
Die Wagen fuhren vor, der Damen Reigen
　Erhob sich, und hübsch ländlich knicksend nahm
Drauf jede Abschied, jeder Herr desgleichen
　Mit Bücklingen, die holprig fast und lahm,
Entzückt von ihrem Mahl und ihrem Wirt,
Doch von Adeline fast noch mehr scharmiert.

102.

Die Huld und Schönheit war's, die jeder pries,
   Auch ihre Höflichkeit, die so aufrichtig,
Denn jeder ihrer Züge zeigte dies,
   Von lauter Wahrheit strahlend; und wie züchtig
Sie war! ja — ihres hohen Rangs erwies
   Sie sich so wert, daß niemand eifersüchtig
Auf all ihr Glück — und o! ihr Anzug gar —
Wie einfach, glücklich-schön gewählt er war!

103.

Und wert des Lobes war sie eines jeden,
   Da sie sich schadlos hielt für ihre Müh'
Und all' die angebrachten schönen Reden
   Durch sehr erbauliche Gespräche, die
Sich ums Benehmen ihrer Gäste drehten,
   Um ihre Anverwandten, und wie sie
So plump und schrecklich selbst, und wie so häßlich
Die Weiber — und ihr Putz nun gar — wie gräßlich!

104.

Selbst sprach sie wenig zwar, doch jeder brach
   Jetzt aus in ein gemeinsam Epigramm;
Denn dahin zielte einzig, was sie sprach,
   Wie Addisons kühles Lob; [10] zu Hilfe kam
Ihr Witz bloß andrer Spott, wenn's hier gebrach,
   Wie die Musik einfällt im Melodram.
Süß ist's, den fernen Freund zu schützen! — Ich
Verlange bloß: niemand verteid'ge mich.

105.

An diesen scharfen Witzesplänkelein
   Beteiligten nur zwei sich nicht, und zwar
Aurora mit dem Antlitz süß und rein
   Und ruhig, und der Don, der sonst, fürwahr,
Nicht sparsam war mit Scherz und Spott; allein
   Stumm saß er jetzt, der sonst'gen Laune bar,
Wie man auch ringsum schmähte, lachte, zischte,
Da er mit keinem Witz hinein sich mischte.

106.

Wahr ist es, daß Auroras Blick sein Schweigen
   Zu billigen schien; sie nahm als Grund wohl an
Die Nachsicht, die wir schulden und erzeigen
   So selten doch Abwesenden, und sann
Nicht weiter nach; doch wie dem sei, im gleichen
   Hinbrüten stets verharrend, sprach Juan
Nur wenig zwar, doch ließ er drum entgehen
Sich das nicht, was ihn freute es zu sehen.

107.

Dem Geist verdankte er doch mindstens dies,
   Daß er ihn stumm gemacht wie einen Geist,
Was Achtung dorten ihn gewinnen ließ,
   Wo grade wert ihm solche jetzt zumeist;
Aurora weckte auch in ihm gewiß
   Manch ein Gefühl, das längst in ihm verwaist,
Wenn nicht erstorben war — so ideal
Und hehr — und so wahrhaftig doch zumal:

108.

Die Liebe zu dem Höheren, das heiße
   Und tiefe Sehnen, himmlisch unbekannt
Mit dem, was Welt genannt, und ihrer Weise —
   Das oft in einem Blicke mehr empfand
Des Glücks, als Ruhm, wie sehr man ihn auch preise,
   Jemals gewährt, weil nie das Herz doch fand
In ihm das zaubervolle, innre Leben,
Des höchste Lust, sich völlig hinzugeben.

109.

Wer seufzte nicht: Αἲ, αἲ τὰν Κυθηρείαν!
   Der noch Erinnrung hat, ein Herz besaß?
Ihr Stern gleich dem Dianens wird — und seien
   Wie hell auch beide — mit den Jahren blaß;
Anakreon verstand allein zu weihen
   Des Eros Pfeil so unvergänglich, daß
Er scharf blieb; du trotz allen Mißgeschicks
Jedoch hast stets Macht, Venus genetrix!

110.

Und Juan, voll Gefühlen, hehr wie Wogen,
    Die zwischen dieser Welt und jener schäumen,
Zog, als herauf die Sterne längst gezogen,
    Zurück sich nun, um schmerzlich wach zu träumen,
Anstatt zu ruhn — und flüsternd niederbogen
    Statt Mohn sich Weiden, und in fernen Räumen
Verirrte sich sein bittersüßes Sehnen,
Das Spott dem Weltmann weckt, dem Jüngling Thränen.

111.

Wie gestern war die Nacht — und jetzt in Hast
    Entkleidet schlüpfte er ins Nachtgewand,
Vollkommen sans culotte, er konnte fast
    Mit weniger nicht beileidet sein; so stand
Er da, erwartend den Gespenstergast,
    Mit Regungen, die denen unbekannt,
Die solcherlei Besuch noch nie empfangen,
Und die Erwartung ließ ihn schaudernd bangen.

112.

Er lauschte — nicht vergeblich — still! ein Tritt?
    Ich seh'! er ist's — nein, nicht — ob es vielleicht —
Ihr Mächte! horch', wie es vorüberglitt —
    Der Teufel hol' den Diebestritt! er gleicht
Gespenst'gem Huschen ganz — ist eins fast mit
    Dem Trippeln eines jungen Mädchens, schleicht
Es leis zum ersten Rendezvous am Hang,
Vor seines Trittes keuschem Echo bang.

113.

Horch', wieder! ist's der Wind? nein — dieses Mal
    Ist es der schwarze Mönch — sonst alles leer —
Sein Tritt so regelrecht wie Silbenfall,
    Ja fast (da Verse jetzt oft lahm) noch mehr.
Und durch die nächt'gen Schatten, da das All
    Das Sternendunkel um sich schlang so hehr
Und still, gleich einem Schleier, der besetzt
Mit Perlen, nahte er entsetzend jetzt.

114.

Ein Ton, wie er uns frösteln macht, als sei er
   Nicht erdentstammt, doch weiß man selbst nicht was,
Wie Nachtwind, seufzet er durch alt Gemäuer,
   Gleich Geisterlispeln, und durch Schilf und Gras,
Durchbebte Juans Ohr: was ungeheuer
   Ernsthaftes ist's um Geistersehn, so daß
Selbst wer die Seelen für unsterblich hält,
Ihnen nicht begegnen mag in dieser Welt.

115.

Ob offen wohl sein Auge? ja! zugleich
   Sein Mund — so wirkt der Schrecken: er macht stumm,
Doch läßt der Rede Pforte offen euch,
   Als sollten Worte folgen. Näher zum
Gemache drang der Ton jetzt, welcher bleich
   Der Erdenkinder Wangen macht, und drum
War offen jetzt sein Aug' und Mund, wie wir
Gesehn; doch was ging nächstdem auf? Die Thür!

116.

Auf ging sie weit mit unheimlichem Dröhnen —
   Lasciat' ogni speranza, voi ch'entrate;
Die Angel schien zu sprechen oder stöhnen,
   Schreckbar wie Dantes rima, als er nahte
Dem Höllenraum und seinen Schreckenstönen.
   Ein Schatten macht oft Helden starr, gerade
Wie einst den Richard — was ist gegen Geister
Der Leib? er bebt, und wär' er auch noch dreister.

117.

Auf ging die Thür jetzt weit, doch nach und nach,
   Ganz wie der Möwe steter, ernster Flug,
Glitt halb zurück, doch ließ sie ins Gemach
   Erst einen Schatten ein, der graus genug
Und nächtig auf dem Strahl der Kerze lag,
   Der vorhin hell empor und flimmernd schlug;
Und in der Thür, die Nacht verdunkelnd, stand
Der schwarze Mönch im düstren Mönchsgewand.

118.

Juan erschrak — und ihn befiel ein Zagen,
　　Wie nachts vorher; doch müd des Bebens jetzt
Dacht' er zuerst, er sei mit Wahn geschlagen,
　　Und schämte solchen Wahnes sich zuletzt.
Sein eigner Geist begann jetzt zu erwachen,
　　Bemeisternd, was ihn körperlich entsetzt,
Da doch wohl Leib und Seele im Verein
Leblosem Geist gewachsen müssen sein.

119.

Und seine Furcht ward Zorn, der Zorn ward Grimm —
　　Auf sprang er — schritt drauf zu — der Schatten wich;
Erpicht jetzt auf die Wahrheit, folgte ihm
　　Der Don — sein Blut ward heiß — nicht fröstelnd schlich
Es durch die Adern mehr; ob noch so schlimm
　　Der Ausgang, überzeugen wollt' er sich;
Der Geist hielt an und drohte — wich — und an
Die Wand sich drückend, stand er still sodann.

120.

Ausstreckte Juan einen Arm, zu fassen,
　　Ihr Mächte! weder Geist, noch Leib — die Wand
Nur faßt' er, die der Mond mit seinem blassen
　　Gespensterschein umwob, von Schreck gebannt,
Wie es den Tapfersten mag schaudern lassen,
　　Wenn ihm der Grund des Schreckens unbekannt —
Seltsam! ein wesenloses Ding soll mehr
Entsetzen, als ein ganz leibhaftig Heer?

121.

Der Schatten blieb — das blaue Auge blinkte
　　Für Tod zu lebhaft fast; etwas jedoch,
Das gut, schien noch vom Grab verschont: es dünkte
　　So süß dem Don des Geistes Odem noch!
Auch eine Locke stahl sich vor — es winkte
　　Ein zarter Mund, sein frisches Rot umzog
Zwei Perlenrehn, als durch des Epheus Grün
Der Mond, aus einer Wolke tretend, schien.

122.

Juan, verwirrt fast, streckte unbewußt
  Den andern Arm aus — Wunder über Wunder!
Er traf auf eine weiche, warme Brust,
  Bewegt, als ob ein warmes Herz darunter —
Er fand, wie mancher finden schon gemußt,
  Daß aus Versehn und keinem andern Grund er
In der Verwirrung bei des Geistes Flucht
Die Wand erfaßt statt des, was er gesucht.

123.

Der Geist (wenn dies er) schien solch süße Seele,
  Als jemals eine barg der Kutte Hut;
Es war, als ob ein Nacken weiß sich stehle
  Hervor zu etwas, das wie Fleisch und Blut.
Die Kutte fiel zurück und — wie erzähle
  Ich dies? — verriet in voller Lebensglut
Die üppige Gestalt — soll ich's verraten? —
Der Herzogin Fitz Fulke von Scherzes Gnaden. [11])

Anmerkungen.

Zur Widmung.

1. Wordsworths Anstellung wird beim Zoll sein — entweder hier oder bei der Accise, außer jener an Lord Landsdales Tafel, wo dieser poetische Charlatan und politische Parasit die Brosamen mit unverschämtem Behagen aufliest; denn der bekehrte Jakobiner ist längst zum possenreißenden Sykophanten der schlimmsten Vorurteile der Aristokratie herunter gekommen. (Er gehörte als Dichter zur sog. Seeschule, auf die vorher angespielt ist.)

2. Miltons zwei ältere Töchter sollen ihm seine Bücher gestohlen haben, außerdem daß sie ihn in seinem Hauswesen betrogen und quälten. Seine Gefühle ob solcher Schändlichkeiten müssen qualvoll gewesen sein!

3. Oder:
> „Würd' er wegwerfen sich als Söldlings-Laureat,
> Ein feiler, seelverschachernder Ischariot."

Ich bezweifle, daß Laureat und Ischariot gute Reime, und kann nur sagen wie Ben Jonson zu Silvester, als dieser ihn aufforderte, einen Reim zu machen, etwa so:
> Ich, John Silvester,
> Läg' gern bei deiner Schwester,

worauf Jonson antwortete:
> Ich, Ben Jonson,
> Liege bei deiner Frau.

„Das reimt sich ja nicht," sagte Silvester. „Nein, aber es ist wahr," erwiderte Jonson.

4. (Ueber den Charakter des Eutropius, des Eunuchen und nachmaligen Ministers am Hof des Arkadius, mag nur bemerkt werden, daß er ein ganz gemeiner Mensch war, dessen schamlose Anmaßung förmlich bis ins Lächerliche ging.)

5. (Fox und der Whig-Klub trugen blau und gelbe Abzeichen, woher die Verzierung auf dem Umschlag der Edinburger Rundschau stammt.)

6. Ich spiele nicht auf unseres Freundes Landor Helden, den Grafen Julian, an, sondern auf Gibbons Helden, der gewöhnlich der „Apostat" benamset.

————

Zum ersten Gesang.

1. (Angefangen 6. September 1818, beendet 1. November. Auf dem Umschlag des ersten Gesanges steht:

„O wär' ich doch so viel des Staubes bloß,
    Als jetzt ich Leidenschaft, Blut und Gebeine,
Dann wär' ich die Vergangenheit doch los;
    Und um die Zukunft — doch ich schreib' vom Weine
Noch taumelnd, dessen ich zu viel genoß,
    So daß ich auf dem Kopf zu stehen scheine —
Die Zukunft, sag' ich, ist höchst ernst mitunter,
Drum gebt mir Sodawasser und Burgunder.")

2. (Ein Lehrer der Mnemonik.)

3. (Lady Byron hatte einige Ideen aufgefangen, wußte sie aber nicht zu verwenden; sie lebte nach festen Regeln und Grundsätzen, wie sie es nannte, „die mathematisch abgezirkelt waren". B.s Briefe.)

4. (Der Anwalt der Lady Byron. — „Einen meiner Mörder habe ich zu Grund gehen sehen. Als dieser Mann sein Schlimmstes that, meine Familie, Stamm, Zweig und Blüte, zu zerstören, als er, nachdem er mein Honorar genommen, zu meinen Gegnern überging und Verderben über meine Penaten brachte: dachte er damals... was meine Gefühle sein mußten, als mir Familie, Namen und Heimat auf seinem Gesetzesaltar geopfert werden sollten, und dies zu einer Zeit, da meine Gesundheit angegriffen und mein Geist erschüttert, ich selbst aber noch jung war und mein Benehmen, wo es tadelnswert, hätte bessern und, was meine häuslichen Angelegenheiten in Unordnung brachte, wieder gut machen können?" B.s Briefe.)

5. (Es ist kaum möglich, das, worin die Lieblichkeit des weiblichen Wesens zum so großen Teil liegt, besser zu bezeichnen.)

6. („Eines Tages drängten sich ein Arzt und ein Advokat in mein Zimmer. Ihre Fragen schienen mir sonderbar frivol und zudringlich — was aber würde ich gedacht haben, wenn ich gewußt hätte, daß sie geschickt waren, um Beweise dafür, daß ich wahnsinnig sei, zu erheben..." B.s Briefe.)

7. Vergl. des St. Antonius Leben.

8. (In England werden derartige Uebertretungen taxiert und mit Geld gestraft.)

9. Ein Schnitzer seitens der Donna Julia. O'Reilly nahm nicht Algier, sondern Algier beinah ihn...

10. (Ein Parlamentsstenograph.)

11. (Anspielung auf Karoline Lambes „Glenarvon".)

12. (Der Redakteur der „Brit. Rundschau" war so einfältig, dies für Ernst zu nehmen, und ließ einen fulminanten Artikel gegen Byron los, welcher von diesem in dem höchst sarkastischen Brief „An meiner Großmutter Rundschau" beantwortet ward.)

13. (Daß dieses Lob des Geizes, auf welches Byron mehrfach zurückkommt, nicht ernstlich gemeint war, obgleich ihm sogar von

Trelawney, der Gelegenheit genug gehabt hätte, ihn wirklich kennen zu lernen, ähnliches in förmlich stupider Weise vorgeworfen wird, bedarf kaum der Erwähnung. Byrons Leben war eine Kette meist im stillen geübter wohlthätiger Handlungen, und fast sein ganzes Vermögen ward der Befreiung Griechenlands geopfert. In seinem Tagebuche lesen wir: „Ich gab in meinem Leben meinen Mit=geschöpfen mehr, als ich jetzt besitze ... Doch was hilft's? die Schurken, die mich stets verfolgt haben, werden siegen; und wird mir jemals Gerechtigkeit, dann wird dies nicht eher geschehen, als bis die Hand, die dies schreibt, so kalt wie die Herzen derer, die mich mißhandelten.")

Zum zweiten Gesang.

1. („Begonnen Venedig, 13. Dezember 1818, beendet 20. Januar 1819. B.")

2. (John Byrons Beschreibung seiner Expedition um die Erde.)

3. (Jawohl! — Während des Dichters Aufenthalt in Sevilla befleißigte er sich mit seinem Hausfräulein solcher Studien.)

4. (Vergl. Anmerkung 11 zum ersten Gesang.)

5. (Die beiden ersten Gesänge erregten einen wahren Sturm bei der stupiden Bigotterie. Aus den im höchsten Grade inter=essanten und charakteristischen Auslassungen des Dichters in dieser Beziehung möge nur eines hier angeführt werden. Trotz dieses Heuchlergeschreies wurden die Gesänge rasend gelesen, sogar nach=gedruckt. Hierwegen wollte Murray, der Verleger, klagbar werden, und Byron antwortete: „Thun Sie, wie es Ihnen gut dünkt; es wird aber umsonst sein. Auch werden Sie sich erinnern, daß ich, falls Sie abgewiesen werden, weil das Werk ein blasphemisches sei, und Ihnen deshalb kein Anspruch auf Schadenersatz zustehe, jedes Recht, bei Erziehung meiner Tochter mitzuwirken, und alle väterliche Autorität verliere. So ward gegen Shelley wegen seiner Königin Mab entschieden." — Kaum glaublich, aber wahr — die englische Moralheuchelei war berufen, mit den Thaten der Inquisition zu rivalisieren. Und in welchem Lichte erscheint hiergegen unser Dichter, wenn er, bloß um einem anderen keinen Nachteil zuzufügen, weiter schreibt: „lassen Sie sich aber durch Rücksichten auf mich nicht abhalten!")

Zum dritten Gesang.

1. (Der Gesang ward im Oktober 1819 begonnen, jedoch nur mit Unterbrechungen fortgesetzt, weil das Gekrächze der englischen Bigotterie den Dichter anekelte.)

2. (Anspielung auf eine so betitelte alte Ballade.)

3. Dies ist maurische Tracht. Der Leser wird im Verlauf erfahren, daß Haidies Mutter aus Fes war, und jene daher ihres

Landes Tracht trug. — („Alles im Don Juan ist wirkliches Leben,
nach Perſonen, die ich kannte, oder nach mir ſelbſt gezeichnet" —
ſagt Byron in einem Brief.)

4. Ein Zeichen fürſtlichen Ranges.

5. Keine Uebertreibung, ich kannte vier Frauen mit einer ſolchen
Fülle von Haaren . . .

6. (Die Dichter des 14. Jahrhunderts — Dante ꝛc.)

7. (Der Scier iſt Homer — der Teier Anakreon.)

8. (Dieſe kündigte ſich als Mutter eines zweiten Heilandes an,
und es ſollen ſich ihre Anhänger auf Hunderttauſende belaufen
haben, obgleich die Aerzte ſie zum Ueberfluß für waſſerſüchtig er=
klärten. O Albion!)

9. (Hier folgt im Original=Manuſkript nachſtehende ſpäter weg=
gelaſſene Strophe.

 Als beſte Freunde haben ſich erwieſen
  Langweil' und Opium; denn Lieb' und Wein,
 Die Herz und Hirn ſo ſehr erſchüttern, ſchließen
  Mit Mattigkeit — man ſchläft dann wie ein Schwein,
 Und glücklich Liebende und Zecher müſſen
  Zuletzt göttlicher Ohnmacht Opfer ſein,
 Da ſie, voll Luſt und ſüßer Becher, ſchwach
 Und ziemlich krank und dumm am nächſten Tag.)

10. (In Wordsworths „Peter Bell, der Kutſcher", findet ſich
folgender Unſinn: „Doch ich will durch die Wolken bloß auf einem
kleinen Boote treiben.")

11. (Anſpielung auf Wordsworths Gedicht „Der Kutſcher").

12. (Das Sternbild des großen Bären heißt bekanntlich auch
Wagen.)

13. Dies einſt ſo bewunderte Gedicht Drydens iſt vergeſſen.

14. (Eine ähnliche Sage wie die deutſche.)

Zum vierten Geſang.

1. (Der dritte und vierte Geſang bildeten urſprünglich nur einen.)

2. (Ein italieniſcher Dichter im komiſchen Stile.)

3. (Alles wirkliches Leben. So finden wir in Byrons Tagebuch:
„Ich erwachte aus einem Traum — nun, haben nicht auch andere ge=
träumt? Aber ſolch ein Traum! o daß die Toten ruhten!" — Thyrza?)

4. Dies iſt keine ungewöhnliche Wirkung ſtreitender Leiden=
ſchaften. Der Doge Foscari ſtarb ſo, als er entſetzt ward . . . Ich
war im ſechzehnten Jahre Zeuge desſelben Falles bei einem jungen
Mädchen . . .

5. Thatſache. Eine der Frauen hörte ich, als ſie aus ihrer
Gefangenſchaft erlöſt worden, ſelbſt ſingen.

6. (Bekanntlich läßt der Papſt Kaſtraten machen für die
Kirchenchöre!)

7. („Don Juan wird nach und nach für das erkannt werden, was er sein soll: eine Satire auf die Mißbräuche ꝛc. der Gesellschaft, nicht eine Lobrede auf das Laster ... kein Mädchen wird je durch ihn verführt werden; sie wird es eher durch Rousseaus Romane, oder selbst durch die reine Staël; diese werden sie ermutigen, der Don aber nicht, der hierüber wie über die meisten anderen Dinge lacht." Byrons Briefe.)

8 („Die ‚Braut von Abydos‘ ward in vier Nächten geschrieben, um meine Gedanken von ... (Mary) abzuziehen; ohne dies hätte ich wahnsinnig werden müssen, da ich an meinem eigenen Herzen zehrte — bittere Kost." Byrons Tagebuch.)

9. „Für Pastetenbäcker und Motten." Gifford. (Nämlich als Makulatur.)

10. (Das Gesetz zur Abschaffung der Sklaverei.)

————

Zum fünften Gesang.

1. (Der Gesang ward am 16. Oktober 1820 zu Ravenna begonnen und am 20. November beendet. Der Dichter wollte auf die Fortsetzung dieses seines größten Gedichtes verzichten. Wegen des Grundes zu diesem Entschluß und seiner Nichtausführung hier nur ganz kurz folgendes: Theresa Guiccioli hatte Byron das Versprechen abgenommen — wovon sie ihn später entband — Don Juan nicht fortzusetzen, und Byron sagt hierüber: „Der Grund ihrer Bitte entspringt aus dem Wunsch aller Frauen, das Gefühl der Leidenschaften zu erhöhen, zu adeln und die Täuschungen aufrecht zu erhalten, die ihr Reich sind. Nun — Don Juan streift diese ab und lacht darüber. Ich kannte nie ein Weib, das nicht Rousseau in Schutz nahm und die natürliche Komödie der Leidenschaften in Gil Blas verwarf... Es ist Poesie in dem Gedicht; das neidische Rudel eurer Pfaffendichter mag sagen, was es will, und die Zeit wird lehren, daß ich recht habe." Und sie hat es gelehrt!)

2. Diese Homerische Bezeichnung ist vielfach kritisiert worden, ist aber ganz anwendbar auf den Hellespont, den Bosporus und das von Inseln durchkreuzte Aegeische Meer.

3. Eine Anhöhe am asiatischen Strand des Bosporus.

4. (Er fühlte sich nämlich schamloserweise geschmeichelt, daß man ihm den Jupiter Ammon zum Vater gab und also seine Mutter zur Ehebrecherin stempelte.)

5. („Des Menschen Wesen hängt teils von der Erziehung, teils von den Nerven, teils vom Magen ab," sagt Byron an anderer Stelle — so genau ahnte der große Geist, was erst die neuesten Forschungen festgestellt haben.)

6. Dieser Mord trug sich kaum hundert Schritte von meiner Wohnung zu. Die Umstände waren, wie sie im Text geschildert sind.

7. Die leichten eleganten Boote in den Kais von Konstantinopel.

8. (Der Prozeß gegen die Königin Karoline, die unter an=
derem auch beschuldigt ward, ihrem Kammerdiener Bergami, der
früher Läufer war, Zutritt zu ihrem Bett gestattet zu haben, machte
damals gerade viel Aufsehen.)

9. (Die einen ihrer Enkel unter ihren Anbetern gehabt haben soll.)

10. (Als Herrscherin von Gottes Gnaden (sic) und als schönes
Weib — letzteres gewiß!)

11. („Mein Mut ist am Ausreißen — ich fühl' ihn gleichsam
durch die Finger rinnen." Sheridans Nebenbuhler.)

12. (Das Staatsgefängnis zu Konstantinopel.)

13. (Als die ersten fünf Gesänge erschienen waren, erhielt
Byron einen nur mit John Bull unterzeichneten Brief voll des
feinsten Humors und der gesundesten Ansichten, dessen Urteil über
Don Juan im erfreulichsten Gegensatz zu dem Zeter der damaligen
englischen Presse steht. Ich kann mir deshalb nicht versagen,
wenigstens einen kurzen Auszug daraus in folgendem zu geben:
„Bleiben Sie bei Don Juan; es ist das Wahrste, was Sie je ge=
schrieben, und wird noch viele Jahre leben, wenn all Ihre Harolds
aufgehört haben zu sein. Don Juan ist weitaus das beste Ihrer
Werke; er ist das geistreichste, ungekünstelteste und poetischeste, und
jedermann denkt wie ich, wenn man auch nicht den Mut hat, es
zu bekennen. Des alten Gifford [des Kritikers] Stirn entrunzelte
sich, als er es verschlang — Crofer lachte innerlich — Milman
[Pfaffe] seufzte — Coleridge aber [der von Byron vielfach ange=
griffene Gegner desselben] nahm es mit ins Bett ... Jedermann
sieht, daß Don Juan von niemand geschrieben sein kann als von
einem Manne ersten Ranges, sowohl an Genie als an Lebens=
kenntnis ... Der bezaubernde Stil Don Juans ist Ihr eigenstes,
unnachahmbarstes Eigentum, der feurige, lebendige, leichte, ent=
zückende Anti=Humbug=Stil." Zu diesem Urteil ist nichts zuzu=
fügen, als daß mit Humbug die eigentliche Krankheit unserer Zeit,
die Sucht, den Schein für das Wesen auszugeben, die Lüge jenes
allgemeinen Schwindels gemeint ist, der mit sog. Religion und
Moral, mit Politik und allen Gegenständen des privaten und
öffentlichen Lebens getrieben wird.)

Zum sechsten Gesang.

1. (Der sechste, siebente und achte Gesang wurde 1822 in Pisa
geschrieben, nachdem Theresa Guiccioli Byron von seinem Versprechen
entbunden hatte.)

2. Ich meine das Gesetz des Landes, das die Legitimen stets
im Munde führen; die Gesetze der Menschlichkeit urteilen milder.
(Es ist die Rede von Lord Castlereagh, dem Diener der Reaktion.)

3. Als Lord Sandwich nach dem Unterschiede zwischen Ortho=
doxie und Heterodoxie fragte, antwortete Bischof Warburton: Ortho=

doxie ist meine Doxie (doxy bedeutet im Englischen Buhle, H . . .) und Heterodoxie die Doxie eines andern (ἕτερος = anderer.)

4. (Das Wirtshaus zum „Türkenkopf" in Ware enthält noch das bekannte Bett, das 12 Fuß im Quadrat mißt, und auf das schon Shakespeare anspielt.)

5. (In dem Ehebruch-Prozeß gegen Königin Karoline.)

Zum siebenten Gesang.

1. „Der siebente und achte Gesang enthalten eine gehörige Dosis Sarkasmus über jene Schlächter en gros, die Söldlings- heere. Solchen Dingen und Gesellen gegenüber muß man jetzt, da Philosophie und Tyrannei so hart aneinander geraten, die Scheide wegwerfen. Ich weiß, daß es ein entsetzlich ungleicher Kampf ist, aber er muß gekämpft werden und wird schließlich zum Wohl der Menschheit ausfallen, was immer daraus für das Indi- viduum kommen möge, das sich selbst daran setzt."

2. (Anspielung auf eine englische Posse.)

3. (Gibt es eine treffendere Geißelung jenes falschen Patrio- tismus, der niemals den Völkern zu gut kommt und nur von den Gewalthabern zum Schaden jener künstlich erzeugt und genährt wird?)

4. (Man bedeutet Mann und Mensch, welches Wortspiel nicht ganz wiederzugeben war.)

5. („Gott verdamme meine Augen!" ein englischer Fluch.)

6. Thatsache. Suworow that es in eigener Person.

Zum achten Gesang.

1. Allah-hu, der Türken Schlachtruf, der etwas eigentümlich Wildes hat.

2. „Doch dein entsetzlichstes Werk zu Erreichung eines reinen Zweckes ist der zu gegenseitigem Morden gescharte Mensch — ja, das Blutbad ist deine Tochter" — i. e. der Gottheit — ein so schöner Stammbaum für Morden, als jemals einer von einem Wappenkönig entdeckt ward, vid. Wordsworth.

3. Thatsache. Ein Mann fällt ehrenvoll — Grose heißt er, und Grove wird er genannt — das ist Ruhm! Ich war mit ihm auf dem Kolleg; er war liebenswürdig, geistreich, und seine Gesell- schaft sehr gesucht wegen seines Witzes, seiner Munterkeit und seiner chansons à boire. (Welch edlen Gerechtigkeitssinn zeigen diese einfachen Worte!)

4. (Bezeichnung für die Irländer, die nach einigen von den Karthagern abstammen sollen.)

5. („Die Hölle ist mit guten Vorsätzen gepflastert." Sprichwort.)

6. (Ein Londoner Stadtviertel, wo die Großen wohnen.)

7. Das Schießpulver soll von ihm entdeckt worden sein; er hatte jedoch so viel Menschlichkeit, seine Entdeckung nicht in verständlicher Sprache bekannt zu machen.

8. (Glendover: Aus ihrer Tiefe kann ich Geister rufen!
Heißsporn: Doch kommen sie denn auch, wenn du sie rufst?
Shakesp. Heinrich IV.)

9. (Grün ist die Farbe der Huris, sowie der Familie des Propheten.)

10. Im Russischen:
Slava boga! slava vam!
Krepost Vzala ya tam!   Eine Art Couplet!

Zum neunten Gesang.

1. (Der neunte, zehnte und elfte Gesang wurden 1823 in Pisa geschrieben.)

2. (Villain = Schurke, Villainton etwa Schusterle.)

3. (Das Wortspiel resp. Wortlautspiel mit Nay = nein und Ney, sc. Marschall Ney, war nicht wiederzugeben.)

4. (Marinet war in eine mißglückte Verschwörung gegen Wellington verwickelt und ward viel später, als ein anderer nach diesem schoß, mit verurteilt, ohne daß sich Wellington seiner annahm.)

5. Im Tagebuche eines Soldaten vom 7. Regiment findet sich folgende Stelle: „Zu dieser Zeit erhielt ich mit vier anderen einen Auftrag. Wir sollten Zwieback brechen zum Futter für Lord Wellingtons Hunde. Da ich sehr hungrig war und solche Speise sehr lange nicht bekommen hatte, hielt ich es anfangs für ein gutes Aemtchen . . ." (Daß Byron bei jeder Gelegenheit der widerlichen Abgötterei entgegentrat, die mit Wellington, dem rechten Arm der Reaktion, getrieben ward, der also eher die Verwünschungen der Völker verdiente, ist natürlich in Rücksicht auf seinen wahrhaft männlich-freien Charakter.)

6. (Pyrrhon, der Philosoph von Elis, bezweifelte alles.)

7. („Eine Art Wahnsinn, der den Menschen Bestien ähnlich macht." — Wie naiv!)

8. Er ward in einer Verschwörung getötet, nachdem ihn eine Unverdaulichkeit fast bis zum Wahnsinn gebracht hatte.

9. (Ein gelber Kristall, der schottische Topas.)

10. Die große Leidenschaft der großen Katharine.

11. („Der Liebe Aug', in schönem Wahnsinn rollend." Shakesp.)

Zum zehnten Gesang.

1. Ich glaube, Jeffrey will mich zu einer Antwort provozieren, aber ich werde nicht antworten, da ich ihm wegen früher mir erwiesener Freundlichkeit wohl will. Auch mag die Gelegenheit, mich

anzugreifen, unwiderstehlich gewesen sein, und kann ich ihn deshalb nicht tadeln, da ich weiß, was Menschennatur ist.

2. Baron Bradwardine in Waverley muß für dies Wort einstehen.

3. (Byron selbst lebte in Italien, Jeffrey in Schottland.)

4. (Der, als er ermordet niedersank, noch dafür sorgte, daß sein Gewand anständig falle.)

5. (Dieser einem Gegner gebrachte Zoll spricht zu ausdrucks= voll für des Dichters Herz und Charakter, um ihn nicht besonders hervorzuheben)

6. (Nahe bei Aberdeen.)

7. (Nämlich in den „Englischen Barden und schottischen Re= zensenten".)

8. (Das Wortspiel mit scotch, leicht verwunden, und scotch= man = Schotte, war nicht wiederzugeben.)

9. (Gracchus verlangte die Ausführung des Agrargesetzes, wo= nach jedem, der mehr als eine gewisse Fläche an Land besaß, der Ueberschuß zu gunsten der Armen genommen werden sollte.)

10. (i. e. nach dieses Apostaten niedriger Schmeichelei.)

11. (Gesuchte Aerzte.)

12. Die Kaiserin reiste in Begleitung des Kaisers Joseph nach der Krim im Jahre — ich vergaß es.

13. (sour bedeutet auch unreif — dies mit Bezug auf Leila, die noch ein Kind war.)

14. St. Ursula mit ihren 11000 Jungfrauen existiert noch und wird noch lange existieren.

15. (Vergl. Moleschotts Kreislauf des Lebens. Es ist staunens= wert, wie tief unser Dichter in das wahre Wesen der Dinge sah und selbst das erkannte, was erst die neueste Forschung klargestellt hat.)

16. (Eine Anhöhe bei London.)

17. Indien — Amerika.

18. (Die St. Pauls=Kirche!)

19. (Die Quäkerin, deren menschenfreundliche Bemühungen das Los der weiblichen Gefangenen in Newgate so sehr verbesserten.)

20. (Vergl. hierzu „Das eherne Zeitalter".)

Zum elften Gesang.

1. (Allerdings nichts; aber doch nicht weniger als die, die Körper und Geist trennen. Unser Dichter wußte es schon besser.)

2. In Westminster befinden sich die Denkmäler der Großen — Byron hat keines dort. Sapienti sat.)

3. 4. 5. (Reste eines Druidentempels — Irrenhaus — Schuld= gefängnis.)

6. (Dies korrupte Wort mußte ich wegen des Wortspiels ge= brauchen. In der französischen Revolution hängte man die Leute an Laternenpflöcken auf.)

7. Spielhäuser; es gibt Silber= und Goldhöllen.

8. (Term. techn. beim Spiel für übertölpeln, ganz dem eng= lischen do entsprechend.)

9. (Ist es jetzt noch in viel höherem Grad, da die Lüge in ihren verschiedenen Masken eben die Welt nicht nur de facto, sondern prinzipiell regiert.)

10. (Vergl. Lyrische Gedichte: „Der irische Avatar.")

11. Die Bezeichnung ist jetzt wahrscheinlich so wenig dunkel als früher; sie bedeutet hochstehende Weltdamen, die von Modistinnen gehörig mit Putz auf Kredit ausstaffiert werden, um hierdurch einen Gemahl zu angeln, der dann die Schuld zu bezahlen hat. (Ecce signum! So sind diese Moralheuchler.)

12. (Bryan Procter, dessen Dichtername Barry Cornwall, ward von manchen Kritikern ein „moralischer Byron" genannt.)

13. (Sein Tod soll durch eine bittere Rezension veranlaßt worden sein.)

14. 15. (Karoline und die Thronerbin Charlotte Auguste.)

16. (Vergl. Anmerkung 4 zum ersten Gesang.)

17. (Das Königliche Testament soll vernichtet worden sein.)

18. (Georg IV. Vergl. Moores „Hum und Fum".)

19. (Diese Zeitung lieferte schwülstige Artikel über das Treiben der Großen.)

20. (Die bekanntlich im Heer, in der Kirche, auf der Flotte ꝛc. untergebracht werden, während die Erstgeborenen Rang und Be= sitzungen erben.)

21. (Vergl. Anmerkung 8 zum dritten Gesang.)

22. (Kongreß zu Verona. Vergl. „Das eherne Zeitalter".)

23. („Wenn ich tausend Söhne hätte, würde ich es ihnen als oberste Moral predigen, nie ein dünnes Getränke zu trinken, sondern sich an Sekt zu halten", sagt Falstaff.)

24. (Der neue Atalantis von Mrs. Manley, „voll Hof= und Partei=Intrigen und lasciv geschrieben, ganz wie es für den höheren Pöbel paßt," sagt Warburton.)

Zum zwölften Gesang.

1. (Der zwölfte, dreizehnte und vierzehnte Gesang erschienen im November 1823.)

2. (Am 18. November 1823 schreibt Byron an Kinnaird: „Ich werde sparen wie im vorigen Jahr . . . jedoch geschieht es nicht um meinetwillen; ich möchte viel mehr gern meinen Angehörigen etwas mehr als einen Namen hinterlassen und anderen in höherem Grade Gutes erweisen. Geht dies nicht anders, so versuche ich es mit Wasser und Brot, was hinreichend und ganz nahrhaft ist . . . ꝛc.")

3. (Malthus schlug als Mittel zur Verminderung der Armen= steuer vor, die niederen Klassen zur Enthaltsamkeit in geschlecht=

licher Beziehung zu zwingen. „Keine Hilfe ist dem verhungernden
Kinde zu leisten — es ist der Gesellschaft zu nichts nutze, die daher
sich hart zeigen und die Mutter hängen muß, falls sie die Leiden
ihres verhungernden Kindes lindert." Daß ein s. v. v. christlicher
Prediger in dem Moralland England diesen menschenfreundlichen
Rat erteilt, wundert — uns nicht.)

4. Siehe Mitfords Griechenland, dessen Vergnügen darin be=
steht, auf Plutarch zu schimpfen und Tyrannen zu loben . . .

5. (Die Lord-Mayors-Barke vererbt sich immer auf den Nach=
folger.)

6. (In diesem Moralland werden nämlich dergleichen Ueber=
tretungen tariert und höher oder niedriger mit Geld bestraft.)

7. Die Russen springen aus heißen Bädern in die Newa.

8. Ein Bildhauer schlug vor, den Berg Athos zu einem Denk=
mal für Alexander den Großen auszuhauen . . .

Zum dreizehnten Gesang.

1. („Davus sum, non Oedipus", i. e. ich bin nicht der, der
das Rätsel löst.)

2. („Kein Sterblicher kann sich Erfolg erzwingen —
Thun wir, Sempronius, mehr, verdienen wir ihn!" Cato.)

3. (Das Wortspiel mit Piccadilly, ein Stadtteil, und pecca
dillo, kleine Sünde, war leider nicht wiederzugeben.)

4. (Eine Straße, wo der Adel wohnt.)

5. (Es wird kaum bemerkt zu werden brauchen, daß die fol=
gende wunderbare Schilderung sich auf Newstead-Abtei bezieht.)

6. (Dies Gemach heißt die „tönende Galerie".)

7. Wenn ich nicht irre, wird der Däne in Jagos Völker=
katalog als famoser Trinker genannt.

8. (Die Tafelzeit.)

9. Dies würde ihn wenigstens Menschlichkeit lehren. Dieser
sentimentale Unmensch, den zu citieren jetzt Mode bei den Mora=
listen, um ihre Sympathie für unschuldige Freuden zu zeigen, lehrt,
wie man Frösche schindet, sowie die Kunst des Angelns, des frostig=
sten, dummsten und grausamsten sog. Vergnügens. Die Angler
mögen von der Schönheit der Natur schwatzen, sie denken aber
einzig an ihr Fischgericht — überdies beißen die meisten Fische am
besten bei regnerischem Wetter . . . kein Angler kann ein guter
Mensch sein, falls er nicht sehr dumm und gedankenlos.

Zum vierzehnten Gesang.

1. Vergl. Swifts Briefe.

2. „Du weißt nicht, mein Sohn, mit wie wenig Weisheit die
Welt regiert wird."

3. (Doctors Commons, ein besonderer Gerichtshof für Ehe=scheidungsprozesse.)

4. (Weil er das Gesetz wegen Abschaffung der Sklaverei ein=brachte.)

5. (Die die sogen. heilige Allianz höchst unheiligen Andenkens bildeten.)

6. (Des Königs Palast in Brighton.)

Zum fünfzehnten Gesang.

1. (Der fünfzehnte und sechzehnte Gesang erschienen im März 1824.)

2. (Anspielung auf Raffaels berühmtes Bild, die Verklärung.)

3. („Der Hund hat seinen Tag," sagt Shakespeare.)

4. (Es ist ganz unmöglich, daß sich die echte Freiheitsliebe auf edlere, menschlich=liebenswürdigere Weise manifestiere. Das ist nicht die Freiheit des Demagogen, so wenig als die des Junkers, die beide nur ein Ziel haben: zu ihrem eigenen Vorteil zu herrschen; es ist die wahre sittliche Freiheit, die jeder Lebenssphäre ihre volle Berechtigung zugesteht.)

5. (Anspielung auf die Kritik seiner „Stunden der Muße".)

6. (Vergl. Anmerkung 3 zum zwölften Gesang.)

7. (Bekanntlich waren die Katholiken in dem Moralpinselland England damals noch nicht emanzipiert.)

8. (Bacchus war bekanntlich Ammons und der Rhea Sohn.)

9. Dieser Held, der den Osten besiegte, dankt den größeren Teil seines Ruhmes der Uebersiedelung der Kirschen, die er nach Europa brachte, und einigen sehr feinen Gerichten. Ich weiß nicht, ob er, abgesehen von der Unverdaulichkeit, der Menschheit nicht durch seine Kochkunst viel größere Dienste geleistet hat als durch seine Eroberungen. Ein Kirschbaum wiegt einen blutigen Lorbeer auf.

10. Subauditur „non" des Wohllauts wegen.

11. (John Scott, Earl von Eldon, Kanzler zur Zeit, als Byron wahnsinnig gemacht werden sollte.)

12. (Das unvergleichliche Wortspiel mit sage, das Salbei und auch weise heißt, war nicht wiederzugeben.)

13. Hobbes, der an seiner eigenen Seele zweifelte.

Zum sechzehnten Gesang.

1. Ich glaube, es war ein Teppich, auf welchen Diogenes trat mit den Worten: „So tret' ich Platos Stolz unter die Füße," worauf dieser erwiderte: „Mit noch größerem Stolz." Doch war es vielleicht auch ein Tafeltuch oder sonst ein kostbarer uncynischer Gegenstand . . .

2. Ausu Romano, aere Veneto, lautet die Inschrift auf der Mauer zwischen Venedig und dem Adriatischen Meer. Sie rührt,

glaub' ich, von Napoleon I. her. Es ist Zeit, ihm dies Epitheton „der Erste" zu geben; denn es wird mit der Zeit ein Zweiter kommen — spes altera mundi — möge er sie nicht zu schanden machen, wie jener. In jedem Fall wird er den jetzigen Schwäch=lingen vorzuziehen sein. — (Wie tief sah der eminente Geist unseres Dichters! der Zweite oder vielmehr der Dritte ist gekommen und — nun jeder sieht es.)

3. (Welcher feine Hieb gegen das feudale Jagdprivileg!)

4. (Parodie der Stelle:

„Ja, eher trete, Schicksal, in die Schranken
Und fordre mich zum Aeußersten." Makbeth.)

5. (Besser ist die so verbreitete Krankheit des Staatsbeamten=Dünkels und jener Würdesucht, deren äußerster Lächerlichkeit und Geschwollenheit nichts gleichkommt als ihre innere Hohlheit, un=möglich zu geißeln. Und das ist not — leider gibt es zu viele dieser Würde=Lasttiere!

6. (Man vergesse nicht, daß die Gäste alle Wähler waren und den Herrn auch die Verstöße der Diener entgelten ließen.)

7. (Anspielung auf den Prozeß der Königin.)

8. (Sine Cerere et Baccho friget Venus.)

9. Ich bin nicht sicher, ob dies Wort ganz zutreffend, ich meine aber eine Eigenschaft, die sich definieren läßt als eine sehr lebhafte Empfänglichkeit für unmittelbare Eindrücke, ohne die Vergangen=heit aufzugeben, und sie ist, wenn auch manchmal von Nutzen, doch im ganzen eine höchst peinliche, unglückliche Anlage. (Daß Byron selbst sie in hohem Grade besaß und stets unter dem Eindruck des Augenblicks stand, ohne dadurch die Konsequenz seines Charakters zu gefährden, macht ihn so groß als Dichter; denn sein Sinn war stets für alles offen, und der scheinbar unbedeutendste Eindruck schlug sofort eine Saite seines Inneren an und ließ sie ertönen, immer aber in voller Harmonie mit dem Grundton seines Wesens.)

10. („Verdamme nur mit kühlem Lob und Lächeln
Und lehre, selbst nicht spottend, andre spotten.")

11. (Analog wie von Gottes Gnaden.)

———

Hier am Schluß dieser Arbeit, aus welcher der denkende Leser gewiß ein Bild von dem Charakter Byrons als Dichter und als Mensch gewonnen, kann ich nicht umhin, ein Wort einzuschalten über ein Produkt unserer Litteratur, als dessen Verfasser sich ein Herr X. nennt, ohne dies eigentlich zu sein, insofern das Buch sich als selbständiges Werk geriert, während es doch fast nur aus wörtlichen oder umschriebenen Auszügen aus anderen Werken besteht und fast nirgends etwas Eigenes enthält; denn die echt-gothaische Manier desselben ist leider Gemeingut zu vieler. Doch dies ist nur Neben=sache. — Was aber sollen wir zu der Selbsterkenntnis eines Schrift=stellers sagen, der sich ein Thema wählt, für welches ihm jedes wirkliche

Verständnis abgeht, — was über seine Befähigung zum Biographen, wenn er das Unbedeutende breit tritt und das zumeist Charakteristische kaum flüchtig oder gar nicht erwähnt? — was zu seiner Unparteilich= keit, wenn er auf den Schattenseiten des zu Schildernden mit unver= kennbarer Absichtlichkeit verweilt und immer wieder darauf zurück= kommt, dagegen die Lichtseiten nur kursorisch und teilweise berührt, oder bei seinen Exzerpten, namentlich auch aus der eigenen Hinter= lassenschaft des zu Schildernden, solche Schriftstücke, die einen Makel auf diesen werfen könnten, bis zum letzten Buchstaben mitteilt, während er jene, die die volle und eigentümliche Schönheit des fraglichen Charakters manifestieren, unerwähnt läßt? — was von seiner Gerechtigkeit, wenn er die einzigen klassischen Zeugen als parteiisch verdächtigt, dagegen die nicht authentischen und wirklich verdächtigen in weitestem Maße benutzt — oder wenn er Thatsachen tadelnd erwähnt und die Veranlassungen dazu, durch welche jene in direkt entgegengesetztem Lichte erscheinen müssen, völlig ver= schweigt? — was endlich zu seinen persönlichen Anlagen, wenn er die nicht wegzuräsonierenden Bethätigungen wahrhaft schöner, echt menschlicher Züge auf unlautere Quellen zurückzuführen sucht und sich nicht scheut, ohne irgend welche thatsächliche Begründung den wahrhaftigsten der Menschen der Lüge und der Zweizüngigkeit zu zeihen, über welchen fast nur infolge jener hervorstechendsten und unverkennbarsten Charaktereigenschaft all jene eben so blödsinnigen als schamlosen Verleumdungen ergossen wurden, die Herr X. zum Teil so menschenfreundlich nachschreibt? Und muß eine solche Art und Weise der Schilderung nicht an die Worte unseres Dichters selbst erinnern, mit welchen er eine gewisse Klasse von „ehrlichen und klugen Leuten" charakterisiert, indem er von ihr sagt:

„Die seufzend nur und achselzuckend lügt."

Den Schluß kann jeder selbst nachlesen.

Dem in der Bigotterie seines Landes verrannten Engländer mag solches halbwegs nachgesehen werden; dem Deutschen aber, dessen Urteil durch nichts derart beengt wird, und der nicht gewohnt ist, seine Anschauungsweise, namentlich in ethischer Hinsicht, der allgemeinen Meinung und Mode unterzuordnen, steht kein Ent= schuldigungsgrund für derartiges zur Seite, es sei denn die äußerste Beschränktheit des Urteils. Daß heutzutage von dem Biographen die Anlegung eines etwas anderen Maßstabes in ethischer Hinsicht als vor Jahrzehnten und wenigstens einige physiologische Klarheit verlangt werden darf, soll hier nicht einmal erwähnt werden; nur die einfache Frage sei noch erlaubt, ob Herr X. wohl fähig gewesen wäre zu solch einer Kompilation, wenn er auch nur ein dämmern= des Verständnis gehabt hätte für die echte und schöne Humanität, wie sie sich in jenen Fingerzeigen für Biographen dokumentiert, die der große Tote selbst in seinen Briefen über Bowles' Biographie Popes uns hinterlassen hat? Die Antwort ist leicht — doch genug für hier.

A. A.